ARSÈNE HOUSSAYE

Mlle de La Vallière

et

Mme de Montespan

PARIS
NEST FLAMMARION, ÉDITEUR
26, RUE RACINE, PRÈS L'ODÉON

Mlle DE LA VALLIÈRE

ET

Mme DE MONTESPAN

A LA MÊME LIBRAIRIE

DU MÊME AUTEUR

NOTRE-DAME DE THERMIDOR
AVEC LE PORTRAIT DE MADAME TALLIEN
1 vol. in-18... 3 fr. 50.

DOUZE NOUVELLES NOUVELLES
Illustré, 1 vol. in-18....................... 3 fr. 50.

LES ONZE MILLE VIERGES
Nombreuses illustrations et eaux-fortes. 1 vol. in-18 : 3 fr. 50.

HISTOIRE DU 41ᵉ FAUTEUIL DE L'ACADÉMIE FRANÇAISE
Nouvelle édit. illust. de 17 portraits à l'eau-forte
1 vol. in-18......... 3 fr. 50

DANS LA COLLECTION DES « AUTEURS CÉLÈBRES » A 60 CENTIMES

LUCIA
1 volume.

MADAME TROIS-ÉTOILES
1 volume.

LES LARMES DE JEANNE
1 volume.

LA CONFESSION DE CAROLINE
1 volume.

ÉMILE COLIN — IMPRIMERIE DE LAGNY

ARSÈNE HOUSSAYE

Mademoiselle

De La Vallière

et Madame

De Montespan

PARIS
LIBRAIRIE ERNEST FLAMMARION
26, RUE RACINE, PRÈS L'ODÉON

Tous droits réservés.

MADEMOISELLE
DE LA VALLIÈRE

MADEMOISELLE
DE LA VALLIÈRE

I

LES PORTRAITS DE MADEMOISELLE DE LA VALLIÈRE

I

J'ai fait un pèlerinage aux Carmélites pour mieux évoquer sœur Louise de la Miséricorde. — Sainte Louise de la Miséricorde ! — Tout passe, les rois et les nations ; tout passe, même le roi-soleil; Dieu seul reste debout, quoi qu'on fasse, les jours d'aveuglement ou de colère. En vain les révolutionnaires se sont rués comme un tourbillon sur ces saintes filles de la rue Saint-Jacques, qui s'étaient réfugiées à l'ombre du Val-de-Grâce ; ils ont jeté par les fenêtres les images de Dieu, les tableaux, les portraits des religieuses ; ils ont saccagé l'église, ils ont violé les tombeaux, comme pour jeter l'effroi jusque dans la mort. Aujourd'hui que l'orage a passé, sur les ruines mêmes du couvent où mourut en Dieu mademoiselle de La Vallière, un autre couvent a été rebâti qui abrite les mêmes aspirations.

Quelle que soit la préoccupation de l'esprit, on ne franchit pas le seuil de cette blanche maison des filles de Dieu sans être saisi d'une émotion profonde (1). Un mur, moins qu'un mur, une grille de fer sépare celles qui vivent pour le monde et celles qui vivent pour le ciel : il n'y a qu'un pas à faire pour franchir l'abîme. Ici, le bruit, la comédie des vanités, le drame des passions ; là, le silence, l'humilité devant l'autel, la paix du cœur. Des deux côtés la beauté, la jeunesse, l'amour ; mais quel contraste ! Ici, la beauté qui s'encadre dans les opulentes chevelures, dans les grappes de fleurs, dans les étoffes somptueuses ; ici la beauté qui s'illumine à tous les feux du diamant, quand là elle pâlit et s'éteint décourennée sous le voile noir.

Ce contraste, je l'ai vu du même regard dans le portrait de mademoiselle de La Vallière, qu'une religieuse m'a montré à travers les grilles du parloir.

Ce portrait, qui rappelle la palette de Mignard, représente mademoiselle de La Vallière toute jeune encore ; à peine si la passion de Louis XIV a fait pâlir sa jeunesse. L'œil est doux et brûlant, la lèvre

(1) Cette émotion m'a pris quand une religieuse est venue, de la voix la plus fraîche et la plus pudique, — ces voix qui n'ont parlé qu'à Dieu, — répondre à mes questions sur sœur Louise de la Miséricorde, et me refuser d'abord dans un langage tout mystique la vue du portrait de mademoiselle de La Vallière, comme si c'eût été mademoiselle de La Vallière elle-même.

est rouge, l'expression est toute profane. C'est une femme de cour qui ne s'inquiète pas si l'horizon est chargé de nuages. Dieu ne l'a pas abandonnée, mais elle a quitté Dieu.

Or, cette adorable figure, qui sans doute était peinte dans la robe des fêtes, montrant sans y penser son bras et son cou, son sein peut-être, comme aux bals de la cour, a été revêtue longtemps après par un autre peintre du sévère habit des carmélites. Le peintre a été impitoyable comme sœur Louise de la Miséricorde elle-même : il a sacrifié cette belle chevelure, coupable des baisers de Louis XIV ; il a jeté le voile pudique et jaloux tout autour de cette tête si vivante jusque dans la mort du cloître.

Les deux femmes sont là : la Diane des chasses de Fontainebleau et la religieuse qui brûle son voile de ses larmes, la rivale de madame de Montespan amoureuse et la rivale de madame de Longueville pénitente, la duchesse de La Vallière et sœur Louise de la Miséricorde !

Ce portrait est d'un grand enseignement. Pendant que je l'étudiais, la carmélite qui, voilée des pieds à la tête, daignait le soutenir sur un escabeau, faisait sans doute cette réflexion, qu'on a beau monter les degrés du trône, on ne retrouve son cœur que sur les degrés de l'autel ; qu'on a beau dorer et pavoiser la barque royale qui prend la mer un jour de soleil, on regrette bien vite de s'être embarqué pour n'étreindre que la tempête, le vent et les flots, quand on retourne la tête vers la paix du rivage.

Ce n'est pas seulement dans son portrait qu'on retrouve aux Carmélites sœur Louise de la Miséricorde : son souvenir parfume le cloître et la chapelle, comme celui de madame Louise de France, fille de Louis XV, de madame de Longueville, de mademoiselle d'Épernon, de tant d'illustres religieuses ; les unes priant encore pour leurs péchés, les autres priant toujours pour celles qui ont péché.

II

Mademoiselle de La Vallière fut la poésie du dix-septième siècle ; ce n'est pas une héroïne de roman : c'est la dixième Muse. Les anciens n'en avaient que neuf ; le sentiment moderne nous a donné la dixième. Nulle figure ne représente plus fidèlement la mélancolie amoureuse, les combats du cœur, les aspirations de l'âme, la passion couronnée d'idéal que cette romanesque La Vallière qui resta fille d'honneur en devenant maîtresse du roi. Il est impossible de lui trouver une sœur dans l'antiquité, non plus que dans les siècles modernes. C'est une nouvelle figure pour l'art, belle comme les plus belles nées de l'imagination des poètes ou tombées de la palette des peintres. Racine et Quinault, ses contemporains, la voyaient ainsi. Ils savaient qu'elle appartenait par sa figure et par sa passion à l'immortelle galerie où se confondent les créations de Dieu et celles des poètes. Les peintres et les sculpteurs du temps. Le Brun, Mignard, Girardon, Coysevox, l'ont peinte et sculptée bien moins pour Louis XIV que pour eux-mêmes, comme si cette adorable vision prédestinée à traverser les siècles devait leur donner une part d'immortalité. Ils voulaient tous cueillir une palme à la poésie de leur temps.

Mais ni les sculpteurs, ni les peintres, ni les poètes, n'ont compris le caractère de cette nouvelle Muse. Ils l'ont représentée en Diane chasseresse et en Madeleine repentie, en Hébé et en Aurore ; il la fallait peindre et sculpter en La Vallière, avec sa belle chevelure en cascades ombrageant à demi son œil rêveur, avec sa bouche si chaste et si voluptueuse à la fois, avec ce profil sévère adouci par les airs sympathiques, ce sein un peu fuyant peut-être, mais d'un dessin irréprochable, ce cou mollement incliné qui rappelle les cygnes fuyant l'orage, cette main si éloquente pour ceux qui cherchent l'âme jusque dans la main.

Girardon et Coysevox ont pris son air de tête dans une Diane et une Daphné, mais ils se sont contentés de l'air de tête, jugeant par les bras et par les épaules qu'elle était sainte plutôt que déesse. Le Brun et Mignard, qui l'ont peinte en Madeleine pénitente, n'ont pas bien connu la maîtresse du roi ; mademoiselle de La Vallière n'a jamais été Madeleine repentie. Madeleine avait traversé les passions furieuses, tombant d'Hérode à Lazare, égayant le souper de l'enfant prodigue, se donnant à tous, se donnant encore même quand elle se fuyait. Mademoiselle de La Vallière n'était pas la pécheresse inassouvie qui se console d'une première chute par une seconde chute, et qui ainsi de chute en chute cherche toujours à se consoler et n'est jamais consolée. Son corps, pudique même aux jours des voluptés, avait pu être le festin de l'amour, mais non pas des amours. Sa chute avait été profonde, mais elle n'avait fait qu'une chute. C'était donc une faute de la peindre en Madeleine repentie ; il fallait la peindre en La Vallière repentie.

Il fallait montrer l'ange cachant le démon, la pudeur révoltée contre l'amour, la vestale rallumant le feu divin au feu de son âme.

A vingt ans, mademoiselle de La Vallière était une âme plutôt qu'un corps. Elle ployait comme un roseau au moindre choc de sa passion. Ses grands yeux semblaient s'ouvrir dans le ciel ; elle était belle, non pas de la beauté opulente et épanouie : elle était belle comme une vision qui ne touche pas à la terre, belle de la beauté des anges et des madones.

La beauté de mademoiselle de La Vallière, c'était le charme. Si un sculpteur n'eût pas osé tailler ses traits dans le marbre, un peintre pouvait exprimer cette beauté insoumise et fuyante par la limpidité de ses yeux couleur du ciel, par la fraîcheur pénétrante de son sourire, par la blancheur diaphane de son teint, par la couleur virginale de sa chevelure corrégienne. C'était le charme, c'était la grâce. C'est en la voyant que La Fontaine a trouvé tout fait ce vers immortel :

> Et la grâce, plus belle encor que la beauté !

Mademoiselle de La Vallière boitait, mais on pouvait lui dire comme je ne sais quel poète de l'antiquité : « Tu ne boites pas, tu t'inclines vers l'amour. » Elle ne marchait pas avec la désinvolture d'Olympe de Mancini, mais elle dansait plus légèrement que mademoiselle de Fontanges. Comme Shakspeare et Byron se fussent consolés de boiter en la regardant passer !

III

J'ai souvent reconnu que les portraitistes sont les meilleurs historiens. Je ne connais bien Charles Ier que par Van Dyck, et le cardinal de Richelieu que par Philippe de Champagne. Mais il est impossible de bien voir mademoiselle de La Vallière dans les portraits du temps.

IV

J'ai parlé du portrait des Carmélites : celui de Mignard conservé par madame la duchesse d'Uzès le rappelle, plutôt encore parce qu'il est du même peintre, que par la traduction mot à mot des traits et de l'expression. Ce n'est plus le même rayon lumineux, la ligne est moins pure, le sentiment est plus profond. Le voile des carmélites n'est pas un si bon cadre à la beauté que cette chevelure en rébellion.

J'ai deux portraits peints de mademoiselle de La Vallière, j'ai un pastel douteux et beaucoup de portraits gravés. Les portraits gravés se défont les uns les autres. Tous portent le nom de mademoiselle de La Vallière, mais lequel donne sa figure ? Ce sont les mensonges de la vérité. Les graveurs, quoique contemporains, n'ont pas vu la maîtresse de Louis XIV ; ils ont étudié qui Lely, qui Verdier, qui Mignard, qui Le Brun, peut-être tous ces maîtres ensemble. Mais le type n'est pas sorti lumineusement de ces figures incertaines. On n'osait pas d'ailleurs la graver au grand jour, même avant sa retraite. Ne voulait-elle pas vivre oubliée à la cour, celle-là qui n'a jamais posé pour l'art non plus que pour l'amour? Madame de Montespan, par contraste, eût permis à Mignard de la peindre en Vénus ou en Ève. Les graveurs qui sont venus après n'ont pas ressaisi la vérité. Ceux qui tentent aujourd'hui cette œuvre périlleuse font une femme quelconque sans même pénétrer le cœur de celle qu'ils croient représenter.

De mes deux portraits peints, le premier est une La Vallière en Madeleine, par Mignard. Elle est fort jolie avec ses deux perles dans les yeux et ses cheveux ruisselants de larmes. Mais cette Madeleine qui a été retouchée trait par trait a perdu sous ces pâtes successives le charme et le sentiment primitifs.

Le second portrait, peint par Lely, a un accent de vérité qui me saisit. C'est bien cette chaste volupté, ce charme pénétrant, cette grâce fondante; mais pourquoi les cheveux sont-ils brunis? Beaucoup m'ont dit : *C'est elle!* Son nom est inscrit sur la toile en ancienne écriture. Elle est vivante; il ne lui manque que la parole pour parler de Louis XIV, car elle a vingt-cinq ans à peine. Mais j'ai peur de me tromper, et je cherche ailleurs la vérité.

Le musée de Versailles, qui renferme de si précieuses pages d'histoire, semble muet sur mademoiselle de La Vallière. On y compte jusqu'à cinq portraits de la maîtresse de Louis XIV, mais dans ces cinq portraits, je ne vois pas une seule fois mademoiselle de La Vallière.

Il y a un émail de Petitot, qui est un chef-d'œuvre. Je ne parle pas de celui du Louvre. Parmi les portraitistes, Petitot est un historien; mais a-t-il bien saisi le sentiment profond et la poésie voilée de cette femme passionnée et mystique qui voudrait emporter son amant jusqu'à Dieu?

Et pourtant je crois à ce portrait (1) plutôt encore qu'à celui qui représente cette femme tout amour en simple fille d'Ève, cheveux au vent, à peine habillée, sans un collier, les yeux perdus à l'horizon de l'infini, déjà appelée au rivage par les divines aspirations, mais retenue dans toutes les amères délices de la traversée, si on en juge bien par sa pâleur.

V

Dans les mémoires de Brienne on voit que mademoiselle de La Vallière était une Madeleine prédestinée, puisque même avant son péché on la voulait peindre sous la figure de la divine pénitente :

La cour fut à Fontainebleau; le roi y devint amoureux de mademoiselle de La Vallière, fille d'honneur de Madame. Je la trouvois fort aimable; je lui disois toujours quelques douceurs en passant; elle m'écoutoit assez favorablement, mais je n'en étois pas amoureux; peut-être le serois-je devenu. Or il arriva que, voulant avoir le portrait de Sa Majesté, je fis venir à Fontainebleau Lefebvre de Venise, célèbre faiseur de portraits en petit; Nanteuil y étoit aussi, et travailloit au portrait du roi en pastel.

(1) C'est celui que Léopold Flameng a gravé pour cette histoire.

Sa Majesté m'accorda la grâce que je lui demandai de faire peindre son portrait par Lefebvre. Un jour que j'étois chez Madame, le roi y vint pour voir sa nouvelle maîtresse, et il me trouva dans l'antichambre avec elle. Il nous demanda ce que nous faisions; je lui répondis fort simplement, parce que c'étoit la vérité, que je proposois à mademoiselle de La Vallière de me permettre de la faire peindre par Lefebvre en Madeleine; et non content de cela, je dis avec la même ingénuité : « Son visage, qui a aussi quelque chose de l'air des statues grecques, me plaît fort. » Elle rougit, et le roi passa sans répondre.

Le soir même de cette aventure, je m'aperçus de leurs amours. Le roi parloit avec beaucoup d'attention et de vivacité à sa nouvelle maîtresse, et moi de penser à l'heure même à ma bévue; mais j'avois l'esprit fort présent : je pris mon temps, comme il la quittoit et s'éloignoit de la fenêtre où s'étoit passé ce doux entretien, pour demander devant lui à mademoiselle de La Vallière si elle étoit toujours dans la résolution de se faire peindre en Madeleine.

Le roi revint sur ses pas, et me dit : « Non, il faut la peindre en Diane; elle est trop jeune pour être peinte en pénitente. »

J'entendis trop bien ce langage, mais je ne fis semblant de rien, et le lendemain, qui étoit un jour de conseil, je me levai de fort bonne heure, car je n'avois pas fermé l'œil de toute la nuit, tant la rencontre du jour m'avoit éveillé et alarmé tout ensemble. Sa Majesté, me voyant entrer si matin dans sa chambre, dont toutes les entrées m'étoient permises, même de sa garde-robe, où j'entrois en tout temps sans avoir eu besoin de brevet d'affaires, elle vint à moi, entra dans le cabinet de Théagène et Chariclée et ferma la porte au verrou. Cela m'émut un peu, car le roi n'avoit pas accoutumé d'en user ainsi. Alors s'approchant de moi d'un air sérieux, mais hon-

nête, il me dit, sans la nommer : « L'aimez-vous, Brienne ?
— Qui, Sire ? répondis-je, mademoiselle de La Vallière ? » Le roi dit : « Oui, c'est elle dont j'entends parler. » Alors je me remis, et me possédant extrêmement, je repartis avec une présence d'esprit admirable :
« Non, pas encore, Sire, tout à fait ; mais je vous avoue que j'ai beaucoup de penchant pour elle, et que si je n'étois pas marié, je lui ferais offre de mes services. — Ah ! vous l'aimez ! Pourquoi mentez-vous ? » dit le roi fort brusquement et presque en soupirant. Je répondis avec beaucoup de respect : « Sire, je n'ai jamais menti à Votre Majesté. J'aurois pu l'aimer ; mais je ne l'aime pas encore assez, quoiqu'elle me plaise, pour dire que j'en suis amoureux. — C'est assez, et je vous crois. — Mais, Sire, puisque Votre Majesté me fait tant d'honneur, lui dis-je, me permettra-t-elle de lui découvrir ingénument ma pensée ? — Oui, dites, je vous le permets. — Ah ! Sire, dis-je en faisant un gros soupir, elle vous plaît encore plus qu'à moi, et vous l'aimez ! — Oh bien ! dit le roi, que je l'aime ou que je ne l'aime pas, laissez là son portrait, et vous me ferez plaisir. — Ah ! mon cher maître, dis-je en lui accolant la cuisse, je vous ferai un plus grand sacrifice : je ne lui parlerai de ma vie, et suis au désespoir de ce qui s'est passé. Pardonnez-moi cette innocente méprise de mes yeux, à laquelle mon cœur n'a point eu de part, et ne vous souvenez jamais de ce que j'ai fait. — Je vous le promets, dit le roi en souriant ; mais tenez-moi votre parole et ne parlez de ceci à personne. — Dieu m'en préserve ! personne n'a plus de respect que moi pour Votre Majesté ! » Je ne pus achever ces paroles sans m'attendrir, et je versai quelques larmes.

Le roi s'en aperçut et me dit : « Vous êtes fou ; à quoi bon pleurer ? L'amour t'a trahi, mon pauvre Brienne : avoue la dette ! »

Je dis à mon père ce qui venoit de se passer, et il

avoua que j'avois eu raison. Lefebvre fit le portrait de Madame, en Vénus très bien accompagnée de Cupidon : et dans le lointain il avoit placé Adonis chassant. Il réussit non bien moins à celui de mademoiselle de La Vallière. Il la peignit en Diane, et mit Actéon dans le paysage ; et ce pauvre Actéon c'étoit moi ! malice innocente que le roi me fit.

Voilà le portrait qu'il faudrait retrouver !

Si vous avez admiré la fresque de Mignard, dans la coupole du Val-de-Grâce, n'avez-vous pas reconnu la maîtresse du roi dans la pécheresse qui s'agenouille aux pieds de Jésus, ensevelie dans ses beaux cheveux blonds ?

Pendant tout le dix-septième siècle, il fut reconnu dans le monde des arts et dans le monde de la cour que la *Madeleine* de Le Brun, commandée au peintre de Louis XIV pour les Carmélites, était le portrait symbolique de mademoiselle de La Vallière. Aujourd'hui nul ne veut la reconnaître dans cette figure plus théâtrale que religieuse ; je crois sans peine que Le Brun, qui avait vu souvent mademoiselle de La Vallière, a pensé à elle en peignant sa Madeleine, mais sans vouloir faire un portrait. Cette Madeleine blonde et désespérée ce n'est pas la Madeleine au désert, c'est la Madeleine qui s'arrache aux fêtes du monde. L'orage est au ciel et menace le palais du roi, elle tombe à genoux tout éplorée et toute repentante. Le crucifix n'est pas encore là. Le miroir dressé devant elle lui montre toujours sa beauté, mais elle va briser le miroir ; la boîte aux parfums sera tout à l'heure la divine cassolette où brûlera l'encens ; la boîte aux bijoux sera tout à l'heure la boîte aux chapelets et aux scapulaires. Elle est vêtue comme les reines de la Bible ; mais demain sa ceinture dorée ne sera plus qu'un cilice ; ses bracelets de pierres fines vont s'armer de pointes de fer ; sa chevelure tout étoilée de perles et de diamants va tomber à ses pieds : toute une gerbe d'or fauchée avant la moisson !

II

LE ROMAN DE MADEMOISELLE DE LA VALLIÈRE

I

Le roman de mademoiselle de La Vallière, c'est une page d'histoire de France. C'est la légende éternelle de l'amour.

Le fil d'Ariane de l'histoire, qui se casse aux mains des plus patientes, m'égarera çà et là dans le labyrinthe de la jeunesse de mademoiselle de La Vallière. Je serai comme le chasseur qui suit sur la neige la trace de l'oiseau : la jeunesse est un oiseau qui vole et qui marche; quand elle marche, elle imprime son pied; mais quand elle s'envole, comment la suivre, même en ramassant les plumes qui tombent de ses ailes! Le romancier n'est jamais en peine, il renoue les chaînes brisées — les fils de la Vierge — avec les lianes fleuries de son imagination; mais l'historien s'arrête à chaque pas, interrogeant la tradition qui se souvient mal, la légende qui est souvent un conte, le livre qui a ses systèmes et ses passions. Tous les écueils sont pour l'historien : si le récit est romanesque, on crie au roman ; s'il est ennuyeux, on ne lit pas son livre ; c'est en vain qu'il mettra au creuset les trois cents volumes qui parlent de son héros ou de son héroïne, pour avoir l'or pur de la vérité : on signalera l'alliage. Il méditera devant les portraits ; mais ces portraits sont-ils authentiques ? S'ils sont authentiques, sont-ils ressemblants ? Le peintre a-t-il bien saisi le moment où l'âme illuminait la figure, où le caractère se révélait sur le front, où le sentiment se trahissait sur la bouche ?

Il m'a été impossible d'écrire l'histoire de mademoiselle de La Vallière avec ces belles transitions que recommande le style et que dédaignait La Bruyère. J'ai questionné les bibliothèques, j'ai couru Versailles et Fontainebleau, j'ai rêvé devant le dernier pan de mur du château de La Vallière, j'ai interrogé le couvent des Carmélites, j'ai touché avec respect les lettres de sœur Louise de la Miséricorde ; mais nulle part je n'ai trouvé le mot à mot de son histoire.

Elle s'appelait Louise de La Vallière (1), deux noms immortels : le premier, par l'amour de Dieu, qui a sanctifié sœur Louise de la Miséricorde ; le second, par l'amour du roi, qui a fait avec elle le plus beau roman du dix-septième siècle. Elle était

---

(1) Quand mademoiselle de La Vallière fut nommée duchesse de Vaujour, on mit en doute sa noblesse ancienne, parce qu'on avait vu autour d'elle toute une famille pauvre, parce que son oncle, l'évêque de Nantes, était sorti d'un moulin pour entrer dans les ordres ; ce qui avait inspiré un méchant couplet sur le blanc et le noir. Toutefois, cette famille avait sa page dans le grand livre héraldique, quoique son origine ne fût pas ancienne.

née le 6 août 1644, dans le pays d'Agnès Sorel, non loin de Chambord, où François Ier, lui aussi, créait des duchesses par la grâce de l'amour. *Souvent femme varie*, écrivait François Ier avec un diamant, — vraie plume de roi. — Mademoiselle de La Vallière fit mentir cette vérité. Elle ne semblait guère destinée à cette haute fortune, qui fut pour elle une grande douleur. N'eût-elle pas été plus heureuse, si sa vie se fût écoulée loin du soleil de la cour, dans un étroit horizon, dans le dédale élégiaque d'un amour de province (1) ?

Si Marie de Mancini apprit l'histoire à Louis XIV, mademoiselle de La Vallière, la veille d'être jeune fille, apprit la géographie à Bragelonne. Ils se voyaient en voisins et en écoliers. Il apprit si bien la géographie de l'amour, quoiqu'il eût à peine treize ans, qu'il arriva un soir par l'escalier dérobé et se cacha dans la ruelle du lit de sa maîtresse d'école. Cris d'effroi de la jeune fille, fureur de sa mère, sermon du marquis de Bragelonne à son fils. Moralité : une autre école avec des grilles et des maîtres moins aimables.

Mais c'est une autre histoire que je vais dire.

Comme Sémélé rêvant de Jupiter, mademoiselle de La Vallière s'éblouissait à Blois des royales splendeurs de Saint-Germain, où elle devait bientôt ar-

---

(1) Mais n'aima-t-elle pas M. de Bragelonne? « Mademoiselle de Montalais avoit été confidente de La Vallière pendant qu'elle étoit à Blois, où un nommé Bragelonne en avoit été amoureux. Il y avoit eu quelques lettres; madame de Saint-Remy s'en étoit aperçue, enfin ce n'étoit pas une chose qui eût été loin. Cependant le roi en prit de grandes jalousies. » — *Madame* DE LA FAYETTE. — Il a fallu à M. Dumas dix-huit volumes pour prouver qu'elle n'a pas aimé son héros.

river par un de ces hasards qui sont la loi de toutes les existences romanesques. Voici comment madame de La Fayette introduit mademoiselle de La Vallière à la cour : « La fortune de cette fille étoit médiocre : sa mère s'étoit remariée à Saint-Remy, premier maître d'hôtel de M. le duc d'Orléans; ainsi, elle avoit presque toujours été à Orléans ou à Blois. Elle se trouvoit très heureuse d'être auprès de Madame. Tout le monde la trouvoit jolie; plusieurs jeunes gens avoient pensé à s'en faire aimer : le comte de Guiche s'y étoit attaché plus que les autres. Il y paraissoit encore tout occupé, lorsque le roi la choisit pour une de celles dont il vouloit éblouir le public. De concert avec Madame, il commença non seulement à faire l'amoureux d'une des trois qu'ils avoient choisies, mais de toutes les trois ensemble. »

Le roi étoit amoureux, ce qui est une chose dangereuse pour un roi et pour son royaume, surtout quand le roi s'appelle Louis XIV et qu'il n'est pas amoureux de la reine. Le roi étoit amoureux de sa belle-sœur, Henriette d'Angleterre, en ce temps-là, selon lui, « la plus belle femme de France ».

Bossuet a enseveli pieusement Henriette d'Angleterre dans les grands plis de son éloquence. Depuis Bossuet, cette fraîche et charmante figure de la jeune cour a été caressée par tous les poètes et tous les historiens. Voici comment Molière peint la fille de Charles Ier en lui dédiant un chef-d'œuvre, l'*École des Femmes :* « On n'est pas en peine, sans doute, comment il faut faire pour vous louer : la matière, Madame, ne saute que trop aux yeux, et, de quelque côté qu'on vous regarde, on rencontre gloire sur gloire, et qualités sur qualités. Vous en avez, Madame, du côté du rang et de la naissance, qui vous font respecter de toute la terre. Vous en avez du côté des grâces et de l'esprit et du corps, qui vous font admirer de toutes les personnes qui vous voient. Vous en avez du côté de l'âme, qui, si l'on ose parler ainsi, vous font aimer de tous ceux qui ont l'honneur d'approcher de vous : je veux dire cette douceur pleine de charmes dont vous daignez tempérer la fierté des grands titres que vous portez, cette beauté tout obligeante, cette affabilité généreuse que vous faites paraître pour tout le monde. »

La jeune cour romanesque continuait au palais de Fontainebleau ou au château de Saint-Germain les imaginations du Tasse, de l'Arioste et de Boccace. Selon madame de La Fayette, « Madame disposoit de toutes les parties de divertissement: elles se faisoient toutes pour elle, et il paroissoit que le roi n'y avoit de plaisir que par celui qu'elle en recevoit. C'étoit dans le milieu de l'été : Madame s'alloit baigner tous les jours; elle partoit en carrosse, à cause de la chaleur, et revenoit à cheval, suivie de toutes les dames, habillées galamment avec mille plumes sur leur tête, accompagnées du roi et de la jeunesse de la cour. Après souper, on montoit dans les calèches, et, au bruit des violons, on s'alloit promener une partie de la nuit autour du canal. »

Le roi s'ennuyait avec la reine; Madame s'ennuyait avec Monsieur.

Un pas de plus dans la forêt de Fontainebleau, et la reine et Monsieur n'avaient plus qu'à se regarder en jetant les bras au ciel. Mais une fille d'honneur de Madame, mademoiselle de La Vallière, qui avait voulu avoir sa grâce, ses robes et son esprit, se trouva avoir son cœur sans y avoir songé : elle adorait Louis XIV !

On commençait à s'émouvoir à la cour de la passion romanesque ou plutôt de la distraction sentimentale de Louis XIV pour la femme de son frère. Le roi et Madame Henriette tinrent conseil et décidèrent qu'il fallait jouer avec l'amour, c'est-à-dire que pour détourner les yeux, le roi ferait semblant d'être tout à coup épris de quelque jeune fille de la cour. « Par exemple, dit Madame Henriette, prenez les couleurs de Mademoiselle de La Vallière : une violette qui cherche l'oubli. Puisqu'elle est à moi, vous me verrez par ses yeux, ou plutôt vous la verrez par mes yeux ; j'aime mieux cela. — Non, dit le roi en riant, je vais aimer tout de bon la Chemerault, qui est à la reine, ce qui fera que la reine m'enverra vers vous pour ne pas être jalouse (1). »

Le roi et Madame, qui croyaient qu'on décide aussi facilement des destinées du cœur, ne se doutaient pas que le soir même le roi deviendrait amoureux, sans le vouloir, de la seule femme qui ait vraiment rempli son âme, et que le lendemain Madame

(1) « Il ne fut pas longtemps sans prendre son parti ; son cœur se détermina en faveur de La Vallière ; et quoiqu'il ne laissât pas de dire des douceurs aux autres, et d'avoir même un commerce assez réglé avec Chemerault, La Vallière eut tous ses soins et toutes ses assiduités. Le comte de Guiche, qui n'étoit pas assez amoureux pour s'opiniâtrer contre un rival si redoutable, l'abandonna et se brouilla avec elle, en lui disant des choses assez désagréables. Madame vit avec quelque chagrin que le roi s'attachât véritablement à La Vallière. Ce n'est peut-être pas qu'elle en eût ce qu'on pourroit appeler de la jalousie, mais elle eût été bien aise qu'il n'eût pas eu de véritable passion, et qu'il eût conservé pour elle une sorte d'attachement qui, sans avoir la violence de l'amour, en eût la complaisance et l'agrément. » *Madame* DE LA FAYETTE.

se laisserait prendre par le comte de Guiche, un papillon de cour qui n'avait ni tête ni cœur — rien que deux ailes pour faire le beau.

Le soir, le roi se promenait avec Beringhen, Guiche et Monsieur, dans les jardins de Fontainebleau ; il vit, comme dans une vision ou dans un conte de fée, trois jeunes filles qui allaient trop vite pour se promener et trop lentement pour être attendues. Louis XIV les suivit silencieusement.

Arrivées devant une statue de Diane, l'une des trois jeunes filles arrêta ses compagnes et leur dit en leur montrant la statue, plus blanche encore sous le reflet de la lune : « J'ai toujours aimé Diane, moi. »

Celle qui parlait ainsi, c'était mademoiselle de La Vallière. « Pour moi, dit mademoiselle de Chemerault, j'aime mieux Endymion. — Vous êtes deux folles, dit mademoiselle de Pons, vous aimez dans la fable, moi j'aime dans la vérité. — Qui aimez-vous ? demanda mademoiselle de Chemerault. — Cherchez bien, » dit mademoiselle de Pons.

Les jeunes filles s'étaient assises devant la statue sans avoir entendu venir à elles Louis XIV et sa suite. A ce mot : *Qui aimez-vous ?* Louis XIV avait fait signe à ses compagnons de l'attendre dans l'avenue, et il s'était aventuré jusque dans le massif qui abritait pour ainsi dire les secrets de ces trois jeunes cœurs.

Mademoiselle de Pons et mademoiselle de Chemerault passèrent en revue toute la cour, exaltant la beauté, l'esprit, le bel air, la grâce à danser des jeunes seigneurs.

Mademoiselle de La Vallière ne disait pas un mot et regardait les étoiles. « Moi, dit mademoiselle de

Pons, si j'aimais quelqu'un, j'aimerais M. de Candale. — Alors vous l'aimez! s'écria mademoiselle de Chemerault. Moi, je n'aime pas; mais le marquis d'Alincourt est fort de mon goût; c'est lui qui danse le mieux. — Mademoiselle de La Vallière ne dit rien, mais si elle pensait tout haut, elle nous parlerait du comte de Guiche. »

Mademoiselle de La Vallière gardait toujours le silence; seulement, à ce nom du comte de Guiche, le roi crut remarquer sur sa pâle figure un dédaigneux sourire.

Cependant les deux jeunes filles lui voulaient arracher son secret. « Son secret, je le connais, dit mademoiselle de Pons; d'ailleurs, elle en dit beaucoup plus par son silence que nous n'en avons dit nous-mêmes en parlant beaucoup. — Je n'ai rien dit par mon silence, dit mademoiselle de La Vallière; seulement, je ne puis m'empêcher de vous trouver bien folles de faire l'éloge de toute la cour sans parler du roi. Moi, je ferais l'éloge de toute la cour en ne parlant que du roi. Est-il un seul homme qu'on lui puisse comparer, même pour danser dans un ballet? — Je comprends, dit mademoiselle de Chemerault, le roi ne vous plaît tant que parce qu'il est le roi. — Au contraire, dit mademoiselle de La Vallière, la couronne me le gâte un peu, puisqu'elle le suprime du nombre de ceux qu'on peut aimer. Ah! s'il n'était pas le roi!... »

En ce moment, le feuillage s'étant agité, les trois jeunes filles se levèrent et s'enfuirent comme devant un fantôme: c'était l'ombre du roi, c'était le roi lui-même qui voulait se jeter aux pieds de mademoiselle de La Vallière. Mais les oiseaux étaient envolés.

« Ah ! s'écria Louis XIV, elle ne veut pas aimer le roi, eh bien, elle m'aimera ! »

Il voulut rejoindre Monsieur et les autres ; il ne fut pas peu fâché de voir que Beringhen et Guiche étaient aussi dans le massif et avaient écouté tout comme lui. « Eh bien, messieurs, cela vous surprend cette bonne aventure qui m'arrive, d'être aimé comme le premier venu ? Quelle est donc cette jeune fille ? — Je ne l'ai pas remarquée, dit Beringhen. — Je ne la connais pas, » dit Guiche pour cacher sa fureur.

Quelques secondes après, le roi dit à Guiche : « Mon cher comte, vous ne la connaissiez pas, mais vous l'aimiez. »

Ce soir-là, le roi alla chez la reine. Il était très ému. Il espérait reconnaître, par le son de la voix, celle qui avait si bien parlé dans une des filles d'honneur. Elles parlèrent toutes ; son cœur ne le trompa point : il alla chez Madame. Mademoiselle de La Vallière venait de rentrer et feuilletait l'*Astrée*. « C'est elle ! » dit le roi.

Il demeura près de Madame jusqu'à plus de minuit. Mademoiselle de La Vallière, voyant le roi prendre un fauteuil, avait voulu se retirer ; mais Madame, sur la prière du roi, lui ordonna de rester pour leur lire je ne sais quel roman de mademoiselle de Scudéry. Elle se mit à lire avec sa belle voix émue et pénétrante. Le roi ne comprit pas un mot, mais il avoua depuis que c'était le seul roman qu'il eût entendu avec joie (1).

(1) « Trois jours après, le roi fut chez Madame au Palais-Royal, qui étoit malade, et s'arrêta dans l'antichambre avec La Vallière, à laquelle il parla longtemps. Le roi fut si charmé de son

II

Le croira-t-on? ce grand roi, qui ne doutait de rien, pas même de sa divinité, celui qui devait soumettre le monde, celui qui déjà était entré au parlement éperonné et cravache en main, Louis XIV se conduisit avec Mademoiselle de La Vallière en vrai héros de roman.

Durant tout un mois, il n'osa parler que par ses yeux, et encore il ne permettait à ses yeux de montrer que la moitié de son cœur. Il était plus que jamais assidu auprès de Madame, qui, comme il arrive toujours, fut la dernière à savoir qu'elle n'avait plus le cœur du roi. En lui conseillant naguère de faire semblant d'aimer mademoiselle de La Vallière, elle était bien loin de penser qu'il vien-

esprit, que, dès ce moment, sa reconnaissance devint amour : il ne fut qu'un moment avec Madame; il y retourna le jour suivant et un mois de suite, ce qui fit dire à tout le monde qu'il étoit amoureux de Madame, et l'obligea même de le croire ; mais, comme le roi chercha l'occasion de découvrir son amour, parce qu'il en étoit fort pressé, il la trouva. Tout lui auroit été bien facile s'il n'eût considéré que sa qualité de roi, mais il regardoit bien autrement celle d'amant. En effet, il parut si timide, qu'il toucha plus que jamais un cœur qu'il avoit déjà assez blessé. Ce fut à Versailles, dans le parc, qu'il se plaignit que, depuis dix ou douze jours, sa santé n'étoit pas bonne. Mademoiselle de La Vallière parut affligée et le lui témoigna avec beaucoup de tendresse. « Hélas! que vous êtes bonne, mademoiselle, lui dit-il, de vous intéresser à la santé d'un misérable prince qui n'auroit pas mérité une seule de vos plaintes s'il n'étoit autant qu'il est à vous. Oui, mademoiselle, continua-t-il avec un trouble qui charma la belle, vous êtes maîtresse absolue de ma vie, de ma mort et de mon repos et vous pouvez tout pour ma fortune.» La Vallière rougit et fut si interdite qu'elle en demeura muette. » *Les Amours des Gaules.*

drait l'aimer chez elle en secret. Elle ne croyait pas que cette jeune fille, encore un peu provinciale quoique à si bonne école, pût inspirer une passion profonde; elle la comparait à un pastel dont le roi-soleil ne devait faire qu'une bouchée. Madame, qui voyait tout à la cour, moins ce qu'elle devait voir, n'avait pas bien regardé les yeux de mademoiselle de La Vallière, ces beaux yeux ombragés de longs cils, humides de candeur, mais aussi de volupté, bleus comme le ciel, mais comme le ciel de Naples et de Séville.

Il fallait pourtant bien que le roi se déclarât. Le ciel sembla se mettre de son parti. Un jour qu'on se promenait dans le parc de Vincennes, un orage éclate soudainement et disperse toute la cour. C'est à qui trouvera plus vite un abri sous les ramées, dans les grottes, au château même; mais on était loin du château. Deux personnes furent mouillées et virent de près les éclairs. C'étaient mademoiselle de La Vallière, qui boitait, et Louis XIV, qui voulait boiter du même pas. Il s'approcha d'elle le chapeau à la main et lui offrit galamment le bras. Mademoiselle de La Vallière posa sa main nue sur le velours et se laissa conduire. Le roi lui dit : « Nous allons au château. » Mais presque au même instant il prit un chemin qui s'éloignait encore du château. La pluie ne tombait plus guère, mais le vent venait par secousses secouer sur leurs fronts les ondées recueillies par les branches. « Mon cœur attendait cet orage, dit le roi en pâlissant. Ne savez-vous donc pas que je vous aime, madame? — Chut! je pourrais vous entendre, » dit mademoiselle de La Vallière en rougissant.

Le roi, heureux de cette première attaque, voulut continuer la campagne : par un mouvement rapide du bras, il fit tomber sur sa main la main de mademoiselle de La Vallière. Le tonnerre les eût frappés tous les deux sans les émouvoir davantage. Mademoiselle de La Vallière retira sa main, mais le regard du roi fut si suppliant, qu'elle la replaça sur le velours. Comment ne pas obéir à Louis XIV, quand Louis XIV a son chapeau à la main ? Le roi osa confier à la jeune fille tous ses battements de cœur, tous ses rêves de roi et de berger, toutes ses pâleurs subites depuis ce soir où il avait surpris le secret de Diane (1). « Sire, dit tout à coup mademoiselle de La Vallière, nous nous sommes trompés de chemin. — Non, dit le roi, je vais où je veux aller. — Mais Votre Majesté ne voit donc pas que je suis toute mouillée ? — Comptez les gouttes de pluie, dit le roi, je jure de vous donner autant de perles. »

Cette belle équipée à travers l'orage dura toute une heure. « Je ne suis surpris que d'une chose, disait plus tard Beringhen, c'est de ne pas avoir retrouvé les deux amoureux métamorphosés en Triton et en Naïade. » Le duc de Saint-Aignan, qui savait par cœur le quatrième livre de l'*Enéide*, disait : « C'étaient Enéas et Didon. »

(1) On a longtemps dit à la cour le *secret de Diane*, pour parler du secret de mademoiselle de La Vallière, rappelant ainsi qu'elle avait parlé devant la statue de Diane.

III

La pluie ayant cessé, toute la cour reparut. C'en était fait, Jupiter était sorti du nuage. Mademoiselle de La Vallière alla cacher son amour dans les groupes rieurs.

Dès que le roi fut au milieu de tout le monde, il s'aperçut qu'il était seul ; mais l'orage n'allait pas recommencer : comment le roi ferait-il désormais pour se tromper de chemin avec mademoiselle de La Vallière ? La reine, jalouse, se plaignait ; Madame, jalouse, pleurait. Comment se cacher à toutes les deux ? Louis XIV écrivit, et choisit Beringhen pour son ambassadeur vers mademoiselle de La Vallière. La première lettre fut romanesque ; la deuxième fut tendre ; la troisième fut désespérée. Mademoiselle de La Vallière n'avait pas voulu recevoir la première, mais Beringhen la lui avait lue. Elle cacha la seconde dans son sein (où il y avait de la place, disait mademoiselle de Chemerault, pour indiquer que mademoiselle de La Vallière n'avait pas un sein aussi fier que le sien). L'amoureuse du roi répondit à la troisième lettre, mais comment ?

Elle passa toute une nuit à se demander ce qu'elle dirait. Le lendemain, le poète Benserade, qui avait en quelque sorte remplacé le fou du roi, et qui en cette qualité avait ses entrées partout, ce dont il abusait, surprit mademoiselle de La Vallière les cheveux épars, la gorge soulevée, les yeux pleins de larmes. « Est-ce que vous allez jouer la tragédie ? lui demanda-t-il. — Ah ! monsieur de Benserade, je suis bien malheureuse ; on est amoureux de moi, ce qui me ravit ; on m'écrit qu'on meurt d'amour, et je ne sais comment répondre qu'il faut vivre en ne m'aimant pas. — C'est pourtant bien simple, dit le poète. — Pas si simple, puisque je cherche depuis hier. Répondez pour moi ; vous aurez l'art de dire non, comme si vous disiez oui. »

Benserade s'imagina qu'il s'agissait d'une de ces coquetteries de femmes qui nous enchaînent en nous disant : Vous êtes libres. Il fit séance tenante une réponse où il y avait de tout, excepté de la passion. Mais quand mademoiselle de La Vallière fut seule, elle recopia la lettre et y mit, peut-être à son insu, ce que Benserade avait oublié d'y mettre.

Tout fut romanesque en cette aventure. Le lendemain, le roi fit appeler Benserade et lui dit que, pensant donner une fête à une dame de la cour, il voulait l'en avertir par des vers. Et le roi passe ses idées au poète, et le poète parfile la rime, et le soir même, La Vallière, qui a écrit au roi la prose de Benserade, reçoit du roi les vers de Benserade. Ce n'est pas tout, mademoiselle de La Vallière, qui voit passer Benserade sous sa fenêtre, lui fait signe de venir d'un petit air mystérieux. Voilà Benserade, qui avait eu des bonnes fortunes, convaincu qu'il a séduit mademoiselle de La Vallière. Le roi ne lui avait pas dit que mademoiselle de La Vallière fût la personne pour qui il donnait une fête ; mademoiselle de La Vallière n'avait pas non plus dit à Benserade que l'amoureux à qui il lui fallait répondre fût Louis XIV. Mademoiselle de La Vallière vient lui ouvrir la porte avec ce charmant sourire « qui troublait les hommes et les dieux », il ne doute pas de son bonheur, il se jette à ses pieds, lui saisit la main et lui débite quelques lambeaux de sonnets et de rondeaux ayant déjà beaucoup servi.

Elle éclate de rire. « Ce n'est pas cela, lui dit-elle. Reprenez vos rimes et vos hémistiches ; il s'agit d'une autre réponse, car on m'a encore écrit (1). »

Benserade, confondu, a toutes les peines du monde à prendre la chose gaiement. « Eh bien, dit-il en prenant son parti, montrez-moi la lettre qu'on vous a écrite, et j'y vais répondre. »

Mademoiselle de La Vallière lui montra les vers qu'il avait écrits le matin. Benserade, en homme de cour, se garda bien de dire que les vers étaient de lui. Il se mit à l'œuvre et répondit au roi pour mademoiselle de La Vallière, comme si Benserade n'existait pas.

IV

Fouquet osa, peut-être sur la prière de la reine-mère, traverser cette aurore amoureuse.

---

(1) On pourrait crier au roman ou à la comédie. C'est de l'histoire. Tous les mémoires du temps l'ont produite. Anquetil l'a mise dans ses Chroniques : « A la naissance des amours de Louis XIV et de La Vallière, cette demoiselle avoit eu recours à la muse de Benserade, et l'avoit prié de passer chez elle, sans le prévenir de son dessein. Ce poète étoit aimable et avantageux ; en se rendant chez la nouvelle favorite, il croit aller à un rendez-vous. Pénétré de son bonheur, il se jette en entrant à ses genoux ; ce bonheur est si grand, qu'il a peine à le croire. « *Eh ! non, ce n'est pas cela*, lui dit mademoiselle de La Vallière en le relevant, *il s'agit d'une réponse ;* » et elle lui montra la lettre du roi qu'elle venait de recevoir. »

Fouquet croyait connaître les femmes parce qu'il connaissait beaucoup de femmes ; il affirmait d'un air dégagé : « Toutes les femmes sont la même. » Il affirmait aussi qu'il n'y a pas de ceinture qu'on ne puisse dénouer. Il s'en vint cavalièrement un matin dire à mademoiselle de La Vallière qu'il savait le prix de sa vertu. « Je ne comprends pas, murmura-t-elle ingénument. — Je veux dire que j'estime toutes les vertus des filles d'honneur à cinquante mille livres, mais j'estime la vôtre à cinquante mille écus. »

Et après un silence, car mademoiselle de La Vallière était trop indignée pour répondre : « Je mets à vos pieds ces cinquante mille écus. »

La jeune fille le regarda avec mépris, lui montra sa rougeur et lui défendit de jamais lever les yeux sur elle.

Fouquet ne conta pas l'histoire, mais mademoiselle de La Vallière la dit au roi, qui ne pardonna pas au surintendant.

C'était quelques jours avant cette fête de Vaux qui a été le prologue des fêtes de Versailles. Peut-être Fouquet voulait-il éblouir mademoiselle de La Vallière autant qu'il voulait émerveiller Louis XIV. Car le surintendant n'obéissait qu'aux passions de son cœur ; la femme était son gouvernail sur la mer orageuse qu'il voulait braver. Il n'avait pas perdu sa journée quand il attachait une femme de plus au mât du navire. « Il y en avoit peu à la Cour, dit madame de Motteville, qui n'eussent sacrifié au veau d'or. Il fut par là révélé que bien des filles et des femmes qui passoient pour sages ne l'étoient pas. Et on vit que ce ne sont pas toujours les hommes les plus aimables qui ont les meilleures fortunes, et que c'est avec raison que les poètes ont fait la fable de Danaé et de la pluie d'or. »

A la fête de Vaux, mademoiselle de La Vallière ne fut éblouie que par Louis XIV.

Quand Fouquet et Lauzun furent devenus philosophes sous le portique de la prison de Pignerol, le surintendant confessa que mademoiselle de La Vallière lui avait résisté. « Jusqu'à quel prix ? demanda Lauzun. — Jusqu'à cinquante mille écus. Ah ! si je lui eusse offert cent mille écus ! »

Fouquet se trompait. Toutes les femmes ne sont pas la même.

V

Louis XIV, qui, sans le savoir, était de l'école de Fouquet, voulait toujours éblouir et surprendre. Il donna à Saint-Germain une splendide mascarade. Il se déguisa en Jupiter. Il avait conseillé à mademoiselle de La Vallière de revêtir sa robe d'une étoile. A minuit, Jupiter découvrit l'Etoile dans les tourbillons et lui tint ce langage : (C'était toujours la poésie de Benserade.)

> Chacun dans son état a sa mélancolie :
> Ne cachez point la vôtre ; elle est visible à tous.
> Être étoile, pourtant, c'est un poste assez doux.
> Et la condition me semble fort jolie :
> Vous la deviez garder. Ce goût trop délicat
> A votre feu si vif et si rempli d'éclat,
> Mêle quelque pensée et sert comme d'obstacle.
> Les étoiles, vos sœurs, vous diront qu'autrefois

Une étoile a suffi pour produire un miracle
Et pour faire bien voir du pays à des rois.

Et après lui avoir parlé d'elle, le roi parla pour lui :

Je ne fais point de geste et ne fais point de pas
Qui ne soit de mon nom la preuve suffisante.
Le monde représente ici ce qu'il n'est pas ;
Moi, je suis en effet ce que je représente.

Il n'est rien de si grand dans toute la nature,
Selon l'âme et le cœur au point où je me voi.
De la terre et de moi qui prendra la mesure,
Trouvera que la terre est moins grande que moi.

Je cède toutefois, vaincu par de beaux yeux :
Et la fragilité des héros que nous sommes
Est telle, qu'après tout le plus petit des dieux
Est plus à redouter que le plus grand des hommes.

L'univers a tremblé du bruit de mon tonnerre,
Et la postérité ne s'en taira jamais.
Avec beaucoup d'éclat j'ai fait partout la guerre ;
J'ai bien plus fait encor, même j'ai fait la paix.

Mais ce m'est un trésor si doux et si touchant
Que celle qui sur moi remporte la victoire,
Que je crois que l'Amour n'en est pas bon marchand,
Si pour la lui payer, il suffit de ma gloire (1).

(1) Dans une autre fête, le roi, représentant le Soleil, dit à mademoiselle de La Vallière : « Voilà des vers anonymes où l'on se moque de moi, roi-soleil. » Et il lui lut ces strophes :

A SA MAJESTÉ, REPRÉSENTANT LE SOLEIL.

Soleil de qui la gloire accompagne le cours,
 Et qu'on m'a vu louer toujours

Cette fête n'était que la préface du célèbre carrousel qui retentit par toute la France ; selon Voltaire : « Tous les divertissements publics que le roi donnait étaient autant d'hommages à sa maîtresse. On fit en 1662 un carrousel vis-à-vis des Tuileries, dans une vaste enceinte qui en a retenu le nom de la place du Carrousel. Il y eut cinq quadrilles. Le roi était à la tête des Romains ; son frère, des Persans ; le prince de Condé, des Turcs ; le duc d'Enghien son fils, des Indiens ; le duc de Guise, des Américains (1). »

L'abbé de Choisy, qui était des mascarades et des carrousels, peignit plus tard les belles aurores de cet amour romanesque : « Il y avoit souvent des

> Avec assez d'éclat, quand votre éclat fut moindre,
> L'art ne peut plus traiter ce sujet comme il faut ;
>   Et vous êtes monté si haut,
> Que l'éloge et l'encens ne vous sauroient plus joindre.
>
> Vous marchez d'un grand air sur la tête des rois,
>   Et de vos rayons autrefois
> L'atteinte n'était pas si ferme et si profonde :
> Maintenant je les vois d'un tel feu s'allumer,
>   Qu'on ne sauroit en exprimer,
> Non plus qu'en soutenir la force sans seconde.
>
> Je doute qu'on le prenne avec vous sur le ton
>   De Daphné, ni de Phaéton :
> Lui trop ambitieux, elle trop inhumaine,
> Il n'est point là de piège où vous puissiez donner.
>   Le moyen de s'imaginer
> Qu'une femme vous fuie et qu'un homme vous mène.

(1) C'est d'Ouvrier l'antiquaire qui, à ce carrousel, imagina cet emblème qui a tant offensé les ennemis de Louis XIV : le soleil dardant ses rayons sur un globe avec ces mots : *Nec pluribus impar*. C'était ce jour-là une simple devise de chevalier pour le carrousel ; mais tous les courtisans la trouvèrent si bien appliquée, que le roi l'accepta comme un présage et la prit dans ses armoiries. De ses armoiries elle passa rapidement sur les palais, les meubles, les tapisseries, les cadres de la couronne.

parties de chasse l'après-dînée, et le bal le soir. On donna le ballet des Saisons, où le roi représentoit le Printemps, accompagné des Jeux, des Ris, de la Joie et de l'Abondance. Il y dansa avec cette grâce qui accompagnoit toutes ses actions et cet air de maître qui, même sous le masque, le faisoit remarquer entre les courtisans les mieux faits. Le comte d'Armagnac et le marquis de Villeroi ne lui faisoient point de tort. Il étoit alors fort amoureux de mademoiselle de La Vallière, et d'autant plus touché, qu'il en faisoit encore un mystère presque impénétrable. »

Louis XIII avait dansé une fois dans un ballet, Louis XIV ne pensa pas descendre de sa grandeur en dansant aussi ; mais il dansa toujours avec majesté, comme si c'eût été dans l'Olympe. Il ne dansa d'ailleurs que les dieux et les demi-dieux (1).

(1) Louis XIV dansait dans les ballets et jouait la comédie. Il aimait beaucoup les *Visionnaires* de Desmarets. « Dans sa jeunesse, le roi avoit joué la comédie des *Visionnaires*, dit la Palatine ; il la savoit fort bien, et il la jouoit mieux que les comédiens. » Il joua tour à tour Artabaze, le Capitan et Filidan. Quand il jouait Artabaze, il était fort comique en déclamant ces premiers vers :

> Je suis l'amour du ciel et l'effroi de la terre ;
> L'ennemi de la paix, le foudre de la guerre ;
> Des dames le désir, des maris la terreur ;
> Et je traîne avec moi le carnage et l'horreur.
> Le dieu Mars m'engendra d'une fière Amazone,
> Et je suçai le lait d'une affreuse lionne.
> On parle des travaux d'Hercule encore enfant,
> Qu'il fut de deux serpents au berceau triomphant ;
> Mais me fut-il égal, puisque par un caprice,
> Étant las de teter j'étranglai ma nourrice ?

Ce fut au mariage du roi que l'opéra fut introduit en France par le cardinal Mazarin. Comme le remarque Voltaire, puisqu'un cardinal avait introduit la comédie, il fallait bien qu'un cardinal introduisît l'opéra. Le roi et la reine dansèrent ensemble au Louvre, et ravirent les spectateurs : le roi par son

On a, dans ces dernières années, beaucoup trop jugé Louis XIV comme danseur de ballets. Alexandre, dans un festin, avait touché le luth avec la grâce d'Orphée : « N'es-tu pas honteux de jouer si bien ? » lui dit Philippe. Ce beau mot de Philippe ne supprime pas un rayon à la gloire d'Alexandre. De même l'historien a beau s'irriter contre la danse de Louis XIV, il ne peut supprimer une seule de ses conquêtes. Ne soyons pas tout à fait de l'opinion d'Antisthène, qui disait, après avoir entendu un beau joueur de flûte : « Isménias est un jeune homme de rien, sinon ce ne serait pas un excellent joueur de flûte. » Soyons un peu moins Spartiates, nous qui sommes des Parisiens d'Athènes.

Quoi que fit le roi, qu'il dansât, qu'il assiégeât une ville, qu'il courût la bague, qu'il entrât au parlement, il était toujours le roi. Comme a si bien dit Racine dans *Bérénice:*

> En quelque obscurité que le ciel l'eût fait naître,
> Le monde en le voyant eût reconnu son maître.

De toutes ces fêtes, le peuple avait les miettes de la table ! Ce bon peuple ! C'était alors le chien de la maison. Il léchait la main de son maître sous le poids de ses chaînes.

Mademoiselle de La Vallière ne connaissait pas le peuple, elle ne connaissait que Dieu et son amant. Elle n'aimait pas les fêtes d'ailleurs, car elle prêchait toujours au roi les solitudes à deux. Elle lui écrivait :

grand air, ses allures solennelles, sa beauté rayonnante ; la reine par ses grâces légères et malgré sa laideur. Mais une reine est toujours belle.

« Que nous nous ressemblons peu en une chose, puisque je voudrois cacher à l'univers un amant qui feroit l'orgueil de mille autres, et que vous avouez hautement celle que personne ne daigneroit vous envier ! De grâce, Sire, prenez plus de soin de votre gloire, et souffrez un peu qu'on vous aime en secret. »

Le roi cherchait les heures mystérieuses et ne les trouvait pas. Sa couronne rayonnait jusque dans la nuit. Il eût tout donné, disait-il, pour devenir durant un jour le plus humble de ses sujets (1).

VI

Louis XIV et mademoiselle de La Vallière ont commencé à s'aimer en Dieu. Je m'explique. Quand leur passion était encore un mystère, ils avaient toutes les peines du monde à se retrouver, pour ne point se trahir. Quand la cour était à Fontainebleau, à Compiègne ou à Saint-Germain, il n'y avait plus la distance des Tuileries au Palais-Royal, puisque Henriette d'Angleterre était de tous les voyages. Mais le matin, quel prétexte pour se rencontrer, sinon la chapelle ? Aussi jamais le roi ne fit-il mieux ses dévotions. Quel que fût le sentiment religieux de toutes ces jeunes âmes, la cour allait gaiement à la messe ; les hommes s'agenouillaient fort dévote-

(1) « A la promenade du soir, il sortoit de la calèche de Madame et s'alloit mettre près de celle de La Vallière, dont la portière étoit abattue, et comme c'étoit dans l'obscurité de la nuit, il lui parloit avec beaucoup de commodité. » *Madame de La Fayette.*

ment, mais regardaient beaucoup les femmes, dont peu avaient abdiqué la coquetterie en franchissant le seuil sacré. Le soir, au salut, les dames allaient toutes à la chapelle une bougie à la main, « pour lire les psaumes », disaient-elles. N'était-ce pas pour se montrer au roi et aux autres? Quand la messe était finie, après quelques instants de profond silence, il semblait que tout le monde se réveillât à la vie. Même avant de sortir de la chapelle, les hommes allaient saluer les femmes ; on parlait bas d'abord, puis un peu plus haut, bientôt tout haut. M. de Guiche débitait une galanterie à mademoiselle d'Astigny ; M. de Saint Aignan improvisait un distique sur la beauté du roi; M. de Vardes passait un billet brûlant à la comtesse de Soissons. Après le salut c'était bien mieux encore : toute cette folle jeunesse éclatait dans sa joie ; seule peut-être, mademoiselle de La Vallière n'avait pas si vite oublié Dieu (1).

Mademoiselle de La Vallière, plus femme que femme de cour, recherchait la solitude plus que le roi lui-même : « Nous autres faibles créatures, nous cherchons les solitudes ; mais en même temps nous connaissons que ceux à qui la force est donnée pour combattre dans le monde ont une belle couronne à espérer. » Selon l'abbé de Choisy, « elle ne vouloit

(1) On se croirait au bal en voyant une gravure qui représente le vestibule de la chapelle de Versailles à la sortie de la messe. Dans une autre gravure, Bossuet prêche le carême ; le roi est sur son fauteuil, l'assistance est divisée en trois ordres : à droite du roi, en face du prédicateur, sont toutes les dames ; à gauche, tous les courtisans ; sous la chaire, les cardinaux et les évêques, « ces courtisans de Dieu », disait-on alors pour les flatter.

point voir ses anciens amis, ni même en entendre parler, uniquement occupée de sa passion, qui lui tenoit lieu de tout ».

Ce n'était qu'à son corps défendant qu'elle se parait des bijoux du roi, disant qu'on la voyait déjà trop sans l'éclat des diamants. « Un soir, dit madame de Motteville, comme j'avois l'honneur d'être auprès de la reine à la ruelle du lit, elle me fit signe de l'œil, et m'ayant montré mademoiselle de La Vallière, qui passait par sa chambre pour aller souper chez la comtesse de Soissons, elle me dit en espagnol : *Esta donzella, con las arracadas de diamante, es esta que el Rei quiere* (1). » Ces pendants d'oreilles, que le roi la forçait de porter toujours, elle les cachait sous les ondes de sa chevelure comme la mer cache les perles.

VII

Ce n'était point assez de voir mademoiselle de La Vallière dans les fêtes, au regard de toute la cour. Le roi, en vrai coureur d'aventures de l'école de don Juan, monte une nuit sur les toits, court de lucarne en lucarne, jusqu'à celle de mademoiselle d'Artigny, voisine de mademoiselle de La Vallière. Beringhen avait aplani le chemin. Mademoiselle d'Artigny ouvre au roi; elle voudrait bien qu'il restât en chemin, mais elle se résigne à n'être que confidente. Elle conduit le roi à la porte de mademoiselle de La

(1) « Cette fille, qui a des pendants d'oreilles de diamants, est celle que le roi aime. »

Vallière, et lui dit : « Je m'en lave les mains. » Le roi ouvre la porte avec amour et avec effroi : mademoiselle de La Vallière songeait à lui. Elle croit encore que c'est un songe. Elle se lève de son fauteuil et elle tombe évanouie. Elle rouvre les yeux et elle voit le roi agenouillé qui lui parle avec passion et avec respect, deux sentiments qui ne font pas longtemps bon ménage ensemble. Elle supplie son royal amoureux de s'en aller; il lui dit cent fois qu'il s'en va, et il reste toujours. Ah! Benserade, comme on se passait de toi cette nuit-là!

Les premières blancheurs de l'aube viennent réveiller les amoureux de leur rêve divin. Où sont-ils? Ils ne le savent plus. « Sire, vous êtes chez moi. — Non, je ne suis pas chez vous, puisque vous ne voulez me donner que votre cœur. — Je ne vous donnerai jamais que mon cœur, mais je ne donnerai rien aux autres. »

Le roi s'en va heureux et désolé. Vaincre et ne pas saisir la victoire!

Le soir on dansa chez la reine. Le roi, pour jouer son monde, dansa avec mademoiselle de Pons et disparut avec elle. Mademoiselle de La Vallière souffrit mille morts. Elle jura de ne plus voir le roi; mais la nuit suivante, il parut à sa fenêtre à l'heure où elle se déshabillait. Elle jette un cri, le roi se précipite dans la chambre et demande grâce. On le renvoie à mademoiselle de Pons. Il répond qu'il y a deux forces ou deux faiblesses en lui : l'esprit et la bête. L'esprit est tout à mademoiselle de La Vallière; mais la bête ne peut pas être à celle qui est tout esprit. Mademoiselle de La Vallière ne veut pas pour cela faire le sacrifice de sa vertu. Elle ne le fera qu'à une condition, c'est qu'elle mourra en expiation. Le roi refuse le sacrifice.

Mais le lendemain, elle se résigna à tout, car elle rencontra le roi jouant au jeu de l'amour avec mesdemoiselles de Pons et de La Mothe-Houdancourt.

Le roi, tout amoureux qu'il fût, se prenait à la belle gaieté de mademoiselle de Pons et aux moqueuses coquetteries de mademoiselle de La Mothe-Houdancourt (1), une Montespan avant la lettre.

VIII

La reine pleurait beaucoup de voir le roi lui préférer ses filles d'honneur ou celles de Madame ; elle se trouvait laide, s'avouait vaincue et se résignait chrétiennement. Tout le monde lui voulait cacher les aventures du roi, même la reine-mère, même la duchesse de Navailles, qui était du coin de la reine. Mais c'était le secret de la comédie : le roi avait beau lui revenir toutes les nuits : elle disait que Louis n'était pas là même quand il était avec elle. Il arrivait d'ailleurs que le roi ne lui revenait que le matin. Madame de Motteville, pareillement du coin de la reine, raconte ingénument les aventures nocturnes de Sa Majesté : « Le cœur du roi étoit rempli de ces misères humaines qui font dans la jeunesse le faux bonheur. Il se laissoit conduire doucement à ses passions. Il étoit alors à Saint-Germain, et avoit pris coutume d'aller à l'appartement des filles de la

(1) « Je ne sais si elle étoit, dans son cœur, subalterne à mademoiselle de La Vallière, mais elle causa beaucoup de changement à la cour. » *Madame* DE MOTTEVILLE.

reine. Comme l'entrée de leur chambre lui étoit défendue par la sévérité de la dame d'honneur, il entretenoit souvent mademoiselle de La Mothe-Houdancourt, par un trou qui étoit à une cloison d'ais de sapin, qui pouvoit lui donner le moyen. Jusque-là, néanmoins, ce grand prince, agissant comme s'il eût été un particulier, avoit souffert tous ces obstacles sans faire des coups de maître ; mais sa passion devenant plus forte, elle avoit aussi augmenté les inquiétudes de la duchesse de Navailles, qui, avec les seules forces des lois de l'honneur et de la vertu, avoit osé lui résister. Elle suivit un jour la reine-mère, qui de Saint-Germain vint au Val-de-Grâce faire ses dévotions, et fit ce voyage à dessein de consulter un des plus célèbres docteurs qui fût alors dans Paris sur ce qui se passoit à l'appartement des filles de la reine. Elle comprenoit qu'il falloit déplaire au roi, et sacrifier entièrement sa fortune à sa conscience, ou la trahir pour conserver les biens et les dignités qu'elle et son mari possédoient. A son retour à Saint-Germain, elle sut par ses espions que des hommes de bonne mine avoient été vus la nuit sur les gouttières et dans des cheminées, qui du toit pouvoient conduire les aventuriers dans la chambre des filles de la reine. Le zèle de la duchesse de Navailles fut alors si grand, que, sans se retenir ni chercher les moyens d'empêcher avec moins de bruit ce qu'elle craignoit, elle fit aussitôt fermer ces passages par de petites grilles de fer qu'elle y fit mettre, et par cette action elle préféra son devoir à sa fortune. La comtesse de Soissons n'aimoit point mademoiselle de La Vallière ; il lui sembloit qu'elle lui avoit dérobé le reste des bonnes grâces du roi.

L'ambition, l'amour, la jalousie, ces trois puissantes passions de l'âme, firent beaucoup de fracas dans la sienne. Elle avoit voulu exposer mademoiselle de La Mothe-Houdancourt aux yeux du roi, avec dessein de reprendre par cette voie quelque part à ses secrets. Comme elle vouloit embarquer ce prince à cette galanterie, elle ne manqua pas de l'animer contre les grilles qui avoient été faites, à ce qu'elle disoit, plutôt pour le contredire et l'offenser que par aucun scrupule de conscience (1). »

Mademoiselle de La Vallière, qui avait voulu ne

(1) Mademoiselle de Montpensier raconte plus cavalièrement l'histoire des grilles. « Le roi se promenoit souvent pendant l'hiver avec la reine : il avoit été avec elle deux ou trois fois à Saint-Germain, et l'on disoit qu'il avoit regardé La Mothe-Houdancourt, une des filles de la reine, et que La Vallière en étoit jalouse. C'étoit la comtesse de Soissons qui conduisoit cette affaire, la reine haïssoit plus La Mothe que La Vallière ; elle eut plus de penchant à croire que le roi en étoit amoureux que de voir qu'il l'étoit de l'autre. Madame de Navailles voulut faire sa cour à la reine-mère ou s'acquérir la réputation d'une grande rigidité. Sur ce qu'on disoit que le roi alloit parler à La Mothe par ses fenêtres, elle fit faire des barreaux de fer pour la faire griller. Je ne sais comment cela se passa : ses grilles se trouvèrent dans la cour. Le roi en fit de grandes railleries : on se moqua de madame de Navailles sur son zèle indiscret. Le bruit courut que le roi alloit toujours à ses fenêtres pour parler à La Mothe, et qu'il lui avoit porté un jour des pendants d'oreilles de diamants ; qu'elle les lui avoit jetés au nez et lui avoit dit : « Je ne me soucie ni de vous ni de vos pendants, puisque vous ne voulez pas quitter La Vallière. » Ceux qui voyoient le plus clair étoient persuadés que le roi ne s'empressoit auprès de La Mothe que pour cacher la passion qu'il avoit pour La Vallière. La reine se persuada que c'étoit à La Mothe qu'il en vouloit ; elle redoubla son aversion pour elle. Elle a eu toujours le malheur d'être l'objet de la jalousie de la reine, qui faisoit pitié par l'aveuglement dans lequel elle étoit sur mademoiselle de La Vallière, et les imaginations qu'elle avoit sur La Mothe. Cela étoit à tel point, qu'on en rioit avec le roi. »

donner que son âme et son amour, se donna tout entière, éperdument, avec jalousie, pour empêcher le roi de frapper une seconde fois à une autre porte.

Madame ne put maîtriser les colères de sa jalousie. « Quoi! s'écria-t-elle, c'est une boiteuse qui a le pas sur moi! La servante l'emporte sur la maîtresse! — Oui, lui dit le roi, vous êtes la maîtresse par la naissance; mais c'est l'amour qui commande, et je suis le serviteur de la servante. »

IX

C'est l'*Histoire amoureuse des Gaules* (1) qu'il faut questionner ici, bon gré, mal gré. Selon Sandraz, le roi était malade, Mademoiselle de La Vallière lui écrivit par l'ambassade de Saint-Aignan :

« Si l'on savoit la cause de vos maux, l'on y apporteroit du remède, quand il devroit coûter la vie; mais, mon Dieu! qu'il est inutile de vous dire ce que je vous dis! ce n'est pas moi qui donne à Votre Majesté ses bons ni ses mauvais jours. »

Quand le duc porta ce billet au roi, « la jeune reine étoit pour lors sur son lit, et, d'abord qu'il le vit, il s'écria : « Saint-Aignan, je suis bien foible, et

(1) Sandraz, un libelliste très méprisé des historiens, fut pourtant un chroniqueur bien informé. Il écrivait sur les ébauches du comte de Bussy-Rabutin et sur les récits du comte de Guiche. Bussy aimait à colporter les galantes aventures de la cour; il disait des malices sous le nom de Sandraz, croyant par ce masque échapper à la Bastille; mais on le reconnut à ses malices quand il fut à la Bastille. Le comte de Guiche, exilé en Hollande, continua sans le vouloir, par ses confessions un peu vaniteuses, à faire l'éducation de Sandraz. On peut donc, quoique avec réserve, lire la *France galante*.

je le suis plus que vous ne pouvez penser. » La reine se retira, et le roi relut vingt fois ce billet; il fit admirer au duc cette manière d'écrire; mais il ne pouvoit souffrir ce cruel terme de *Votre Majesté.* Il en parloit encore quand mademoiselle de La Vallière entra dans sa chambre avec madame de Montausier (1), à laquelle cette visite aux flambeaux a valu toute sa faveur; elle se retira par commodité et par respect au bout de la chambre avec le duc. Mademoiselle de La Vallière se mit sur le lit du roi; elle étoit en habillement négligé, et le roi, qui prend garde à tout, lui en sut bon gré. Elle le regarda avec une langueur passionnée à lui faire entendre que son cœur seroit éternellement à lui; le roi fut si transporté, qu'après lui avoir demandé mille pardons, il baisa un quart d'heure ses mains sans lui rien dire que ces trois paroles : « Eh! que je serois misérable, mademoiselle, si vous n'aviez pitié de moi! » Enfin ils se parlèrent, ils se contèrent leurs raisons, et furent cinq heures à dire : « Que je vous aime! que vous aviez de tort! votre cœur est hors de prix; que nous avons lieu d'être contents! aimons-nous toujours. » Ils ne s'en tinrent pas aux paroles tendres, et, ma foi, je le crois; mais je ne sais pas si le roi, qui, le lendemain, se leva pour passer tout le jour avec La Vallière, le passa plus sagement. »

Bussy, par la bouche de Sandraz, conte ainsi les jalousies posthumes d'Olympe Mancini : « Madame de Soissons, qui a cru être autrefois aimée, a sup-

---

(1) La belle Julie de Rambouillet, fille et héritière de Charles d'Angennes, marquis de Rambouillet et de Pisani, vidame du Mans.

porté avec une étrange impatience la faveur de La Vallière; de sorte que, la voyant un jour passer devant la fille d'un avocat du parlement, duquel madame de Soissons faisoit ses délices, elle dit assez haut à madame de Ventadour : « J'avais toujours bien cru que La Vallière étoit boiteuse, mais je ne savois pas qu'elle fût aveugle. » Le roi fut indigné. Il arracha de son cœur son dernier souvenir pour Olympe Mancini. Dès ce jour, l'exil de la comtesse de Soissons fut résolu. Quand mademoiselle de La Vallière apprit le chagrin du roi, elle lui écrivit ce billet :

« Que je vous aime, et que vous méritez de l'être! Mais il me fâche de troubler vos plaisirs par mes malheurs. Pourquoi appeler malheur ce qui ne l'est point? Non, je me reprends : tant que mon cher prince m'aimera, je n'en aurai jamais : rien ne me peut affliger que sa perte. Ne craignons point les autres, ne craignons que nous-mêmes. »

Sandraz, qui ne doute de rien, raconte comment Louis XIV rentrait chez lui : « Quinze jours après, le roi, qui avoit passé depuis midi jusqu'à quatre heures après minuit avec La Vallière, vint se coucher; il trouva la jeune reine en simple jupe, auprès du feu, avec madame de Chevreuse. Comme le roi se sentoit encore mécontent contre elle pour La Vallière, il lui demanda avec un froid horrible pourquoi elle n'étoit pas couchée. « Je vous attendois, lui dit-elle tristement. — Vous avez la mine, lui répondit le roi, de m'attendre bien souvent. — Je le sais bien, lui répondit la reine, car vous ne vous plaisez guère avec moi, et vous vous plaisez bien davantage avec mes ennemies. » Le roi la regardoit avec une fierté qui approchoit bien du mépris, et lui dit d'un ton moqueur : « Hélas! madame, qui vous en a tant appris? » Et, en la quittant : « Couchez-vous, madame, avec vos petites raisons. » La reine fut si vivement touchée, qu'elle alla se jeter aux pieds du roi, qui se promenoit dans sa chambre. « Eh bien, madame, que voulez-vous dire? lui dit-il. — Je veux dire, répondit la reine, que je vous aimerai toujours, quoi que vous me fassiez. — Et moi, lui dit le roi touché, j'en userai si bien, que vous n'y aurez aucune peine. »

Louis XIV, se croyant, comme son aïeul Henri, un diable-à-quatre, pensait qu'il pouvait aimer deux femmes.

X

Maîtresse du roi! c'était déjà depuis longtemps un titre officiel, non pas précisément un titre d'honneur, mais d'où tombaient les honneurs. Peu de femmes avaient résisté à jouer du sceptre en guise d'éventail. Il fallait bien prendre sa revanche sur la loi salique. Ce fut peut-être le roi le plus vaillant à l'armée de l'amour — le roi au triple talent — qui rencontra le plus de rebelles. Il est vrai qu'il frappa à plus de portes que les autres. Catherine de Rohan, duchesse de Deux-Ponts, lui dit qu'elle était de trop bonne maison pour être sa maîtresse, et trop pauvre pour être sa femme. Antoinette de Pont, marquise de Guercheville, lui dit qu'elle voulait mourir dans son honneur. Et elle fut si éloquente dans son sermon, que le Béarnais s'écria avec admiration :

« Puisque vous êtes véritablement dame d'honneur, vous le serez de la reine ma femme. » Malheureusement pour le grand-livre héraldique, il y eut peu de Catherine de Rohan et d'Antoinette de Pont parmi les dames d'honneur.

Le lendemain de sa chute, cette chute qui eût été un triomphe pour toute autre, mademoiselle de La Vallière ne se réveilla pas sur les marches du trône, jetant la France à ses genoux et les courtisans à ses pieds, fière comme Junon, souveraine comme Diane de Poitiers. Elle se cacha la figure dans ses mains et jura de vivre plus que jamais dans le demi-jour.

Elle fut toujours effrayée du rayonnement du roi-soleil ; il cherchait les nues, elle cherchait les ramées. Elle aimait la rencontre du roi ; mais si le roi n'était pas seul, elle aimait mieux poursuivre son souvenir que de voir son image. Le roi, qui cherchait la lumière et le bruit, l'éclat et le tapage, avait un plaisir cruel à donner la jeune fille en spectacle, voulant d'ailleurs savourer l'encens dont on inondait sa beauté.

Mademoiselle de La Vallière, en ces belles années de la passion du roi, pouvait gouverner le monde ; elle ne voulait qu'aimer. Elle s'élevait sur son trépied d'or pur au-dessus de toutes les diplomaties de la cour. Elle ne voulait pas toucher aux choses de ce monde. Toute son ambition était dans son cœur. Que lui importait que tel ministre fût en faveur ou en disgrâce ! Elle ne voulait pas surprendre les secrets de l'État. Le roi disait : L'état, c'est moi ; et elle disait : L'État, c'est mon amour. Elle ne voulait pas jouer le rôle d'Agnès Sorel ; elle ne voulait jouer que son rôle sans souci de sa souveraineté.

Le roi pour elle était un homme jeune et beau qu'elle dépouillait de toute auréole de gloire. « Il s'appelle Louis et je m'appelle Louise, » disait-elle avec joie.

Elle s'abandonnait indolemment à toutes les ardentes rêveries des jeunes amoureuses. Elle était si occupée de penser à son amant, qu'elle oubliait l'heure du rendez-vous. « Pourquoi ne veniez-vous pas? — Parce que j'avais peur de vous quitter. » Elle était dominée par son imagination; le paradis retrouvé lui cachait le parc de Versailles; son âme s'envolait au delà des mers sans s'inquiéter de ce beau corps, plus doux à voir et à toucher que la pêche mûrissante. Plus d'une fois le roi surprit mademoiselle de La Vallière toute décoiffée, son peigne à la main, comme si elle sortait du lit, quoiqu'il fût l'heure de déjeuner. Louis ne lui faisait pas un crime de ce déshabillé charmant qui lui offrait un spectacle imprévu. La coquetterie de la beauté et de la jeunesse, c'est de proscrire toute coquetterie. Mademoiselle de La Vallière était, ces jours-là, coquette sans le savoir. Louis avait le sentiment de l'ordre, il aimait que tout fût bien, mais il était trop amoureux pour ne pas pardonner à sa maîtresse de lui montrer du même coup un pied chaussé et une jambe nue. Et ces jolis mouvements de la candeur qui s'effarouche ou de la frileuse qui s'irrite de ne pas trouver assez d'étoffe. Et ce charmant embarras de la femme chaste qui ne sait où se cacher.

Le roi était assez artiste pour aimer cette chevelure qui ruisselait sur le cou, cette gerbe opulente que les agitations nocturnes avaient tout emmêlée et toute tordue. Les Giorgion et les Véronèse de sa galerie lui avaient appris que les chevelures désordonnées encadraient souvent avec bonheur les plus belles figures.

Mademoiselle de La Vallière croyait effacer ses péchés par le repentir, même avant de songer aux Carmélites ; sa vertu immolée se relevait toute blanche dès que le roi était parti, souvent même en face du roi. Qui est-ce qui a dit que la vertu tombe des montagnes inaccessibles avec la rapidité des cascades, et qu'on ne l'y fait remonter qu'à force d'écluses ? Mademoiselle de La Vallière pouvait dire à Louis XIV devant les écluses de Marly : « Et moi aussi je dompte la nature. Je force ma vertu à rebrousser chemin, ou plutôt à remonter les montagnes. » Aussi chaque fois qu'elle se laissait prendre à la passion du roi, c'était pour lui une conquête et pour elle une chute, — avec les larmes, les pâleurs, les violences, les désespoirs, — en un mot, une volupté toute nouvelle pour l'amant de la Beauvais ; car il croyait qu'une femme ne combat une première fois que pour mieux se donner ensuite. Mademoiselle de La Vallière ne se donnait jamais, même quand l'amour, même quand la jalousie la voulaient jeter dans les bras de son amant. Madame de Sévigné disait d'elle : « *Cette petite violette qui se cachait sous l'herbe.* » La touffe d'herbe, c'était sa pudeur toujours croissante. Madame de Sévigné ajoutait : « *Elle était honteuse d'être maîtresse, d'être mère, d'être duchesse.* » Elle avait peur du soleil, ce soleil de la cour qui la montrait de si loin. O bienheureuse touffe d'herbe ! Combien d'âmes y vivent oubliées par la grâce de Dieu !

Avant d'être jalouse de la marquise de Montespan, mademoiselle de La Vallière était jalouse d'elle-même, mais dans le sens inverse. Il y avait en elle deux femmes : l'une toute de vertu, l'autre toute d'amour. La première était jalouse de la seconde quand elle la sentait qui courait au roi. Aussi disait-elle à Louis : « Que je vous donne de peine à m'aimer, absente et jalouse ! »

Oui, jalouse, oui, absente. Ou l'âme s'envolait pour fuir toute complicité, ou l'âme était présente pour s'indigner des voluptés du corps.

L'amour du roi s'irritait de ces luttes toujours imprévues, parce qu'il croyait toujours avoir vaincu sans merci. Le roman était toujours à la même page, parce qu'on déchirait toujours la page. Le bonheur du roi était durable, parce qu'il menaçait de ne pas durer. Mademoiselle de La Vallière parlait de son malheur, mais comme elle aimait son malheur !

Dans les heures de sa première chute, elle eut peur de Dieu, elle courut front baissé s'agenouiller en la chapelle de Fontainebleau. Elle y trouva Jésus pardonnant à Madeleine, — une belle Madeleine du Primatice toute pécheresse encore ; — elle se compara pour la première fois à la grande repentie. « Mais moi, dit-elle toute désespérée, je n'aurai pas la gloire de laver sous mes larmes le sang de Notre-Seigneur. »

Plus que jamais elle demeura fidèle à ses devoirs religieux, aimant la prière et le jeûne. Le roi aurait bien voulu supprimer les heures de prière et les jours de jeûne, car il n'avait d'audience qu'après Dieu. Un matin, il arrêta la jeune fille au sortir de la messe où il était allé lui-même, mais où il était demeuré moins longtemps. Il la saisit dans ses bras et l'appuya avec force sur son cœur. Elle ne se défendit pas selon sa coutume, ce qui surprit presque le roi ; mais voyant sa pâleur : « Pourquoi pâlissez-vous ? lui demanda-t-il. — Pourquoi ? c'est parce que mon cilice m'empêche de me sentir si près de vous ! »

XI

On sait tout à la cour. Le roi avait beau se cacher et prendre tous les masques, chacun se disait, tout bas d'abord, tout haut bientôt, que mademoiselle de La Vallière était la maîtresse du roi. On répéta l'histoire à Paris, et un jour une tante de mademoiselle de La Vallière vint lui montrer l'abîme. La jeune fille protesta de sa vertu ; mais, effrayée du bruit public, elle prit une grande résolution : elle courut s'enfermer dans un couvent de Saint-Cloud (1).

La cour était à Saint-Germain. Louis XIV donnait audience à l'ambassadeur d'Espagne. Un page va jusqu'à lui avec ce simple billet : « Adieu ! a Dieu ! » Le roi oublie qu'il écoute un ambassadeur. Que lui fait la paix ou la guerre ? Qu'importe une province de plus pour qui a perdu son cœur, son âme, sa vie ? Il laisse l'ambassadeur à sa harangue, il réclame partout mademoiselle de La Vallière, il court

(1) Selon une lettre en vers de Benserade (Manuscrit de la Bibliothèque impériale de 10,414, fol. 177), mademoiselle de La Vallière une première fois s'était enfuie au couvent pendant un voyage du roi en Bretagne. Elle n'osait fuir alors que parce qu'il était loin d'elle ; elle était trop sous le charme quand elle le voyait.

chez Madame, il se plaint à haute voix, il demande des chevaux et ne trouve personne aux écuries. « Qu'importe, dit-il au page qui lui avait donné l'adieu de la fugitive ; sellez votre cheval, je sellerai bien le mien ! »

Il selle un cheval, ordonne au page de le suivre, et le voilà parti pour Saint-Cloud. Il arrive, il découvre le couvent, il demande la nouvelle venue. Elle refuse de paraître. Il menace de tout si elle ne lui est rendue. Elle paraît, l'adoration du roi la fléchit, elle est ramenée en triomphe.

On ne dit pas comment ; peut-on supposer que ce fût en croupe ?

Selon une autre version, le roi eut bientôt décidé mademoiselle de La Vallière à fuir le couvent avec lui. Il la trouva couchée sur les dalles, embrassant les pieds d'un Christ de pierre dans le parloir du dehors, car on avait refusé de la recevoir dedans. « Je cherche mon tombeau », lui dit-elle tout en larmes. C'était déjà Madeleine. Mais le roi retrouva la pécheresse sous la repentie.

Elle était pâle comme si déjà la mort l'eût touchée. « Si vous m'aimiez, lui dit le roi, qui était lui-même tout en larmes, vous ne voudriez pas mourir et vous ne me feriez pas mourir. »

Il la prit dans ses bras et l'emporta serrée sur son cœur. « J'étais venu décidé à tout, poursuivit-il, même à brûler le couvent. »

Ce n'était pas un roi, c'était un amoureux (1).

---

(1) Sous la Restauration, Horace Vernet peignait poétiquement dans le style romanesque de madame de Genlis, mais avec un sentiment plus élevé, mademoiselle de La Vallière au couvent des Carmélites, s'attachant à la croix pour se défendre

Quelque réserve que fasse le philosophe contre le roi et contre le mari, il pardonne ici à l'amoureux, parce que la passion, quelle que soit sa folie, garde toujours un caractère divin. Mais Louis XIV dépassait la passion elle-même : « Vous n'êtes guère maître de vous-même, dit la reine-mère à son fils. — Si je ne le suis de moi-même, répondit le roi, je le serai de ceux qui outragent ma volonté. »

C'était le tonnerre qui parlait. La reine-mère se courba sous l'orage et conseilla à la femme de son fils de se tourner vers Dieu.

Le roi imposa donc mademoiselle de La Vallière à la cour, même à sa mère, même à sa femme. Il avait tous les despotismes.

de Louis XIV, qui la veut enlever de vive force. Elle est fort belle dans son attitude de désespérée. La composition du tableau est savante au point de vue des oppositions et des effets dramatiques. Cette femme échevelée qui se jette au pied de la croix ; ce roi qui n'a jamais plié le genou et qui s'agenouille sur l'herbe du cimetière ; ce beau ciel qui parle d'amour avec un nuage à l'horizon ; ces arbres verts où chantent les rossignols ; cette chapelle entr'ouverte où retentit encore le glas funèbre ; ces religieuses effrayées de voir ainsi les passions humaines violer ce refuge où Dieu seul passionne les âmes : voilà qui saisit l'imagination. Mais le très spirituel artiste a relevé ce sentimentalisme d'opéra par une raillerie. Parmi les religieuses, il en est une qui s'approche, curieuse, de cette scène d'amour, et qui dit, par son expression, qu'elle ne comprend rien aux rébellions de mademoiselle de La Vallière. Dans la gravure teintée de ce tableau, mademoiselle de La Vallière, toute noyée dans sa chevelure, est une figure charmante qui rappelle les créations de Lawrence.

XII

La cour était alors le plus souvent au Palais-Royal. Madame, après sa belle indignation contre les déchéances du cœur de Louis XIV, qui descendait de la princesse à la fille d'honneur, s'était décidée à sourire à tout et à présider tous les jeux. Quinault eut plus d'une fois l'honneur d'être appelé au *jeu des vers*. Quand on ne jouait ni aux cartes, ni à la main chaude, ni au billard, ni aux jeux innocents, on jouait à la rime, comme à l'hôtel Rambouillet.

Un soir, on se passa *l'amour* de main en main. Quand ce fut le tour de Quinault, il voulut se défendre de parler, sous prétexte qu'il ne connaissait pas bien son sujet ; mais, le roi ayant insisté, il improvisa ces quatre vers :

Grand roi que dans mon cœur je respecte et j'admire,
    Pour parler des douceurs de l'amoureux empire
    Il ne faut pas choisir ceux qui savent rimer,
    Mais il faut consulter ceux qui savent aimer.

Le roi consulta beaucoup de monde, faisant semblant de ne pas voir mademoiselle de La Vallière ; mais à la fin il se posa devant elle, comme Œdipe devant le sphinx : « Et vous, madame, n'en direz-vous rien ? » On voit que le roi n'osa prononcer le mot. Mademoiselle de La Vallière, qui avait eu le temps d'improviser son quatrain, répondit par ces vers :

C'est le destin des belles choses ;
Ainsi nous voyons tous les jours
Les épines avec les roses,
Les chagrins avec les amours.

Ce fut mademoiselle de La Vallière qui obtint ce soir-là le prix des vers.

Dirai-je les vers du roi ? Non, c'étaient des vers de roi.

Mademoiselle de La Vallière parlait des épines ; c'était pourtant l'heure des joies et des ivresses.

Saint Augustin, à la recherche du bonheur, — qu'il appelle le souverain bien, — a compté deux cent quatre-vingt-huit opinions dans les philosophes de l'antiquité. Selon Archytas, c'est le gain d'une bataille; selon Cratès, c'est une belle navigation quand les syrènes chantent au loin ; selon Épicure, c'est la volupté des lèvres et de l'esprit; selon Héraclite, c'est l'argent ; selon Démocrite, l'homme heureux est celui qui n'a rien ; Simonide trouverait le bonheur dans un ami, mais il décide qu'il n'y a pas d'ami; Euripide se moque de l'amitié avec l'amour ; mais Aristophane s'écrie : « O femme! tu donnes l'amour, mais tu ne donnes pas la femme. »

Mademoiselle de La Vallière se donnait toute en donnant l'amour.

J'allais oublier l'opinion de saint Augustin. Pour lui, le souverain bien, c'est Dieu. Un commentateur de l'ordre profane, Ninon de Lenclos, écrivait en marge des *Confessions* : « Il me semble pourtant que Dieu ne nous a pas tout exprès mis sur la terre pour regarder le ciel. » Mademoiselle de La Vallière, dans ses saintes et profanes aspirations, voyait le roi dans son Dieu et Dieu dans son roi.

Dès que le cœur a la liberté, — je me trompe, dès qu'il est pris, — il songe à s'expatrier, il aspire au ciel, sa vraie patrie. « Je suis si heureuse que je voudrais mourir! » disait mademoiselle de La Vallière, un soir, dans le parc de Versailles. Elle aimait tant qu'il lui semblait que son cœur était emprisonné sur la terre. Ce cri de mademoiselle de La Vallière, combien d'autres qui l'ont jeté comme une injure au bonheur!

Dans son aveuglement, le roi voulut bientôt que sa maîtresse eût son appartement à la cour, porte à porte avec la reine, comme au sérail. La reine se fit moins prier pour ce caprice du sultan que mademoiselle de La Vallière.

On s'accoutume à tout. Marie-Thérèse aimait tant le roi, qu'elle finit par aimer mademoiselle de La Vallière, comme gagnée elle-même à cet amour. La jeune fille était d'ailleurs si respectueuse et si douce, qu'elle avait vaincu tous ses ennemis. Il fallait que Marie-Thérèse passât chez sa jeune rivale pour aller à la messe. Tout le monde ici-bas, même la reine, marque les stations de sa croix. Ce ne fut pas tout : La Vallière eut, elle aussi, sa fille d'honneur. Mademoiselle d'Artigny (1), qui était à Ma-

---

(1) Mademoiselle d'Artigny était fille d'honneur de Madame. « Le roi lui donna de considérables sommes d'argent et la fit épouser au comte de Roure, cousin du duc de Créqui, avec de grands avantages qu'il lui fit. Elle eut sujet, selon les fausses maximes du monde, de s'estimer heureuse d'avoir été la confidente des secrets du roi ; car, de pauvre et accablée de mauvaise fortune, elle devint une grande dame. » *Madame* DE MOTTEVILLE.

dame, passa à la maîtresse du roi. Il fallait une confidente — ou plutôt une comédienne pour les intermèdes. — Mademoiselle d'Artigny répandait beaucoup de gaieté sur cette passion mélancolique. Madame finit par pardonner à mademoiselle de La Vallière, grâce aux prières de mademoiselle d'Artigny, grâce surtout aux prières du roi, qui la condamnait à être témoin de son bonheur avec sa rivale. Le matin, Louis XIV l'allait prendre dans son carrosse pour passer la journée à Versailles avec ses deux anciennes filles d'honneur. Mademoiselle de La Vallière était si caressante et mademoiselle d'Artigny si folle, que Madame jouait et riait avec elles comme une enfant.

Madame avait d'ailleurs oublié le roi avec le comte de Guiche. Selon madame de La Fayette, « ce qu'on appelle ordinairement la belle galanterie produisit alors beaucoup d'intrigues (1). Le comte

(1) « Quand Madame s'aperçut qu'elle avoit peu de part aux visites fréquentes du roi, et qu'elle servoit pour ainsi dire de prétexte à La Vallière, elle conçut beaucoup de dépit contre lui et contre elle ; et pour se dépiter, elle écouta favorablement le comte de Guiche, fils aîné du comte maréchal de Gramont, jeune homme bien fait, qui à beaucoup d'esprit et de courage joignait encore plus d'audace, Dans le même temps, la comtesse de Soissons, qui vit le roi épris des charmes de La Vallière, se rendit à l'amour de Vardes, qui n'étoit plus dans sa première jeunesse, mais plus aimable encore par son esprit, par ses manières insinuantes et même par sa figure, que tous les jeunes gens. On a cru que ce fut par ordre du roi qu'il s'attacha à la comtesse et que le roi fut son confident. Ce qui est certain, c'est que cet habile courtisan fit ce qu'il fit plus par ambition que par amour, et fut aussi fâché que la comtesse et que Madame quand il vit que La Vallière possédait seule le roi. Ces quatre personnages donc, savoir : Madame et le comte de Guiche (comme un jeune étourdi, par complaisance pour elle), la comtesse de Soissons et de Vardes, formèrent le des-

de Guiche fut éloigné pour avoir eu l'audace de
regarder Madame un peu trop tendrement. Comme
il est à croire qu'elle était sage en effet, elle voulut
que le public fût persuadé qu'elle avait été de concert avec le roi et Monsieur pour l'éloigner; mais
son exil fut court, et on peut s'imaginer que ce
crime n'avoit pas beaucoup offensé celle qui en
étoit la cause. La duchesse de Valentinois, sœur du
comte de Guiche, était tendrement aimée de Madame, et la sœur de ce coupable étoit traitée de
favorite; il étoit juste de récompenser en elle les
sentiments du frère, qui en sa personne pouvoient
être innocemment payés. Madame ne pouvoit vivre
sans elle; elle étoit de toutes ses promenades: si
bien qu'elle faisoit éclore chaque jour non pas des
fleurs sous ses pas, comme feignent les poètes qu'il
arrive aux nymphes de la chaste Diane, mais des
querelles, des brouilleries, et beaucoup de ces riens
qui sont capables de produire de grands événements. »

sein de perdre La Vallière pour rester les maîtres de la cour.
Ils s'imaginèrent que si par quelque moyen la jeune reine
pouvoit savoir le commerce du roi avec La Vallière, elle feroit
éclater la reine-mère, de manière que le roi ne pourroit s'empêcher de se défaire de sa maîtresse. Ils écrivirent là-dessus
une lettre comme de la part du roi d'Espagne à sa fille, qui
l'avertissait des amours du roi. Cette lettre fut composée par
Vardes, et traduite en espagnol par le comte de Guiche, qui
se piquoit de savoir toutes sortes de langues. Pour l'espagnol,
il est certain qu'il le savoit. La lettre arriva à bon port et
sans que personne se doutât pour lors d'où elle venoit. La
jeune reine, qui aimait son mari passionnément, fut outrée de
douleur. La reine-mère prit son parti : cela donna beaucoup de
chagrin et d'inquiétude au roi, mais ne lui fit pas quitter sa
maîtresse. Toute sa mauvaise humeur tomba sur ceux qui
avoient eu la hardiesse de l'attaquer par un endroit si sen-
sible. » *Marquis* DE LA FARE.

Près d'une année s'écoula toute couronnée des aubes timides, mais déjà lumineuses, d'un amour qui fut éternel pour mademoiselle de La Vallière, qui prit le cœur tout entier de Louis XIV.

Un jour, à midi (c'était l'heure de la messe), la reine traversa la chambre de mademoiselle de La Vallière, la sachant malade depuis la veille : « Quoi ! ma belle, on vous dit malade, et je ne vois autour de vous que des tubéreuses et des fleurs d'oranger ?
— C'est pour dormir, » dit mademoiselle de La Vallière.

Le lendemain, le bruit se répand que mademoiselle de La Vallière est accouchée. « Oh que nenni ! dit la reine; hier elle était au bal; je l'avais vue en allant à la messe presque endormie dans un lit jonché de fleurs mortelles aux femmes en couche.
— C'est égal, dit la comtesse de Soissons, elle est accouchée l'autre nuit; c'est le roi lui-même qui a reçu l'enfant. »

Le roi paraît. Un silence. « Sire, dit la reine, vous poussez donc l'amour pour vos sujets jusqu'à les recevoir à leur entrée en ce monde? »

Le roi sembla ne pas comprendre. A cet instant, on annonça mademoiselle de La Vallière. Elle était plus belle que jamais en robe de bal d'un nouveau goût, ce qui occupa toutes les femmes. Elle vint ainsi démentir hautement tous les bruits de la cour : Louis XIV ne fut pas si brave pour passer le Rhin.

Et pourtant, la vérité, c'est qu'elle était accouchée la veille en présence du roi.

Mais il me faudrait tout un volume pour raconter cette nuit incroyable.

Je ne veux pas non plus m'attarder par tous les

méandres de cette passion. Je dirai en peu de mots la conspiration de la comtesse de Soissons, cette Mancini toujours jalouse qui n'avait pas aimé le roi, mais qui ne voulait pas que le roi aimât aucune femme. Le marquis de Vardes, son amant, était le confident du roi, un confident de comédie. Pour complaire à la comtesse de Soissons, il osa, de concert avec le comte de Guiche et la comtesse de Soissons, écrire à la reine régnante une lettre contrefaite, au nom du roi d'Espagne, son père :

« Le roi se précipite dans un dérèglement qui n'est plus ignoré que de Votre Majesté. Mademoiselle de La Vallière est l'objet de cet indigne amour. C'est un avis que de fidèles serviteurs donnent à Votre Majesté. Vous déciderez si vous pouvez aimer votre époux dans les bras d'une autre, ou si vous voulez empêcher une chose dont la durée ne vous peut être glorieuse. »

Cette lettre fut déposée sur l'oreiller de la reine, mais la Medina la remit au roi. Louis XIV contint sa colère pour mieux découvrir les ennemis de son amour. Il interrogea son confident, qui, craignant les indiscrétions de sa maîtresse, avoua tout comme s'il se fût agi de quelque espièglerie. Le roi changea de figure, et dit au marquis de Vardes qu'il exilait tous ceux qui avaient été pour quelque chose dans cette odieuse équipée. Et il le fit. La comédie royale a des scènes tragiques à tous les actes.

A cela près, le roi était heureux. Un soir qu'il babillait aux pieds de sa maîtresse, il lui demanda si elle croyait qu'on pût aimer mieux qu'il n'aimait. « Oui, lui dit-elle ; car, tout passionné que vous êtes, vous m'aimez pour mon amour, et j'ai connu un homme qui m'a aimée jusqu'à la mort en sachant qu'il ne serait pas aimé. — Quel est cet homme? — Un simple officier aux gardes que le ciel m'avait peut-être destiné ; mais comme cet amour n'était pas un crime, je ne l'ai pas aimé. C'était au temps où j'étais encore à Madame. Il m'a écrit des lettres qui n'étaient pas jolies comme les vôtres, parce qu'il n'avait pas Benserade sous la main ; mais ses lettres sont des chefs-d'œuvre de passion. — Des phrases ! dit le roi avec quelque dépit. — Oui, des phrases, sire ; mais la dernière fut un coup d'épée. — Que dites-vous? — Je dis que ce matin même, apprenant que j'étais la maîtresse du roi, il s'est percé le cœur de son épée. — Il a bien fait, dit le roi ; si j'étais un simple officier aux gardes, j'en ferais bien autant. — Ah! sire, que n'êtes-vous un simple officier aux gardes! comme nous nous aimerions dans l'oubli du monde ! »

Ce cri de mademoiselle de La Vallière était le cri de son cœur.

XIII

Le roi ne fut pas souvent jaloux avec celle qui ne mettait pas d'art dans l'amour. Un jour pourtant, à une fête de Madame, il passa une heure dans tous les tourments d'Othello : il vit un jeune homme charmant, de la plus fière distinction et de la plus hautaine élégance, qui dansait très familièrement avec mademoiselle de La Vallière. Il riait avec elle, lui parlait à l'oreille et se moquait tout haut de ses grands airs élégiaques.

Louis XIV n'osait demander quel était ce jeune homme, dans la crainte de paraître jaloux ; mais il était furieux et fut sur le point d'éclater.

Après le ballet, il alla droit à mademoiselle de La Vallière et l'entraîna un peu cavalièrement. « Madame, me direz-vous quel est ce jeune homme ? — Ce jeune homme, sire ? il est beau, n'est-ce pas ? Si vous saviez comme il est galant et comme il parle bien ! » Le roi frappa du pied : « Madame, cela n'est pas répondre. » Mademoiselle de La Vallière se mit à rire et dit à son amant : « Ce beau danseur, sire, c'est mon frère. »

Louis XIV ne revenait pas de sa surprise : « Quoi ! vous aviez un frère, et vous ne m'avez jamais rien demandé pour lui ! — Sire, je ne suis pas la maîtresse du roi, » répondit la maîtresse de Louis.

XIV

Si on ne rencontre jamais mademoiselle de La Vallière au conseil des ministres, on la rencontre quelquefois au conseil des artistes, quoiqu'elle n'eût que le paradis pour idéal.

Louis XIV prit un matin son portrait encadré de diamants dans la main de mademoiselle de La Vallière, et lui dit qu'il allait l'envoyer par delà les monts. « A qui donc, sire ? » demanda la jeune fille jalouse. Louis XIV prit une plume et écrivit au Bernin pour l'appeler en France.

Mademoiselle de La Vallière ne s'expliquait pas bien cette passion du roi pour le marbre. Elle aimait les pauvres, et représentait souvent à

Louis XIV que toutes ces magnificences de ses palais l'empêchaient de voir son peuple de près. Le roi lui répondait par ses paradoxes politiques : l'or qui tombe de haut va loin, comme le torrent qui bondit de la montagne pour féconder la vallée.

Ce fut une fête pour le roi que le jour de la présentation du Bernin par le duc de Créqui. « Je ferai le buste de Votre Majesté pour prendre des leçons de grandeur, » dit le sculpteur. Quelques jours après, le roi donna la première séance. Le Bernin, tout en modelant la tête, s'approcha de lui et releva deux boucles de cheveux retombant sur les tempes. « Le plus grand roi du monde, dit-il, ne doit pas craindre de montrer son front à tout l'univers. » Les courtisans applaudirent, et soudainement relevèrent leurs cheveux. La coiffure à la Bernini devint une mode sérieuse.

Mademoiselle de La Vallière était là dans le cercle de la reine. Bernin la regardait beaucoup. « Voilà le sang français, murmura le Bernin, des beautés qui s'évanouissent quand on les touche. — Quelles sont, lui demanda mademoiselle de La Vallière, les plus belles femmes, des Françaises ou des Italiennes ? » Bernin répondit en s'inclinant devant elle que les femmes étaient belles à Paris comme à Rome, « avec cette différence que sous la peau des Italiennes on voit couler le sang, et que sous la peau des Françaises on voit couler le lait. »

Mademoiselle de La Vallière n'aima pas beaucoup le Bernin. Elle avait la prescience qu'il avait fait son temps et qu'il voyait faux sous le soleil de Paris. Elle avait admiré de trop belles statues d'après l'antique pour ne pas s'étonner de l'engouement de la cour pour cette manière théâtrale, pour ce style forcé, pour ce pédantisme ultramontain.

Elle avait raison. Heureusement pour la gloire de la France, le Bernin, voulant aller mourir à Rome, abandonna le Louvre à Charles Perrault. Louis XIV avait posé la première pierre dans l'idée que la façade du Bernin serait saluée par les siècles futurs ; mais le sculpteur italien ne laissa rien en France que le souvenir de son voyage. Il se croyait le prince des sculpteurs, il n'était que le sculpteur des princes.

XV

Les jardins de Versailles sont le chef-d'œuvre de ce poète charmant, mais géométrique, qui s'appelle Le Nostre.

C'est l'*Art poétique*, je me trompe, c'est la *Poétique* des jardins.

Combien de strophes et d'antistrophes ! combien de poèmes, de sonnets et de madrigaux ! combien de petits chefs-d'œuvre dans ce grand chef-d'œuvre ! Tout y est épique, solennel, majestueux comme le grand roi. Mais où est l'élégie « en longs habits de deuil » ? J'y vois les Grâces, mais je n'y vois pas l'Amour. Voilà bien le Cupidon suranné des anciens ; mais l'Amour des modernes, né de la passion et de l'imprévu, ce n'est pas ici qu'il irait se nicher. Mademoiselle de La Vallière ne l'a donc pas, un jour de douleur, crucifié avec elle dans le laurier de Daphné ?

Mais voici le labyrinthe. C'est l'œuvre de Le Nostre sous l'inspiration de mademoiselle de La Vallière,

— ce jour-là amoureuse d'après l'antique. — C'est là que dans ses heures de passion elle se cachait, l'*humble violette*, comme pour s'y noyer dans la rosée.

Louis XIV, qui disait que le labyrinthe serait son cabinet d'étude, y voulut les fables d'Ésope coulées en bronze et expliquées par Benserade.

Le matin, mademoiselle de La Vallière et Louis XIV se rencontraient dans le labyrinthe, le roi accompagné de Benserade, la fille d'honneur accompagnée de mademoiselle d'Artigny.

Le roi et sa maîtresse s'y retrouvaient aisément, mais ils ne retrouvaient pas leur chemin dès que Benserade et mademoiselle d'Artigny s'attardaient pour jouer au volant, c'est-à-dire pour se jeter le mot, car c'étaient deux beaux esprits.

Avec un peu d'imagination, on peut remettre en scène ces figures évanouies qui, sous la forme d'ombres éplorées, ont dû revenir souvent au labyrinthe devant deux statues : Ésope et l'Amour.

Il est six heures du matin. Toute la cour dort, hormis le roi, hormis mademoiselle de La Vallière. Le roi saute par-dessus l'étiquette et va courir les jardins. Il rencontre son poète intime qui cherche une rime. « Je vais vous donner la réplique, monsieur de Benserade : quelle rime vous faut-il ? — Sire, une rime à *Majesté*. — *Beauté!* s'écrie le roi. Voilà tout justement mademoiselle de La Vallière qui descend au parterre. Mais cachons-nous, car elle nous fuirait. » Et Benserade, qui n'oublie pas son Virgile, rappelle la belle fille qui fuit pour engager le combat. Le roi, qui n'entend pas le latin, vante la suprématie de l'art sur la poésie, qu'il compare à la tour de Babel. Pendant qu'ils discutent, mademoiselle de La Vallière, qui fuit la lumière, vient dans le labyrinthe, laissant en chemin mademoiselle d'Artigny. « Madame, que je suis aise de cette bonne fortune ! — Sire, je ne croyais pas vous rencontrer si matin. » Benserade rit à la dérobée. « Madame, donnez donc des idées à ce pauvre Benserade. Voilà huit jours que je lui demande quatre vers pour cette statue de l'Amour. — Des idées sur l'Amour ? dit mademoiselle de La Vallière, je n'en sais qu'une : c'est qu'il faut passer à côté de lui sans le regarder. » Et, disant ces mots, elle s'éloigne. « Oh que nenni ! répond le roi. Je vais vous dire la fable. Cet Amour, si bien sculpté par Tuby, avec son peloton de fil dans la main, signifie que, si le dieu nous jette dans le labyrinthe des heureux tourments, il nous donne aussi le fil d'Ariane pour nous retrouver. — Votre fable n'est qu'un mensonge, dit mademoiselle de La Vallière. La vérité, c'est qu'un peloton de fil ne peut pas nous tirer de l'abîme que l'Amour creuse sous nos pieds, où nous tombons avec délices dans un lit de roses, et d'où nous ne remontons qu'en nous déchirant aux ronces et aux rochers. — Oh ! oh ! voilà qui est poétique et profond ! s'écrie le roi comme en regardant l'abîme : que dites-vous de cela, Benserade ? — Je dis que mademoiselle de La Vallière devine Ésope et le surpasse. — Avec M. de Benserade, je surpasse tout, même Junon, même Hébé, même les Grâces, même les Muses, moi, une pauvre fille, qui ne sais rien, pas même mon cœur ! »

Et mademoiselle de La Vallière cueille une branche de lilas pour cacher son front rougissant. Louis XIV s'approche d'elle ; Benserade se détourne discrètement; on se prend la main, on s'embrasse, on s'embrasse encore. Et tout à coup, pour ne pas inquiéter la vertu de Benserade, on lui parle de ses quatrains, car le poëte traduisait alors Ésope en quatrains, pour expliquer les groupes des fontaines du labyrinthe, qui étaient la traduction en marbre et en bronze des fables d'Ésope.

Benserade conduit le roi et mademoiselle de La Vallière devant chaque fontaine et leur dit ses vers. Quand on applaudit, il salue la statue d'Ésope; quand on trouve la fable mal traduite, il dit que c'est sa faute. « Sire, en voici une qui va vous rappeler votre conseil des ministres. Vous voyez cette fontaine; les Rats tiennent conseil autour d'un bassin hexagone :

Le Chat étant des Rats l'adversaire implacable,
Pour s'en donner de garde un d'entre eux proposa
De lui mettre un grelot au col; nul ne l'osa.
De quoi sert un conseil qui n'est point praticable?

Le roi reconnaît plus d'un de ses ministres, et même plus d'un de ses généraux. « Voilà qui est plus curieux, » reprend Benserade, qui osait beaucoup. On arrivait devant le groupe qui représente les Grenouilles et Jupiter :

Une poutre pour roi faisoit peu de besogne,
Les Grenouilles tout haut en murmuroient déjà.
Jupiter à la place y mit une cigogne;
Ce fut encore pis, car elle les mangea.

Louis XIV aimait les fables politiques. « Je ne sais pas bien, dit Benserade (1), cachant sa malice, quelle est la moralité de celle-ci. » On arrivait devant le bassin ovale qui représente le Milan formant une gerbe avec les petits Oiseaux :

Le Milan une fois voulut payer sa fête ;
Tous les petits Oiseaux par lui furent priez ;
Et comme à bien dîner l'assistance étoit prête,
Il ne fit qu'un repas de tous les conviez.

Et quand le roi et sa maîtresse ont appris la sagesse dans Esope à l'école de Benserade, — ce fou du roi, — ils lui conseillent de continuer ses quatrains, et vont admirer avec Le Nostre la salle du bal, qui marque le voyage en Italie du Raphaël des jardins. « C'est beau, dit Le Nostre, promenant ses regards de la cascade à l'amphithéâtre, ce bassin de coquillages, ces goulettes de marbre, ces vases de métal, ces têtes de bacchantes, ces mufles de lion, ces torchères, ces rampes, ces niches dans les charmilles, enfin ce beau groupe d'après l'antique. C'est beau ! » Et, planté devant son œuvre comme un point d'admiration, le grand jardinier ne s'aperçoit pas

---

(1) Benserade, *le fablier royal*, a été oublié pour La Fontaine, le fablier de tout le monde. C'est justice. Toutefois, il faut reconnaître, qu'obligé de renfermer dans un cadre si étroit toute une action, que dis-je ? toute une comédie, Benserade a souvent trouvé le tour, le trait et la philosophie. Cette fable n'est-elle pas très heureusement traduite :

La Grue interrogeoit le Cygne, dont le chant
Bien plus qu'à l'ordinaire étoit doux et touchant.
« Quelle bonne nouvelle avez-vous donc reçue ?
— C'est que je vais mourir ! » dit le Cygne à la Grue.

que les amoureux sont déjà dans la charmille voisine.

Le Nostre aimait mademoiselle de La Vallière et n'aimait pas madame de Montespan. Mademoiselle de La Vallière respirait les roses qu'il lui présentait ; madame de Montespan les effeuillait d'une main dédaigneuse. La première aimait la poésie des jardins et mouillait son pied dans la rosée ; la seconde ne se promenait jamais qu'en chaise, dans une haie de courtisans. Aussi, quand Le Nostre parlait au roi du célèbre labyrinthe, il s'écriait toujours sans le vouloir : « Sire, c'était le beau temps ! On se levait matin, on n'avait pas peur du brouillard, on s'aimait à perte de vue. » Le roi souriait, et songeait que Le Nostre avait peut-être raison.

Mademoiselle de La Vallière avait-elle songé, en inspirant le labyrinthe à Le Nostre, que son labyrinthe à elle, c'était sa passion ténébreuse comme la forêt de Diane, d'où elle ne devait sortir que pour voir la lumière divine ?

XVI

La guerre vint ouvrir une phase sérieuse dans cette histoire décameronesque.

Avant de partir pour l'armée, le roi envoya un édit au parlement, par lequel il créait duchesse mademoiselle de La Vallière et reconnaissait sa fille mademoiselle de Blois (1). Loin de s'enorgueillir de ce

(1) Ce fut Pélisson, redevenu courtisan, qui rédigea le très curieux préambule de l'édit qui créait duchesse mademoiselle de La Vallière :

« Les bienfaits que les rois exercent dans leurs États étant la

titre de duchesse, elle baissa la tête pour porter sa
couronne. « Je me cacherai un peu plus », écrivait-
elle le lendemain à son frère.

On la trouvait bien heureuse d'avoir mis au jour
une fille de France; mais elle était bien malheureuse
de montrer ainsi à la France tout entière qu'elle vivait en dehors des lois du monde et des lois de

marque extérieure du mérite de ceux qui les reçoivent, et le
plus glorieux éloge des sujets qui en sont honorés, nous avons
cru ne pouvoir mieux exprimer, dans le public, l'estime toute
particulière que nous faisons de la personne de notre très-
chère, bien-aimée et très-féale Louise-Françoise de La Vallière
qu'en lui conférant les plus hauts titres d'honneur qu'une affection très singulière, excitée dans notre cœur par une infinité de
rares perfections, nous a inspirée depuis quelques années en
sa faveur, et quoique sa modestie se soit souvent opposée au
désir que nous avions de l'élever plus tôt dans un rang pro-
portionné à notre estime et à ses bonnes qualités, néanmoins,
l'affection que nous avons pour elle et la justice ne nous per-
mettant pas de différer les témoignages de notre reconnoissance
pour un mérite qui nous est si connu, ni de refuser plus longtemps à la nature les effets de notre tendresse pour Marie-
Anne, notre fille naturelle, en la personne de sa mère, nous lui
avons fait acquérir de nos deniers la terre de Vaujour, située
en Touraine, et la baronnie de Saint-Christophe, en Anjou,
qui sont deux terres également considérables par leur revenu
et par le nombre de leurs mouvances. Mais faisant réflexion
qu'il manqueroit quelque chose à notre grâce, si nous ne
rehaussions les valeurs de ces terres par un titre qui satisfasse
tout ensemble à l'estime qui provoque notre libéralité et au
mérite du sujet qui la reçoit; mettant d'ailleurs en considération que notre chère et bien-aimée Louise-Françoise de La Vallière est issue d'une maison très-noble et très-ancienne, et
dont les ancêtres ont donné en diverses occasions importantes
des marques signalées de leur zèle au bien et avantage de cet
État, et de leur valeur et expérience dans le commandement
des armées... »

A ces belles causes, consacrées par la logique de l'amour, le
roi nommait mademoiselle de La Vallière duchesse de Vaujour.
Mais elle garda son nom.

l'Eglise. Et puis, ne pressentait-elle pas que le jour des faveurs inespérées est la veille de la chute ?

XVII

Cependant le roi partit pour la guerre, accompagné de son historiographe. Ce n'était ni Boileau, ni Racine : c'était Van der Meulen.

On se demande, quand on aborde Van der Meulen, s'il a été le peintre de la vérité ou de la fantaisie en représentant ces parades, ces manœuvres, ces escarmouches où ne palpite pas l'âme des batailles. Mais c'était ainsi qu'on faisait la guerre. Les sauvages héroïsmes de 1792, quand la patrie était en danger, ont bien effacé ces guerres toutes souriantes de Louis XIV où l'on prenait son temps pour dîner, — pour dîner comme à la cour : vaisselle d'argent et vin de Champagne ! car Turenne avait été le dernier Spartiate avec ses assiettes de fer et son bœuf aux choux arrosé de piquette ou de cidre. Van der Meulen, très heureux, pour sa palette flamande, des beaux uniformes chamarrés d'or et d'argent, peignait donc ce qu'il voyait. Le roi-soleil passait, tout or, au milieu de ses mousquetaires en casaque bleue à lames d'argent, suivi de ses chevau-légers en casaque rouge, plumes blanches au vent. Quel beau spectacle, non pour un philosophe, mais pour un peintre qui cherche le cliquetis des couleurs dans le cliquetis des armes !

Van der Meulen a peint plus de cinquante batailles : c'était souvent la même, prise de face ou de profil. Le roi ne se plaignit jamais de cette prolixité. « C'est cela, disait-il ; je me retrouve. » Le peintre n'oubliait jamais de bien placer le roi, sans doute en bon courtisan, peut-être pour donner plus d'accent à sa bataille. Louis XIV vantait souvent le talent de Van der Meulen. « Sire, lui dit un jour l'artiste, si j'ai du talent, c'est que vous me dispensez des frais d'imagination. Vous faites le tableau, et je le peins. »

XVIII

Le roi s'ennuya bientôt de gagner des batailles sans être en spectacle pour les femmes. Mars s'ennuya de ne pas voir Vénus. Il écrivit à la reine, sachant bien que, si la reine partait, mademoiselle de La Vallière arriverait. Le roi ne se trompait pas. Quoique mademoiselle de La Vallière ne fût mandée ni par le roi ni par la reine, elle arriva la première. Ce fut la seule fois que sa passion prit le mors aux dents.

Comment madame de La Vallière alla-t-elle voir le roi à l'armée de Flandre ? Pourquoi ne fut-elle pas du carrosse de la reine ! Comment arriva-t-elle avant la reine et en regard de la reine ? Selon quelques versions, on la voit partir avec la reine et madame de Montespan ; selon quelques autres, elle part toute seule, déchaînée dans sa passion, abandonnant sa fille à madame Colbert, décidée aux aventures, elle qui jusque-là avait voulu cacher sa vie (1).

(1) « Au sortir de Compiègne, nous allâmes à La Fère. Pendant que la reine jouoit le soir, je vis que tout le monde se parloit bas, avec des manières mystérieuses. Je m'en allai à ma chambre, où je débrouillois toutes ces petites façons : j'appris

Quoiqu'il en soit, elle arrive, — elle arrive la première. — Dès que cette belle armée de Louis XIV, tout éblouissante au soleil, a frappé ses yeux, ne se possédant plus, bravant l'étiquette, que dis-je? bravant la reine, elle ordonne à son cocher de couper les chevaux de Marie-Thérèse et d'arriver au roi comme le vent.

Louis XIV, qui voyait venir avec la plus vive curiosité les femmes de la cour, ne comprit pas bien pourquoi un carrosse dépassait au grand galop celui de la reine. Il s'imagina que les chevaux avaient pris le mors aux dents; ils allaient à travers champs

<small>que madame de La Vallière arrivoit le lendemain. C'étoit justement ce qui intriguoit la reine : elle étoit chagrine de ce retour. Le lendemain, je fus habillée de bon matin. Je fus surprise de trouver dans son antichambre madame la Duchesse, sa belle-sœur, la marquise et madame du Roure, assises sur des coffres; elles me saluèrent et me dirent qu'elles étoient si lasses qu'elles ne pouvoient plus se soutenir, qu'elles n'avoient pas dormi de toute la nuit. Je leur demandai si elles avoient vu la reine; elles me dirent que non. J'entrai dans son cabinet, je la trouvai tout en larmes. Madame de Montespan se récrioit et admiroit sa hardiesse : « Dieu me garde d'être maîtresse du roi! Si j'étois assez malheureuse pour cela, je n'aurois jamais l'effronterie de me présenter devant la reine. » La reine défendit à tous les officiers des troupes de son escorte de laisser partir le lendemain qui que ce soit devant elle, afin qu'elle ne pût pas approcher du roi devant qu'elle ne l'eût vu. Quand madame de La Vallière fut sur une hauteur d'où elle voyoit l'armée, elle comprit que le roi y devoit être; elle fit aller son carrosse à travers les champs à toute bride; la reine le vit : elle fut tentée de l'envoyer arrêter, et se mit dans une effroyable colère. Lorsque le roi fut arrivé au carrosse de la reine, elle le pressa extrêmement d'y entrer; il ne le voulut pas, disant qu'il étoit crotté. Après qu'on eut mis pied à terre, le roi fut un moment avec la reine, et s'en alla aussitôt chez madame de La Vallière qui ne se montra pas ce soir-là. Le lendemain, elle vint à la messe dans le carrosse de la reine; quoiqu'il fût plein, on se pressa pour lui faire place; elle dîna avec la reine à son ordinaire, avec toutes les dames. • *Mademoiselle* DE MONTPENSIER.</small>

sans souci des routes battues. « Voilà un carrosse, dit-il tout haut, qui ne viendra pas jusqu'ici. » Il se trompait : le carrosse arriva. (La reine était de plus de cinq minutes en arrière.) Comme toutes les glaces étaient baissées, le roi reconnut tout de suite mademoiselle de La Vallière ; mais ne l'avait-il pas reconnue même avant de l'apercevoir! Il se détacha des cavaliers qui l'entouraient, non pour aller entendre le mot passionné, — cette première parole qui devait être comme un baiser, — de celle qui mourait de ne plus le voir, mais pour lui dire sévèrement ces deux mots, qu'elle n'oublia jamais : « Quoi ! madame, avant la reine ! »

Le roi voulait avoir raison, même quand il était amoureux.

Mais le roi ne fut pas longtemps le roi devant mademoiselle de La Vallière : l'amour le rejeta à ses pieds, et sans doute on lui fit payer un peu cher les humiliations subies durant le voyage.

Van der Meulen a peint l'arrivée de la reine et des dames de la cour, mais dans l'ordre officiel. Et pourtant quel mouvement cette vaillante équipée de mademoiselle de La Vallière eût donné à son tableau!

III

LES PREMIÈRES LARMES DE LA PÉNITENCE

I

Quand mademoiselle de La Vallière entra aux Carmélites, elle avait fait pénitence.

On a beaucoup parlé des sombres années que la belle repentie a passées à l'ombre du cloître, mais on n'a pas peint les siècles qu'elle a passés à l'ombre de madame de Montespan.

Qu'était-ce en effet que les cilices, les jeûnes et les solitudes, au milieu de ces saintes filles qui subissaient les mêmes douleurs dans l'espoir du ciel, pour celle qui pendant sept années, — sept siècles de larmes et de désespoir, — avait assisté à toute heure au spectacle de l'amour de Louis XIV et de madame de Montespan, qui avait lu page par page cet autre roman de la passion du roi ? Son front avait mille fois saigné sous les couronnes d'épines ; son cœur avait mille fois défailli dans les embrassements du roi et de sa maîtresse. Toutes les pâleurs de la jalousie avaient frappé sa beauté d'une tristesse ineffaçable. Déjà elle souffrait en Dieu quand elle était adorée de Louis XIV ; mais Dieu ne la consola pas quand elle fut délaissée. En vain elle levait les bras au ciel ; elle s'agenouillait devant Celui qui avait pardonné à Madeleine ; elle demandait pour ses lèvres brûlantes encore, plus brûlantes que jamais, l'eau du divin amour qui désaltéra la Samaritaine. L'âme était esclave du cœur ; l'air manquait pour les ailes de l'ange : Dieu, c'était le roi. Vainement elle voulait sortir de la forêt des flammes vives et respirer dans le ciel bleu : les branches l'envahissaient et la dévoraient. Tout en rêvant le paradis, elle demeurait enchaînée dans l'enfer de la passion. Elle aurait bien pu briser sa chaîne et s'enfuir par la porte toujours entr'ouverte aux pécheresses repentantes, mais elle adorait le bruit de ses chaînes, mais elle cherchait la volupté des supplices. Ne disait-elle pas : « Je garde toutes les passions de mon péché ; je ne me flatte pas d'être morte à mes passions pendant que je les sens revivre plus fortement que jamais dans ce que j'aime plus que moi-même ? » Oui, son enfer, ce fut la cour de Louis XIV, qui avait été son paradis : — toutes les douleurs là où elle avait eu toutes les joies, tous les hivers là où elle avait eu tous les printemps, toutes les larmes là où elle avait eu tous les sourires. — Elle avait beau vouloir s'arracher à cette « confuse Babylone », le pays « de cette convoitise perpétuelle » ; elle avait beau se rappeler, pour se guérir de ses retours au péché, que dans son meilleur temps « l'accomplissement de ses désirs même la rendait plus misérable que ses plus misérables esclaves », elle faisait un pas vers le passé, elle étreignait les chimères envolées, elle revêtait, comme dit le poète, la robe étoilée du souvenir. Elle parle à Dieu, mais si le roi l'écoutait il ne s'y méprendrait pas. Elle se dit servante de Dieu. Pauvre femme blessée! si elle était la servante de Dieu, consentirait-elle à être la servante de madame de Montespan pour voir le roi de plus près? C'est pour Dieu qu'elle souffre, dit-elle; mais ne la croyez pas, c'est pour elle même. Tout dans l'amour est une volupté, la peine comme le plaisir, la douleur comme la joie. Souffrir, c'est aimer encore; prier Dieu, c'est prendre le ciel à témoin des immensités et des déchirements de sa passion.

II

Au retour de la guerre, le roi avait voulu que mademoiselle de La Vallière eût sa maison. « C'est le commencement de l'exil, » lui écrivait-elle. « C'est pour vous voir en toute liberté, » répondit-il. Et il lui donna l'hôtel Biron. « Ce sera encore le palais du roi. » Il y ordonna tout le faste de Versailles. Il venait de conquérir une autre province pour son cœur, mais il voulait toujours vivre sur celle-ci comme en pays conquis. Les amoureux de la taille de Louis XIV ont un peu les appétits du sérail. Une seule femme ne les retient pas dans ses embrassements; deux bras ne suffisent pas pour les enchaîner; ils subissent la domination pour la braver. Le cœur qui aime à souffrir a aussi ses cruautés; le cœur qui a saigné sous le joug aime à se nourrir de larmes. Madame de Montespan est d'autant plus charmante dans son éclat de rire que mademoiselle de La Vallière, pâle et douce oubliée, pleure en attendant le roi, qui ne viendra pas. « J'irai ce soir, » dit un jour Louis avec une secousse de cœur en voyant que mademoiselle de La Vallière avait pleuré. Elle attendit, renfermée dans sa chambre, renfermée en elle-même, ne voulant pas donner à ses gens, par ses marques d'impatience, un spectacle trop connu chez elle. « Le roi, » dit un valet de chambre en ouvrant la porte. « Le roi ! » s'écrie-t-elle pâle et souriante. Elle s'élance dans le salon, et n'y rencontre que des valets portant un tableau.

C'était le portrait du roi.

Quoique ce fût un beau portrait, elle ne le regarda pas longtemps. « Voilà donc tout ce qui me reste de lui, un portrait ! Et encore, quand on l'a peint, il ne pensait pas à moi, car je ne retrouve pas son regard. »

Durant quelques jours, le portrait du roi demeura couché contre une glace du salon. Pour le suspendre, il fallait ôter la glace. « Otez-les toutes, dit mademoiselle de La Vallière à ses gens ; je ne veux plus me voir. Otez ces lustres, ces girandoles, ces candélabres ; je ne veux plus vivre au grand jour ni aux grandes lumières. Otez ces consoles toutes d'or et de porphyre, ces tables de Boulle, cette pendule de Girardon ; je ne veux plus savoir l'heure. » Et à moitié folle de désespoir et de jalousie, elle retourna dans sa chambre et se jeta à son prie-Dieu. « Seigneur, Seigneur, consolez-moi ! Seigneur, relevez jusqu'à vous ma pauvre âme tombée à terre ! »

La prière porte conseil ; quand la nuit porte conseil, c'est par la prière. « Son portrait ! disait mademoiselle de La Vallière dans ses sanglots. Pour mon malheur et pour ma honte, il me l'avait donné deux fois. »

Elle demanda ses enfants; elle les embrassa du baiser trop tendre qu'elle avait gardé sur ses lèvres pour le roi. Elle chercha dans ces jeunes figures le sourire et les yeux de son amant. Mademoiselle de Blois lui rappelait la bouche de Louis; le duc de Vermandois avait déjà « le fier regard qui désarmait tous les yeux. »

Mademoiselle de La Vallière passa la nuit à prier dans les larmes. Elle avait elle-même couché ses enfants, disant : « C'est assez pour moi de leur sommeil. » Le lendemain, elle s'endormit sur son fauteuil quand tout le monde s'éveilla. Vers midi, elle ouvrit les yeux et se sentit apaisée comme après un orage. Son cœur ne battait plus tout haut. Elle écrivit au roi pour le remercier de son portrait : « *J'aime mieux votre portrait que vous-même, puisque mon cœur m'avertit qu'entre nous deux il n'y a plus que le souvenir.* » Le roi, trop habitué aux élégies de sa maîtresse, fut frappé du laconisme et de la sécheresse de cette lettre. La jalousie lui saisit le cœur. « C'est cela, dit-il avec colère, elle prend son parti avec le duc de Longueville. Toutes les femmes finissent par là. La Vallière est femme comme les autres. »

Louis XIV ne connaissait pas encore — il n'a jamais connu — celle qu'il calomniait, pour ne pas se dire la vérité à lui-même. « Eh bien ! reprit-il en jetant sa plume au feu, car il était en train de signer des grâces; eh bien ! j'irai faire du bruit chez elle. Nous verrons si je n'y suis plus chez moi. »

Sans le savoir, sans le vouloir peut-être, mademoiselle de La Vallière avait ravivé cette flamme presque éteinte. C'est toujours la vieille histoire que le poète a mise en vers :

> Qui suit l'Amour, Amour le fuit ;
> Qui fuit l'Amour, Amour le suit.

Louis demanda son carrosse et courut à l'hôtel Biron. La duchesse reconnut le bruit de ses chevaux. « C'est lui ! » s'écria-t-elle toute surprise, car elle ne savait pas les jeux de l'amour. Elle alla le recevoir au haut de l'escalier. Il prit un masque riant pour cacher l'orage. Il lui saisit la main et la porta à ses lèvres, mais avec quelque brutalité, car il ne pouvait refréner sa colère. « Et votre bracelet, madame ? » lui demanda-t-il d'un ton de Jupiter courroucé. Ce bracelet, qui datait des premiers jours de leur passion ; ce bracelet historique dont toute la cour, dont tout Paris, dont toute la France avait parlé, elle en avait fait le sacrifice. « Je l'ai donné à votre fille, dit-elle avec sa divine douceur. — Je comprends, reprit le roi, voyant que tout était sens dessus dessous dans l'hôtel. Vous avez abjuré ; tout ce qui pouvait vous rappeler mes adorations, vous vous en êtes dépouillée. Dans votre billet, vous osez me parler de souvenir ; mais mon souvenir même vous importune ! »

Le roi alla droit à son portrait. « Et cette image ? que vient-elle faire ici ? Elle vient y faire mauvaise figure, n'est-ce pas, madame ? » Et le roi leva sa canne pour éventrer son portrait. La duchesse lui retint le bras. Il regarda cette belle main qui tombait sur lui comme une caresse ; il vit du même regard ces beaux yeux humides de larmes, qui disaient trop qu'elle n'avait pas abjuré. Il jeta sa canne et appuya sa maîtresse sur son cœur.

Certes, il y avait longtemps qu'il n'avait ressenti une pareille joie faite de jalousie et d'amour. C'était comme un bien perdu qu'il retrouvait, ou plutôt qu'il disputait à l'ennemi. Son cœur battait sur le sein palpitant de l'adorable délaissée. Elle aurait voulu mourir comme sous les ramées du parc de Versailles, car le bonheur traverserait volontiers la mort sur les ailes de l'infini quand il emporte une âme poétique. Louis XIV, qui n'avait pas l'amour si divin, demanda à mademoiselle de La Vallière de lui donner à souper en tête-à-tête. « En tête-à-tête! dit la duchesse. Et avec qui croyez-vous donc que je soupe ici? — Avec qui? Ne me me cachez rien, le duc de Longueville va vous épouser, si je n'y prends garde. — M'épouser! où avez-vous vu cela? — Osez-vous bien vous rire ainsi de moi? je sais tout (1). — Eh bien, vous en savez sans doute plus que moi. »

Et la duchesse, se jetant dans les bras du roi : « Sire, je vous le dis une fois de plus : avant le roi, il y avait Dieu; après le roi, il n'y aura que Dieu. »

Mademoiselle de La Vallière porta la main à son cœur. « Est-ce toute la vérité? demanda Louis à moitié convaincu. — Toute la vérité, sire. Ainsi, vous n'aimez pas le duc de Longueville? — Ni lui ni aucun autre. Pouvez-vous me demander cela en voyant mes larmes! — Il n'y a pas de quoi pleurer. »

---

(1) C'était le roman de la cour, selon mademoiselle de Montpensier : « Depuis que le roi ne l'aimoit plus, il avoit couru un bruit que M. de Longueville en étoit amoureux. »

La duchesse sourit amèrement : « Il n'y a pas de quoi pleurer, il y a de quoi mourir ! »

O fragilité du cœur humain ! Louis, qui tout à l'heure arrivait dans le tourbillon et la tempête de l'amour, sentit que l'ennui l'envahissait déjà en face de cette héroïne qui ne savait qu'aimer. Il se rappela la marquise de Montespan, qui l'attendait avec les merveilleuses coquetteries de celles qui ne savent que se faire aimer. Il avait trop lu le roman élégiaque de La Vallière. Pourquoi n'avait-elle pas l'art d'y coudre la page de l'imprévu ! Par exemple, si ce soir-là elle eût jeté au feu un billet en disant que c'était du duc de Longueville, le roi tombait à ses pieds et la ramenait en triomphe à la cour.

Or, que fit-il après avoir bu les premières larmes de la duchesse ? Il regarda l'heure à sa montre. « Déjà ! dit-il en jouant la surprise. — Vite, que je commande le souper, murmura mademoiselle de La Vallière. — Il est trop tard pour aujourd'hui, reprit Louis en ramassant sa canne. — C'est donc pour demain ? » demanda la duchesse avec une tristesse soudaine, car jusque-là elle avait souri dans ses larmes.

O pauvre amoureuse aveugle qui ne veut pas comprendre que cette bouffée n'est qu'une bouffée de vent d'orage ! Ce n'est ni pour aujourd'hui ni pour demain !

III

Quoique le duc de Longueville fût en galante aventure avec la maréchale de La Ferté, il avait voulu tout sacrifier aux pieds de mademoiselle de La Vallière, sa maîtresse, son épée et son nom, car il lui parla de l'emmener dans un château, de l'épouser et de vivre dans l'oubli de tout. Mademoiselle de La Vallière ne songea jamais un seul jour à se consoler de l'amour par l'amour : je me trompe, elle monta de l'amour du roi à l'amour de Dieu. Elle vit pleurer le jeune duc à ses pieds, et lui dit que c'étaient là des ondées de printemps que dévore un coup de soleil.

Le duc de Longueville oublia-t-il dans les voluptés ce sentiment doux et chaste qui lui prenait le cœur ? On sait qu'il fut tué au passage du Rhin. On l'accusa d'avoir cherché la mort après s'être enivré, « en tirant mal à propos un coup de pistolet contre les ennemis, qui parlaient déjà de se rendre ». N'était-ce pas le coup du désespoir, et ne chercha-t-il pas la mort pour oublier l'amour ?

Racine a écrit *Bérénice* au temps où le duc de Longueville aimait mademoiselle de La Vallière. Le poète a-t-il été un historien ? Selon Voltaire, Henriette d'Angleterre, en donnant à Corneille et à Racine le sujet de *Bérénice* pour une tragédie, avait voulu qu'on mît en scène l'histoire de son amour pour Louis XIV. J'ai beau soulever les voiles, je ne retrouve pas dans Bérénice la figure de Madame. Bérénice, c'est La Vallière, qui déjà deux fois s'est exilée au couvent pour s'arracher à sa passion, qui va partir encore et ne reviendra plus.

La scène est à Rome, — je veux dire à Versailles, dans un « cabinet qui est entre l'appartement de Titus et celui de Bérénice. »

Titus, c'est Louis XIV ; Bérénice, c'est La Vallière.

Racine, le tendre et déjà pieux Racine, donne à mademoiselle de La Vallière le titre de reine de Palestine, car il pense qu'elle retournera bientôt à la Jérusalem qui console les cœurs blessés.

Le personnage d'Antiochus, c'est le duc de Longueville, qui aime si discrètement celle que le roi sacrifie, qui veut lui donner sa main et entraîner loin du soleil de Versailles cette douce violette recherchant l'oubli.

Ce fut vers la fin de l'année toute royale 1670 que les comédiens du roi, Molière présent, jouèrent à Versailles la tragédie de Racine. Tous les habits dorés, toutes les grandes figures, toute la fleur du panier du livre héraldique remplissait la salle. Le théâtre même était envahi. Le roi, qui ne croyait pas que Titus voulût dire Louis XIV, écoutait avec quelque surprise ; mademoiselle de La Vallière, assise en face de lui, à côté de madame de Montespan, ne se reconnut pas d'abord.

Au premier acte, mademoiselle de La Vallière est encore la maîtresse adorée. Elle ne parle au duc de Longueville que de son amour. Tout à l'heure elle lui parlera de son chagrin. En l'attendant, le duc de Longueville récite le monologue obligé :

> Eh bien, Antiochus, es-tu toujours le même ?
> Pourrai-je sans trembler, lui dire : Je vous aime ?
> Mais quoi ! déjà je tremble ; et mon cœur agité
> Craint autant ce moment que je l'ai souhaité !
> Bérénice autrefois m'ôta toute espérance ;
> Elle m'imposa même un éternel silence.
> Je me suis tu cinq ans ; et, jusques à ce jour,
> D'un voile d'amitié j'ai couvert mon amour.

L'héroïne arrive :

> Enfin je me dérobe à la joie importune
> De tant d'amis nouveaux que me fait la fortune :
> Je fuis de leurs respects l'inutile longueur,
> Pour chercher un ami qui me parle du cœur,

qui lui parle de son cœur plutôt que de celui du roi, car elle ne voit que son amour à elle...

> . . . . Moi dont l'ardeur extrême,
> Je vous l'ai dit cent fois, n'aime en lui que lui-même,
> Moi qui, loin des grandeurs dont il est revêtu,
> Aurois choisi son cœur. . . . .

Mais Antiochus-Longueville, après avoir parlé de la mort qu'il a déjà cherchée et qu'il trouvera à la guerre, — la guerre de Flandre, — pour emporter son secret dans la tombe, ouvre enfin son cœur :

> Rome vous vit, madame, arriver avec lui.
> Dans l'orient désert quel devint mon ennui !
> Je demeurai longtemps errant dans Césarée,
> Lieux charmants où mon cœur vous avoit adorée :
> Le sort me réservoit le dernier de ses coups.
> Titus en m'embrassant m'amena devant vous :
> Un voile d'amitié vous trompa l'un et l'autre,
> Et mon amour devint le confident du vôtre.

Mademoiselle de La Vallière ne s'attendrit pas. A peine « le confident » est-il parti, qu'elle parle à sa suivante de la beauté de Louis XIV :

Cette pourpre, cet or, que rehaussoit sa gloire,
Et ces lauriers encor témoins de sa victoire ;
Tous ces yeux qu'on voyoit venir de toutes parts
Confondre sur lui seul leurs avides regards :
Ce port majestueux, cette douce présence...
Ciel ! avec quel respect et quelle complaisance
Tous les cœurs en secret l'assuroient de leur foi !
Parle : peut-on le voir sans penser comme moi,
Qu'en quelque obscurité que le sort l'eût fait naître,
Le monde en le voyant eût reconnu son maître ?

Au second acte, Louis XIV dit à son confident — car il y a toujours en scène un confident (1) — qu'il faut pourtant préparer l'amante délaissée à quitter la place :

Mais par où commencer ? Vingt fois, depuis huit jours,
J'ai voulu devant elle en ouvrir le discours ;
Et, dès le premier mot, ma langue embarrassée
Dans ma bouche vingt fois a demeuré glacée.

Et plus loin, comme le roi peint fidèlement La Vallière !

Je connois Bérénice, et ne sais que trop bien
Que son cœur n'a jamais demandé que le mien.
Je l'aimai, je lui plus. Depuis cette journée
(Dois-je dire funeste, hélas ! ou fortunée ?),
Sans avoir, en aimant, d'objet que son amour,
Étrangère, « à Paris », inconnue à la cour,
Elle passe ses jours, hélas ! sans rien prétendre

---

(1) Et pourquoi pas ? Le confident, c'est l'autre soi-même, c'est la conscience de l'homme, c'est l'opinion publique.

Que quelque heure à me voir, et le reste à m'attendre.
Encor, si quelquefois, un peu moins assidu,
Je passe le moment où je suis attendu,
Je la revois bientôt de pleurs toute trempée :
Ma main à les sécher est longtemps occupée.
Enfin, tout ce qu'Amour a de nœuds plus puissants,
Doux reproches, transports sans cesse renaissants,
Soin de plaire sans art, crainte toujours nouvelle,
Beauté, gloire, vertu, je trouve tout en elle.

Mais voici une scène entre l'amant et la maîtresse :

MADEMOISELLE DE LA VALLIÈRE

Ne vous offensez pas si mon zèle indiscret
De votre solitude interrompt le secret.
Tandis qu'autour de moi votre cour assemblée
Retentit des bienfaits dont vous m'avez comblée,
Depuis quand croyez-vous que ma grandeur me touche ?
Un soupir, un regard, un mot de votre bouche,
Voilà l'ambition d'un cœur comme le mien :
Voyez-moi plus souvent, et ne me donnez rien.
Tous vos moments sont-ils dévoués à l'empire ?
Ce cœur après huit jours n'a-t-il rien à me dire ?

LOUIS XIV

N'en doutez point, madame, et j'atteste les dieux
Que toujours « La Vallière » est présente à mes yeux.
L'absence ni le temps, je vous le jure encore,
Ne vous peuvent ravir ce cœur qui vous adore.

MADEMOISELLE DE LA VALLIÈRE

Mon cœur ne prétend point, seigneur, vous démentir ;
Et je vous en croirai sur un simple soupir.

Viennent les larmes. L'amant n'a pas le courage de dire qu'il n'aime plus. La délaissée se désespère, mais un éclair passe dans cet orage : elle croit voir la jalousie du prince pour le duc :

> Rassurons-nous, mon cœur, je puis encor lui plaire ;
> Je me comptois trop tôt au rang des malheureux :
> Si Titus est jaloux, Titus est amoureux.

Lui, amoureux ! illusion des cœurs ardents, qui ne voient jamais la vérité. Louis, amoureux de La Vallière ! Le voilà qui donne l'ordre au duc de Longueville de lui dire qu'il la sacrifie :

> Soyez le seul témoin de ses pleurs et des miens.
> Portez-lui mes adieux, et recevez les siens.
> Fuyons tous deux, fuyons un spectacle funeste.
> Qui de notre constance accableroit le reste.
> Si l'espoir de régner et de vivre en mon cœur
> Peut de son infortune adoucir la rigueur,
> Ah ! prince, jurez-lui que, toujours trop fidèle,
> Gémissant dans ma cour, et plus exilé qu'elle,
> Portant jusqu'au tombeau le nom de son amant.
> Mon règne ne sera qu'un long bannissement,
> Si le ciel, non content de me l'avoir ravie,
> Veut encor m'affliger par une longue vie.
> Vous que l'amitié seule attache sur ses pas ;
> Prince, dans son malheur ne l'abandonnez pas.

Rien ne manque à ce message, pas même les beaux mensonges amoureux.

Cependant le confident porte la vérité — le coup de poignard à ce triste cœur :

MADEMOISELLE DE LA VALLIÈRE
Non, je ne vous crois point. Mais, quoi qu'il en puisse être,
Pour jamais à mes yeux gardez-vous de paroître.

Elle chasse celui qui l'aime, et elle envoie sa suivante vers celui qui ne l'aime plus. La suivante revient :

MADEMOISELLE DE LA VALLIÈRE
Qu'a-t-il dit ? viendra-t-il ?

LA SUIVANTE
Oui, je l'ai vu, madame,
Et j'ai point à ses yeux le trouble de votre âme.
J'ai vu couler des pleurs qu'il vouloit retenir.

MADEMOISELLE DE LA VALLIÈRE
Vient-il ?

LA SUIVANTE
N'en doutez point, madame, il va venir.
Mais voulez-vous paroître en ce désordre extrême ?
Remettez-vous, madame, et rentrez en vous-même.
Laissez-moi relever ces voiles détachés,
Et ces cheveux épars dont vos yeux sont cachés.
Souffrez que de vos pleurs je répare l'outrage.

MADEMOISELLE DE LA VALLIÈRE
Laisse, laisse, Phénice ; il vera son ouvrage.
Eh ! que m'importe, hélas ! de ces vains ornements ?
Si ma foi, si mes pleurs, si mes gémissements....
Mais que dis-je ? mes pleurs ! si ma perte certaine,
Si ma mort toute prête enfin ne le ramène,
Dis-moi, que produiront tes secours superflus,
Et tout ce faible éclat qui ne le touche plus ?

Voici maintenant le monologue de Louis XIV :

Tes adieux sont-ils prêts ? t'es-tu bien consulté ?
Ton cœur se promet-il assez de cruauté ?
Car enfin au combat qui pour toi se prépare,
C'est peu d'être cruel, il faut être barbare.
Soutiendrai-je ces yeux, dont la douce langueur
Sut si bien découvrir le chemin de mon cœur ?
Quand je verrai ces yeux armés de tous leurs charmes,
Attachés sur les miens, m'accabler de leurs larmes,
Pourrai-je dire enfin : Je ne veux plus vous voir !

Mademoiselle de La Vallière s'élance de son appartement :

Non laissez-moi, vous dis-je !
En vain tous vos conseils me retiennent ici ;
Il faut que je le voie... Ah ! seigneur, vous voici !
Eh bien, il est donc vrai que Titus m'abandonne !
Il faut nous séparer, et c'est lui qui l'ordonne !

LOUIS XIV

N'accablez point, madame, un prince malheureux,
Il ne faut point ici nous attendrir tous deux.
Un trouble assez cruel m'agite et me dévore,
Sans que des pleurs si chers me déchirent encore.

Et Louis termine son discours par ce vers, qui est aujourd'hui d'un comique achevé :

Car enfin, ma princesse, il nous faut séparer.

MADEMOISELLE DE LA VALLIÈRE

Ah ! cruel, est-il temps de me le déclarer !
Qu'avez vous fait ? Hélas ! je me suis crue aimée !

Au plaisir de vous voir mon âme accoutumée
Ne vit plus que pour vous. Ignoriez-vous vos lois,
Quand je vous l'avouai pour la première fois ?
Ne l'avez-vous reçu, mon cœur que pour le rendre,
Quand de vos seules mains ce cœur voudroit dépendre ?
Tout l'empire a vingt fois conspiré contre nous :
Il étoit temps encor ; que ne me quittiez-vous ?

LOUIS XIV

Je pouvois vivre alors et me laisser séduire ;
Mon cœur se gardoit bien d'aller dans l'avenir
Chercher ce qui pouvoit un jour nous désunir.
Je voulois qu'à mes yeux rien ne fût invincible !

MADEMOISELLE DE LA VALLIÈRE

Je ne dispute plus. J'attendois, pour vous croire,
Que cette même bouche, après mille serments
D'un amour qui devoit unir tous nos moments,
Cette bouche, à mes yeux s'avouant infidèle,
M'ordonnât elle-même une absence éternelle.
Moi-même j'ai voulu vous entendre en ce lieu.
Je n'écoute plus rien : et pour jamais, adieu...
Pour jamais ! Ah ! « Louis, » songez-vous en vous-même
Combien ce mot cruel est affreux quand on aime ?

Et elle lui représente quelle sera sa désespérance de voir commencer et finir le jour sans jamais retrouver son image.

Mais elle a beau pleurer, ses larmes sont autant de perles pour la couronne de Montespan !

Voici la grande scène, la scène du cinquième acte. Il n'a pas tout dit, et elle n'a pas versé toutes ses larmes.

Mademoiselle de La Vallière va partir. Et pourquoi resterait-elle ?

Je ne vois rien ici dont je ne sois blessée.
Tout cet appartement préparé par vos soins,
Ces lieux de mon amour si longtemps les témoins,
Qui sembloient pour jamais me répondre du vôtre,
Ces festons, où nos noms enlacés l'un dans l'autre
A mes tristes regards viennent partout s'offrir,
Sont autant d'imposteurs que je ne puis souffrir.

Elle va partir, elle va se détacher d'elle-même ; elle va jeter son amour sous les pieds de madame de Montespan. Antiochus, je me trompe, le duc de Longueville, espère boire sa dernière larme ; mais, en présence même de Louis XIV, elle lui parle ainsi :

Après un tel adieu, vous jugez bien vous-même
Que je ne consens pas de quitter ce que j'aime
Pour aller loin de Rome écouter d'autres vœux.
Vivez, et faites-vous un effort généreux.
Sur Titus et sur moi réglez votre conduite :
Je l'aime, je le fuis ; Titus m'aime, il me quitte :
Portez loin de mes yeux vos soupirs et vos fers.
Adieu. Servons tous trois d'exemple à l'univers
De l'amour la plus tendre et la plus malheureuse
Dont il puisse garder l'histoire douloureuse.
Tout est prêt. On m'attend.

Tout est prêt, c'est-à-dire que déjà sa tombe est ouverte aux Carmélites. « Tout le monde part à la fin d'avril ; je pars aussi, mais c'est pour aller dans le plus sûr chemin du ciel. »

Maintenant, qui osera faire un reproche à cet historien de la plus grande passion de son temps de n'être ni Grec ni Romain ? Qu'importe s'il est

Français, s'il est éloquent, s'il est le poète du cœur qui l'écoute? qu'importe si Linière trouve la rime mauvaise? Linière n'est pas ici le vrai spectateur; qu'importe la critique (1) si La Vallière, qui se cache dans l'éventail de Montespan, s'évanouit au cinquième acte!

IV

Peindrai-je les derniers soleils de cet amour qui allait finir en Dieu, comme tous les amours profonds qui jettent violemment l'esprit dans le cœur? Une nuit du mardi-gras de 1671, il y eut un bal masqué à la cour. Pourquoi un bal masqué? Le roi ne se cachait plus; madame de Montespan avait jeté le masque depuis longtemps. Son triomphe tapageur aimait le grand jour; elle se vantait d'être maîtresse du roi comme Louis XIV se vantera bientôt d'avoir passé le Rhin. Maîtresse du roi, n'est-ce pas dire qu'elle est la plus belle et que le monde est à ses pieds?

(1) C'est dans la préface de *Bérénice* que Racine daigne descendre jusqu'à répondre aux libellistes, car il eut, lui aussi, les aboyeurs embourbés dans l'infamie, qui lui reprochaient, d'une part, de piller les maîtres, et, d'autre part, d'être inférieur aux écoliers, — O logique des libelles! — « Toutes ces critiques, dit le grand poète, sont le partage de quatre ou cinq petits auteurs infortunés qui n'ont jamais pu par eux-mêmes exciter la curiosité du public. Ils attendent toujours l'occasion de quelque ouvrage qui réussisse pour l'attaquer, non point par jalousie, car sur quel fondement seroient-ils jaloux? mais dans l'espérance qu'on se donnera la peine de leur répondre, et qu'on les tirera de l'obscurité où leurs ouvrages les auroient laissés toute leur vie. »

Cette nuit-là, Louis XIV chercha la duchesse de La Vallière, ce qui lui fit démasquer plus d'une autre duchesse qui peut-être s'enorgueillissait d'avoir été prise un instant pour la favorite, même pour la favorite trompée.

Le lendemain, le roi apprit que mademoiselle de La Vallière s'était réfugiée au couvent des dames de Sainte-Marie de Chaillot.

Cette fois le roi ne sella pas un cheval pour aller la chercher : il envoya d'abord Lauzun, qui revint seul. Lauzun avait eu le tort de parler des chagrins du roi et des espoirs de Lauzun. Le roi envoya ensuite Colbert. Le ministre, qui n'avait parlé que du roi, ramena la fugitive. Quand Louis XIV la revit, il pleura comme aux beaux jours. « Vous pleurez, lui dit-elle avec son charmant sourire, vous pleurez ! et pourtant, si je ne fusse pas revenue avec M. Colbert, vous ne m'auriez pas dépêché un troisième ambassadeur ! »

Mademoiselle de La Vallière disait la vérité : le roi en était à ses dernières larmes ; il avait fallu cette fuite inattendue pour remuer un peu ce cœur désormais insensible aux romans de la jeunesse.

Après le roi, savez-vous qui se jeta tout éplorée dans les bras de mademoiselle de La Vallière? Ce fut madame de Montespan. « Cruelle amie, lui dit-elle, croyez-vous donc qu'on puisse vivre sans vous?»

Madame de Sévigné, tout en raillant, a écrit cette page de la vie de mademoiselle de La Vallière : « La duchesse de La Vallière mande au roi, par le maréchal de Bellefonds, « qu'elle auroit plus tôt quitté la cour, après avoir perdu l'honneur de ses bonnes grâces, si elle avoit pu obtenir d'elle de ne le plus voir ; que cette foiblesse avoit été si forte en elle, qu'à peine étoit-elle capable présentement d'en faire un sacrifice à Dieu ; qu'elle vouloit pourtant que le reste de la passion qu'elle a eue pour lui servît à sa pénitence, et qu'après lui avoir donné toute sa jeunesse, ce n'étoit pas trop encore du reste de sa vie pour le soin de son salut. » Le roi pleura fort et envoya M. Colbert à Chaillot la prier instamment de venir à Versailles, et qu'il pût lui parler encore. M. Colbert l'y a conduite ; le roi a causé une heure avec elle et a fort pleuré. Madame de Montespan fut au-devant d'elle les bras ouverts et les larmes aux yeux. Tout cela ne se comprend point. Les uns disent qu'elle demeurera à Versailles et à la cour, les autres qu'elle retournera à Chaillot. Nous verrons. »

Et peu de jours après : « Madame de La Vallière est toute rétablie à la cour. Le roi l'a reçue avec des larmes de joie ; elle a eu plusieurs conversations tendres. Tout cela est très difficile à comprendre ; il faut se taire ». Mais madame de Sévigné dira encore un mot : « A l'égard de madame de La Vallière, nous sommes au désespoir de ne pouvoir vous la remettre à Chaillot ; mais elle est à la cour beaucoup mieux qu'elle n'a été depuis longtemps. Il faut vous résoudre à l'y laisser ».

Quelque désintéressée que fût des grandeurs mademoiselle de La Vallière, quoiqu'elle n'aimât que pour aimer, — l'amour pour l'amour, — on ne vouloit pas croire qu'elle eût un si grand chagrin de perdre son amant, si l'amant n'eût pas été le roi. Sa bonne foi était mise en doute. Elle se cache sous l'herbe, disait-on, mais c'est pour cacher son ambition. On la jugeait sévèrement dans le monde; on disait que ses fuites au couvent n'étaient qu'un jeu. Madame de Sévigné y fut prise elle-même : « Madame de La Vallière ne parle plus d'aucune retraite; c'est assez de l'avoir dit. Sa femme de chambre s'est jetée à ses pieds pour l'en empêcher. Peut-on résister à cela? » Madame de Sévigné changea de style quand elle alla voir aux Carmélites sœur Louise de la Miséricorde.

V

Cependant madame de Montespan régnait avec violence. « Madame de Montespan, abusant de ses avantages, dit madame de Caylus, affectoit de se faire servir par la duchesse de La Vallière, donnoit des louanges à son adresse, et assuroit qu'elle ne pouvoit être contente de son ajustement si elle n'y mettoit la dernière main. Mademoiselle de La Vallière s'y portoit de son côté avec tout le zèle d'une femme de chambre dont la fortune dépendroit des agréments qu'elle prêteroit à sa maîtresse ». La Palatine continue le récit : « La Montespan, qui avoit plus d'esprit, se moquoit d'elle publiquement, la traitoit fort mal, et obligeoit le roi à en agir de même. Il falloit traverser la chambre de La Vallière pour se rendre chez la Montespan. Le roi avoit un joli épagneul appelé Malice. A l'instigation de la Montespan, il prenoit ce petit chien et le jetoit à la duchesse de La Vallière en disant : « Tenez, madame, voilà votre compagnie; c'est assez. » Cela étoit d'autant plus dur, qu'au lieu de rester chez elle il ne faisoit que passer pour aller chez la Montespan ».

Mademoiselle de La Vallière, tout à son amour, tout à sa douleur, tout à son repentir, subissait ces outrages, laissait dire le monde et se tournait vers Dieu.

Ce sonnet, qui lui fut attribué, courut Versailles et Paris. J'en ai une des mille copies qu'on prenait au passage :

Tout se détruit, tout passe ; et le cœur le plus tendre
Ne peut d'un même objet se contenter toujours.
Le passé n'a point eu d'éternelles amours,
Et les siècles futurs n'en doivent point attendre.

La constance a des lois qu'on ne veut point entendre ;
Des désirs d'un grand roi rien n'arrête le cours :
Ce qui plaît aujourd'hui déplait en peu de jours ;
Son inégalité ne sauroit se comprendre.

Louis, tous ces défauts font tort à vos vertus.
Vous m'aimiez autrefois, et vous ne m'aimez plus :
Mes sentiments, hélas ! diffèrent bien des vôtres!

Amour, à qui je dois et mon mal et mon bien,
Que ne lui donniez-vous un cœur comme le mien?
Ou que n'avez-vous fait le mien comme les autres?

Voici du même temps un autre sonnet qui n'est pas moins beau et qui fut pareillement attribué à mademoiselle de La Vallière :

J'épands sur ton autel mon âme en sacrifice,
Tout-Puissant dont la voix a daigné m'appeler :

Donne-moi cet esprit qui peut tout révéler,
Et de qui la vertu me sépare du vice.

Par ta miséricorde augmente ma justice,
Et veuille ton image en moi renouveler :
Quel empire si grand se pourroit égaler
A l'immortel honneur de te rendre service !

Conduis-moi sûrement au repos éternel,
Seul espoir des élus, que ton soin paternel
Fait comme astres luisants au milieu des ténèbres.

Aussi bien, mon esprit se lasse de mon corps,
Et voit les vanités comme pompes funèbres
De ceux qui semblent vivre, encore qu'ils soient morts.

Ces deux sonnets expriment en beau langage les sentiments de mademoiselle de La Vallière ; mais je ne puis croire qu'elle se soit ainsi condamnée à marteler son cœur pour le faire entrer dans ce cadre si bien travaillé et si cher aux précieuses.

Son esprit, lassé de son corps, lui imposait un cilice. Elle était devenue si pieuse qu'elle craignait d'outre-passer les devoirs de la pénitence. Elle demanda à son confesseur s'il lui était permis de se mortifier ainsi. Le confesseur la gronda : « Ah ! mon père, ne me grondez pas de ce cilice ! C'est bien peu de chose ; il ne mortifie que ma chair, parce qu'elle a péché ; mais il n'atteint pas mon âme, qui a plus péché encore. Ce n'est pas lui qui me tue, ce n'est pas lui qui m'ôte tout sommeil, tout repos : ce sont mes remords, c'est surtout le lâche désir que j'ai d'en ajouter d'autres à ceux que j'ai déjà. Ah ! mon père, que Dieu me punisse si je blasphème ! Je ne sais ce qu'est l'enfer, mais je ne saurais en imaginer un plus terrible que celui où est mon cœur, où il reste néanmoins, où il se complaît ».

Madame de Montespan abusait trop de la douceur de sa rivale; elle la condamnait à être de toutes les fêtes, même de soupers intimes. Mademoiselle de La Vallière se laissait lâchement tomber dans cette servilité qui lui permettait de voir le roi. Dès que le roi paraissait, elle se jurait de le fuir; mais l'amour trahi, le plus fort de tous les amours, la poussait malgré elle plus loin encore dans cet abîme. « Il faut donc, dit-elle un soir au roi avec une douleur touchante, que je forme de ma main les nœuds qui vous attachent à cette femme. Et c'est vous qui m'y condamnez! »

Louis XIV lui répondit que le temps n'était plus des grands sentiments, qu'il l'aimait toujours, mais qu'il fallait laisser fondre les orages.

Faut-il ici croire la Palatine? « Le roi la traitoit fort mal, à l'instigation de madame de Montespan; il étoit dur avec elle et ironique jusqu'à l'insulte. La pauvre créature s'imaginoit qu'elle ne pouvoit faire un plus grand sacrifice à Dieu qu'en lui sacrifiant la cause même de ses torts, et croyoit faire d'autant mieux que la pénitence viendroit de l'endroit où elle avoit péché. Aussi restoit-elle par pénitence chez la Montespan (1) ».

(1) Tous les mémoires du temps constatent ce servage. « Madame de Montespan trouva toutes les complaisances d'une amie dans un cœur déchiré de tous les tourments d'une rivale humiliée. Elle vouloit que la malheureuse La Vallière, dont elle affectait de consulter le goût, présidât à sa toilette; il falloit même qu'elle y mît la main. Il sembloit que, fière de son triomphe, l'orgueilleuse Montespan exigeât de sa victime de nouvelles armes pour la frapper plus sûrement ».

J'ai vu un tableau du temps de la Régence peint par quelque Flamand francisé, qui représente mademoiselle de La Vallière renouant une guirlande de roses à la jupe de madame de Montespan. La scène est dans le parc de Versailles. Le roi tient sur son poing la main de la marquise et regarde La Vallière d'un ait distrait. Pour le voir, la pauvre délaissée lève les yeux à la dérobée et semble oublier ce qu'elle fait. Madame de Montespan la regarde à l'œuvre, comme si c'était la chose du monde la plus simple.

Les deux rivales ne se quittaient pas ; elles allaient ensemble au bal, au spectacle et à la guerre. Madame mourait à Saint-Cloud de cette mort immortalisée par Bossuet. « Madame de La Vallière et madame de Montespan, pour lui dire adieu, étoient venues ensemble, » dit mademoiselle de Montpensier. Plus tard, mademoiselle de Montpensier veut aller elle-même dire adieu à mademoiselle de La Vallière la veille de sa mort au monde : or, il faudra qu'elle aille souper chez madame de Montespan.

Mademoiselle de La Vallière voulut à son tour donner son portrait au roi, résolue à ne plus se donner elle-même. Elle fit appeler Mignard et se fit peindre en Madeleine. « Oui, Madeleine, dit-elle ; mais j'aurai beau lever mes lèvres coupables, les pieds du Seigneur ne descendront pas jusqu'à moi. »

Elle résolut de se jeter une dernière fois dans les ténèbres du couvent. Elle avait pris Bossuet pour confident, et déjà Bossuet préparait l'oraison funèbre de ce cœur qui allait mourir de la vie du monde pour vivre de la vie éternelle. Elle sentait bien que son sacrifice n'était plus un sacrifice : puisque aussi bien le roi ne l'aimait plus, le couvent serait un refuge d'où elle ne verrait pas sa rivale triomphante fouler d'un pied dédaigneux les images du passé.

Madame de Maintenon — la dernière rivale, — était déjà à la cour, sinon de la cour. Elle cherchait des sympathies et confessait souvent mademoiselle de La Vallière, qui parlait toujours du rivage, je me trompe, qui parlait toujours du couvent. « Y songez-vous bien, madame? lui dit un jour la future maîtresse de Louis XIV; vous ne connaissez pas toutes les souffrances de ce renoncement au monde et de cette solitude où Dieu ne vient pas toujours. » Mademoiselle de La Vallière sourit amèrement : « Oh! madame, ne prenez point souci pour moi. Quand je souffrirai là-bas, je me rappellerai tout ce que ces gens-là m'ont fait souffrir ici. » Et mademoiselle de La Vallière montra du doigt Louis XIV et la marquise de Montespan qui montaient en carrosse.

VI

Ce ne fut qu'en l'année 1673 — la douzième année de sa passion, la sixième du règne de la marquise de Montespan — que mademoiselle de La Vallière se tourna doucement vers Dieu. Ce ne fut pas toutefois sans regarder encore en arrière, tant elle aimait sa chaîne, tant les lianes de la forêt la retenaient sous l'arbre au poison, tant le dragon avait mis la griffe sur « ce corps si tendre ». Elle tomba malade et voulut mourir, mais Dieu la réserva au tombeau des Carmélites : Dieu voulait que ces douze années d'égarement lui fussent payées par trente-six années de pénitence. Il choisit une maîtresse du roi pour donner au monde un exemple des fragilités de l'amour condamné.

Mademoiselle de La Vallière avait dit qu'elle passerait du lit dans la tombe : « Je ne me relèverai que le jour du jugement. » Mais elle eut peur de l'enfer, que dis-je? elle eut peur d'être rejetée du sein de Dieu. Elle se résigna à vivre pour expier ses péchés, pour se donner chaque jour en sacrifice, pour meurtrir sous le cilice ce corps maudit qui avait perdu son âme.

Elle ne voulait pas retourner à la cour ; elle passait ses heures de la journée, souvent les heures de la nuit à écrire ou à prier. Elle ouvrait son cœur, croyant ne répandre que l'amour divin, mais retrouvant dans cette source intarissable toutes les lueurs incendiaires qui dévoraient sa jeunesse. Elle s'était ensevelie sous elle-même comme une autre Pompéia, mais ses cendres devaient la consumer encore.

Ce fut alors qu'elle écrivit ses *Réflexions sur la miséricorde de Dieu*, le livre des âmes qui reviennent à Dieu. L'écrivit-elle tout d'un trait et sans retouches, comme une femme qui répand son cœur? Je crois qu'elle y fut éloquente sans souci de vouloir l'être. Elle ne songeait qu'à éclairer le chemin de son âme, je veux dire les stations de sa croix, car elle allait partir pour ce long voyage vers sa rédemption à travers les épines teintes encore du sang du Christ.

Au début de ses *Réflexions sur la miséricorde de Dieu*, mademoiselle de La Vallière remercie le Seigneur de l'avoir retirée des portes de l'enfer ; mais Dieu ne l'a pas encore entendue, car elle est encore dans l'enfer de Versailles. Elle a beau chercher sa vraie patrie dans la Bible et l'Evangile, le divin rivage est encore invisible pour son âme. La blanche colombe trouvera le rameau sacré, mais combien de traversées ! combien de naufrages ! combien d'écueils !

Elle jure à Dieu qu'elle va réparer les scandales d'une vie où elle n'a fait que l'offenser ; qu'à force de divin amour, elle fera oublier là-haut tout son profane amour ; elle ne péchera plus corporellement, elle n'ose dire spirituellement. « Est-ce trop, s'écrie-t-elle, pour reconnaître votre grâce, que de me priver du plaisir de pécher ! » Mais la pauvre pécheresse qui vient de quitter le roi pour Dieu, comment va-t-elle parler à Dieu ? N'est-ce pas le même amour qui déborde de ses lèvres ? Est-ce trop, mon Seigneur, pour me garantir d'une éternité malheureuse, de n'aspirer plus qu'à la félicité éternelle, à la possession de vous-même, à ce torrent de vos bontés divines dont vous rassasiez vos élus ? »

Mon Seigneur Dieu, c'est toujours mon seigneur le roi.

VII

L'historien peut suivre pas à pas mademoiselle de La Vallière pendant sa dernière année à la cour, puisque ses lettres recueillies sont pour ainsi dire des confessions. En effet, quoi qu'elle eût choisi un confesseur de l'ordre profane, un maréchal de France, le marquis de Bellefonds, elle parlait à cœur ouvert de ses égarements et de ses repentances, comme elle eût parlé à Bossuet lui-même.

Sa première lettre, datée du 9 juin 1673, exprime déjà bien la prière de la pénitente aux pieds de son confesseur : « Vous avez la paix du cœur, et vous en goûtez les délices sans aucun obstacle. J'ai besoin des conseils de mes amis pour ne pas me laisser aller à ces troubles que vous connoissez. »

Dans la seconde lettre, elle a fait un pas de plus vers Dieu : « Vous me donnez grande joie de m'assurer que je serai reçue quand j'aurai la force de me tirer d'ici. » Son âme est déjà aux Carmélites, mais son corps est retenu à Versailles par tous les liens de la passion, par toutes les colères de la jalousie, par tous les enchantements du souvenir. Il y a des jours, dans ce morne mois de novembre, dans cet immense palais où le roi et madame de Montespan lui font une solitude, il y a des jours où elle croit qu'elle a raison d'elle-même. « Enfin, je commence ardemment à goûter le plaisir d'aimer Dieu sans aucun obstacle : les heures me paroissent des siècles. A chaque instant, Dieu m'enflamme de son amour si fortement, que je n'imagine plus d'autre plaisir que l'espoir d'être à lui sans réserve. Malgré la grandeur de mes fautes, que j'ai présentes à tout moment, l'amour a plus de part à mon sacrifice que l'obligation de faire pénitence. »

On voit qu'elle veut se jeter dans les bras de Dieu comme elle s'est jetée dans les bras de Louis XIV, par l'amour seul. Non, ce qui l'entraîne, ce n'est pas le repentir, c'est la soif d'aimer : le roi lui ferme son palais, Dieu lui ouvre son église. Ce cœur allumé sur le cœur de Louis XIV ira se consumer sur l'autel.

Qui mieux qu'elle peut dire ces paroles : « Où péché a abondé, la grâce a surabondé ? »

Ses longs jours se passent à rêver, à interroger ses amis ; mais a-t-elle encore des amis ? — Les anciens sont allés à madame de Montespan, mais de nouveaux, de plus sûrs, lui sont venus : elle vient de faire deux conquêtes, Bossuet et la mère Agnès. Bossuet la vient voir à Versailles ou à Saint-Germain. Si elle va à Paris, c'est pour aller embrasser la mère Agnès, et s'accoutumer par les yeux à ce cloître où elle ira souffrir pour avoir aimer, où elle ira aimer pour avoir souffert.

Dans la sixième lettre, datée de Saint-Germain, le 12 janvier 1674, elle parle des « importunes vapeurs » qui font la nuit autour d'elle : elle est « comme abîmée dans les ténèbres ». Le démon va-t-il l'emporter ? « Je suis toujours dominée par la malheureuse habitude du péché ; sans aucune vertu, j'ai toutes les foiblesses de l'esprit et du cœur. J'ai raison de trembler plus qu'une autre ; je tremble des sentiments que Dieu a mis dans mon cœur, dans la crainte d'abuser de sa grâce. J'espère cependant que le Seigneur sera touché de mes larmes. » N'est-il pas visible qu'elle s'est reprise à son amour pour le roi, qu'elle a espéré que son règne était encore de ce monde, qu'elle a vu pâlir madame de Montespan ? Elle fait un pas en avant, elle fait un pas en arrière. « Prions sans cesse, s'écrie-t-elle ; avec cela, on va loin. Dieu n'abandonne point ceux qui veulent absolument se donner à lui. » Elle veut se donner à Dieu, mais elle se retient au roi.

Un mois plus tard, elle ne domine plus son cœur, ce cœur si faible et pourtant plus fort que son esprit : « Vous craignez pour moi, et vous avez raison, puisque je suis encore ici. Que voulez-vous? je suis la foiblesse même ! » Et elle parle de sa nonchalance à sortir du péril ; elle court aux Carmélites pour reprendre courage. S'il faut l'en croire, elle ne tient plus qu'à un fil : « Aidez-moi, je vous prie, à le rompre; grondez, menacez, traitez-moi durement s'il le faut. » Ce fil, c'est une chaîne de fer que la rouille seule finira par rompre après bien des années. « Je n'ai plus qu'un pas à faire, dit-elle plus loin ; mais ce pas, c'est un abîme. » D'un côté, c'est le pays où son cœur a vécu ; de l'autre côté, c'est le pays où son cœur va mourir. On a mis sur son chemin son fils et sa fille : « Je vous avoue que j'ai eu de la joie à voir mademoiselle de Blois jolie comme elle étoit. Je l'aime, mais elle ne me retiendra pas un seul moment. Je la vois avec plaisir, et je la quitterai sans peine. Accordez cela comme il vous plaira, mais je le sens comme je vous le dis. »

J'ai toutes les peines du monde à accorder cela. Quelle que soit ma sympathie pour cette douce et blanche figure de La Vallière, je ne lui pardonne pas d'avoir été de Louis XIV à Dieu sans s'être arrêtée un instant sur sa route pour écouter en elle battre le cœur de la mère.

Chaque fois qu'elle passe une heure avec le roi, tantôt au jeu de la reine, tantôt à la chapelle, tantôt dans les jardins, toujours en joyeuse compagnie, — car il n'y a qu'elle qui pleure à la cour, — elle a peur de retomber plus avant dans l'esclavage ; elle appelle Bossuet, elle prépare son sacrifice, elle entend déjà l'oraison funèbre qu'il va prononcer sur ces grandes passions qu'elle va mettre pieusement au tombeau :

« Enfin j'avance, mon courage augmente, et je crois que Dieu achèvera bientôt son ouvrage. Cependant je crains, et je craindrai toujours, jusqu'à ce que je sois hors de danger. Je prie Dieu de me garder de moi-même. »

Elle avance si peu dans le chemin du ciel, que, si le roi lui disait de rester, elle se jetterait dans ses bras et y mourrait dans une dernière étreinte. Mais Louis XIV n'aime plus les airs élégiaques ; il a failli s'ennuyer avec elle, il la croit un peu folle (la pâle délaissée semble d'autant plus folle qu'elle cherche la sagesse) ; que lui importe qu'elle s'en aille, que lui importe qu'elle reste, — pourvu que madame de Montespan soit là !

Mais madame de Montespan a l'amour cruel comme madame de La Vallière a l'amour ineffable. il lui faut tourmenter ce pauvre cœur qui ne peut ni vivre ni mourir. D'ailleurs, elle est jalouse d'une telle passion ; elle ne veut pas que sa rivale passe à l'état de victime ; elle la condamne à voir ses éclats de rire impertinents. Le roi n'ose pas autoriser la retraite de mademoiselle de La Vallière pour le bon plaisir de sa maîtresse. Bossuet lui-même, qui n'a peur que de Dieu, qui dit au roi la vérité, Bossuet tremble devant l'orgueil de la fière et tempêtueuse marquise. Mais il verse sa divine éloquence dans l'âme encore orageuse de la future pénitente : « C'est s'abîmer dans la mort que de se chercher soi-même. Sortir de soi-même pour aller à Dieu, c'est la vie. » Voilà comment parle Bossuet à celle qui remue les cendres encore brûlantes de son cœur.

VIII

On peut sentir les battements de cœur de mademoiselle de La Vallière en lisant les lettres de Bossuet au maréchal de Bellefonds. Il écrit de Saint-Germain, le 25 décembre 1673 : « Elle m'a obligé de traiter le chapitre de sa vocation avec madame de Montespan. J'ai dit ce que je devois. On ne se soucie pas beaucoup de la retraite, mais il semble que les Carmélites font peur. On a couvert, autant qu'on a pu, cette résolution d'un grand ridicule. Le roi a bien su qu'on m'avoit parlé, et Sa Majesté ne m'en ayant rien dit, je suis aussi demeuré jusqu'ici dans le silence. Madame la duchesse de La Vallière a beaucoup de peine à parler au roi, et remet de jour en jour. »

Et un mois après : « Le monde lui fait de grandes traverses, et Dieu de grandes miséricordes. J'espère qu'il l'emportera, et que nous la verrons un jour dans un haut degré de sainteté. »

Cependant toute une année s'est passée, l'année des derniers combats ; mais mademoiselle de La Vallière va sortir triomphante : « Je vous envoie une lettre de madame la duchesse de La Vallière, qui vous fera voir que, par la grâce de Dieu, elle va exécuter le dessein que le Saint-Esprit lui avoit mis dans le cœur. En vérité, ces sentiments ont quelque chose de si divin, que je ne puis y penser sans être en de continuelles actions de grâces ; et la marque du doigt de Dieu, c'est la force et l'humilité qui accompagnent toutes ses pensées ; c'est l'ouvrage du

Saint-Esprit. Elle ne respire plus que la pénitence. Cela me ravit et me confond. Je parle, et elle fait ; j'ai les discours, elle a les œuvres. »

Enfin, la veille du départ pour les Carmélites, Bossuet écrit : « Madame de La Vallière persévère avec une grâce et une tranquillité admirables. Sa retraite aux Carmélites a causé des tempêtes : il faut qu'il en coûte pour sauver les âmes. »

IX

Jusqu'au dernier jour, la duchesse de La Vallière alla dans le monde et fut des fêtes de la cour. Le 12 janvier 1674, madame de Sévigné écrivait à sa fille : « Nous fûmes ensuite chez madame de Colbert, qui est extrêmement civile et sait très bien vivre. Mademoiselle de Blois dansoit : c'est un prodige d'agrément et de bonne grâce. La duchesse de La Vallière y étoit ; elle appelle sa fille *Mademoiselle*, et la princesse l'appelle *belle maman.* »

Mais si le soir était au monde, la nuit était à Dieu, le matin était à l'étude. Elle ne dormait qu'à demi ; elle était plus souvent sur son prie-Dieu que sur son lit ; elle éteignait ses beaux yeux dans les saintes Écritures ; elle apprenait le latin, « afin, disait-elle, de pouvoir entrer plus avant dans l'Église ».

A la même date, madame de Sévigné raconte que « la *Rosée* (madame de La Vallière) a commencé à se détraquer avec le *Torrent* (madame de Montespan) ». Elles s'étaient liées « d'une confidence réciproque, et voyoient tous les jours le *Feu* et la *Neige* (le roi et la reine). Vous savez que tout cela ne peut pas être longtemps ensemble sans faire de grands désordres, ni qu'on s'en aperçoive. »

Cependant le printemps arrive : les premiers beaux jours vont chanter encore dans cette âme coupable les symphonies du renouveau ; elle va se reprendre à la poésie des primevères et des aubépines ; les lilas vont parfumer le labyrinthe où tous les ans elle allait avec le roi cueillir le premier bouquet. Voici la saison des folles cavalcades, le roi va courir tous ses châteaux. Que de souvenirs seront réveillés ! comme on va évoquer les belles heures du passé ! Ils sont heureux ceux-là qui vont vivre encore du temps perdu ! Mademoiselle de La Vallière aura-t-elle le courage d'ouvrir sa tombe alors que tout refleurit ?
— Oui, car tout refleurit, hormis l'amour du roi.

Elle est allée à lui : « Sire, je meurs de chagrin ; Dieu seul, dans sa miséricorde, me consolera de vos cruautés. Je vais aller cacher ma honte et ma douleur aux Carmélites. — Que Dieu soit avec vous ! dit sèchement le roi ; nous ne pouvons pas toujours tourner dans le même tourbillon. Votre cœur n'aime que les orages ; pour moi, j'en suis revenu au beau temps. Je vois avec peine que vous prenez tout cela au tragique ; mais enfin, puisque mon amitié tient si peu de place dans votre cœur, je n'ai plus qu'un mot à vous dire : Adieu. Non seulement, madame, je ne pleure plus, mais je n'aime plus à voir pleurer .

Quelle que fût la sécheresse de cet adieu, mademoiselle de La Vallière fut convaincue que, le jour de la séparation, le roi, qui peut-être n'y croyait pas encore, ferait un retour sur le passé et ne serait pas maître de cacher son chagrin. Elle écrit pour la dernière fois, sous le nom de la duchesse de La Vallière, au maréchal de Bellefonds : « Enfin je quitte le monde ; c'est sans regret, mais ce n'est pas sans peine. Ma foiblesse m'y a retenue longtemps sans goût, ou, pour parler plus juste, avec mille chagrins. » Elle veut parler de ses chagrins adorés, de son amour qu'elle voudrait avoir encore. Elle continue : « Je vois bien que l'avenir ne me donneroit pas plus de satisfaction que le passé et le présent. » Il faut bien le dire, si elle monte le Carmel, ce n'est pas encore avec toutes les aspirations célestes ; si elle fuit la cour, c'est moins parce que Dieu l'appelle, que parce que Louis XIV la dédaigne (1).

Comme elle a dû pleurer en écrivant ces trois lignes, qu'on a déjà lues : « Tout le monde part à la fin d'avril ; je pars aussi, mais c'est pour aller dans le plus sûr chemin du ciel. » Elle part aussi, mais Versailles ne la reverra plus, ni Fontainebleau, ni Saint-Germain ! Elle part aussi, mais elle part toute seule ! Les courtisans qui salueront son entrée aux Carmélites, ce sont les pauvres, car les pauvres ont toujours aimé Madeleine pénitente qui leur donne l'or de ses bijoux.

La veille du départ, madame de Montespan lui dit, tout en larmes, qu'elle voulait une fois encore souper avec elle. « Eh bien, j'irai souper chez vous, » murmura mademoiselle de La Vallière, décidée à tous les calices.

Elle se fit belle pour la dernière fois et alla sou-

---

(1) Elle regrette que Bossuet ne puisse venir à temps pour prêcher à sa prise d'habit ; mais elle se promet Bourdaloue, qui tout à l'heure a prêché la Passion devant la cour.

per avec sa rivale. N'était-ce pas d'ailleurs pour souper avec Louis XIV?

Les contemporains, — les contemporaines surtout, — parlent de ce souper presque tragique, mais sans dire ce qui s'y passa. Le roi s'y montra-t-il, lui qui ne soupait plus que pour madame de Montespan? Parla-t-on du lendemain ou de la veille, des ténèbres du cloître ou du rayonnement de la jeune cour? Je ne sais. Je ne crois pas qu'on s'y amusa beaucoup. Madame de Montespan, qui avait du cœur à ses moments perdus, ne pouvait d'un œil sec voir la pâle et résignée victime lui sourire une dernière fois à l'heure du sacrifice.

Ci-gît la duchesse de La Vallière! Une autre femme est sortie d'elle-même, qui n'est connue que sous le nom de sœur Louise de la Miséricorde.

J'oubliais. Ce ne fut pas le dernier adieu du roi ni de madame de Montespan.

Qui eût dit à Louis XIV, quand il aimait La Vallière en toute folie, quand il sellait un cheval pour aller la ressaisir à Saint-Cloud; qui lui eût dit alors qu'un matin il regarderait par la fenêtre avec la Montespan celle qui allait toute vivante se coucher au tombeau? Ce fut pourtant ce qui arriva. Si la duchesse de La Vallière eût levé les yeux en montant pour la dernière fois dans son carrosse, elle aurait vu Louis XIV et sa maîtresse qui, à demi cachés par le rideau flottant, s'amusaient du spectacle comme à une comédie de Molière!

Cette histoire de mademoiselle de La Vallière partant pour le cloître aura sa seconde édition un siècle plus tard. Louis XV, jouant aux cartes en voyant partir madame de Pompadour pour son enterrement, dira d'un air dégagé : « La marquise a mauvais temps pour son voyage. »

Voilà donc comment finissent les amours des rois !

IV

L'ENTRÉE AU TOMBEAU

Oui, le 20 avril 1674, mademoiselle de La Vallière se jeta aux pieds de la reine, lui demanda pardon de l'avoir offensée, lui baisa respectueusement les mains, et courut se jeter dans le carrosse qui allait la conduire aux Carmélites du faubourg Saint-Jacques. Ce carrosse, c'était le char funèbre qui menait sa jeunesse au tombeau.

Comédie! disait-on à la cour. Comédie, comédie, tout n'est que comédie! Elle part, mais elle reviendra comme elle est déjà revenue. C'est la dernière bataille livrée à sa rivale. Le roi, qui n'est pas aimé de la marquise de Montespan et qui a son quart d'heure de dévotion, ne pourra vivre sans mademoiselle de La Vallière.

On ne connaissait à la cour ni le roi ni mademoiselle de La Vallière (1).

(1) Cette lettre curieuse, datée du 29 avril 1674, anonyme aujourd'hui, car elle n'est pas signée et n'est pas d'une écri-

Mais nous qui ne doutons pas que la grâce divine n'ait touché pour jamais le cœur de la douce

ture connue, peint à vif les sentiments du beau monde de Versailles :

« La duchesse de Vaujour, impatientée de ce qu'on ne s'occupoit plus d'elle, et peu satisfaite de la considération dont elle jouissoit à la cour depuis qu'elle avoit sacrifié sa réputation à la gloire d'être maîtresse du roi, vient de donner une comédie fort plaisante à toute la France. Jeudi dernier, avant de se rendre aux Carmélites de la rue Saint-Jacques, elle fit ses adieux à la reine en pleurant, et lui demanda pardon publiquement des chagrins qu'elle lui avoit donnés et du tort qu'elle lui avoit fait. La maréchale de La Mothe lui fit observer qu'elle ne devoit pas s'exprimer ainsi devant tout le monde; elle lui répondit que, comme ses crimes avoient été publics, il falloit qu. la pénitence le fût aussi. La reine la baisa au front, et l'assura qu'elle lui pardonnoit. Satisfaite d'avoir obtenu le pardon qu'elle avoit l'orgueil de demander publiquement, elle sortit de chez la reine, appuyée sur le bras de madame de La Mothe ; elle rencontra madame de Montespan, à qui elle céda le pas, et qu'elle salua avec une humilité impossible à concevoir; donc c'étoit de l'hypocrisie. Le roi, ayant appris sa résolution, fut la trouver, et resta un moment enfermé avec elle; on ne sait ce qui en seroit arrivé si madame de Montespan n'eût pas envoyé demander au roi, à plusieurs reprises, si Sa Majesté vouloit bien lui accorder un moment d'entretien. Sans doute, madame de Montespan craignoit un retour de tendresse que la pitié pouvoit inspirer pour une belle pénitente ; pour moi, je suis sûre que, si La Vallière n'eût pas joué sa comédie chez la reine, elle seroit encore restée à la cour, et le roi auroit arrangé les choses pour que ses deux maîtresses n'eussent point à se plaindre de sa conduite. Néanmoins, madame de Montespan a montré beaucoup d'impatience jusqu'au moment où la duchesse a été rendue dans son couvent. Le roi est dépositaire des diamants qu'il avoit donnés à madame de La Vallière ; elle a désiré qu'ils fussent partagés entre M. de Vermandois et mademoiselle de Blois, qu'elle n'ose, a-t-elle dit, nommer ses enfants. Je ne sais si cette conduite est pour frayer un chemin à toutes les maîtresses du roi. J'en sais plus d'une d'autre temps qui l'a suivi de gré ou de force; mais je doute que madame de Montespan veuille le prendre. En réfléchissant sur le grand bruit qu'elle a fait contre la vie qu'elle avoit menée, je suis et blanche pécheresse, nous la suivrons pieusement aux Carmélites, sans avoir souci des bruits de la cour. Sa belle-sœur, la marquise de La Vallière, l'y accompagna; tout Paris était aux portes et aux fenêtres, sur les quais et rue Saint-Jacques. Beau spectacle en effet que ces funérailles de la maîtresse du roi ! La pécheresse repentante était sereine, pensive, presque souriante, soit qu'elle voulût masquer les déchirements de son cœur, soit qu'elle eût ce jour-là pris une grande force en Dieu. La marquise de La Vallière était pâle et désolée, ce qui trompait les curieux, qui ne savaient plus reconnaître la future carmélite. Dans la rue Saint-Jacques, la foule était si grande et si agitée en son silence, que les chevaux ne purent avancer qu'au petit pas. Les spectateurs étaient d'ailleurs fort recueillis; la maîtresse du roi n'avait été fatale à qui que ce fût; plus d'une fois elle avait désarmé les colères de Louis XIV; les insolences de madame de Montespan donnaient plus de prise encore à ses amis timides et discrets; elle avait beaucoup donné aux pauvres; on se redisait déjà de bouche en bouche qu'elle venait de s'humilier aux pieds de la reine. Et puis n'aime-t-on pas toujours ceux qui s'en vont quand ils ne doivent

persuadée qu'elle en a usé ainsi moins par humilité que par vengeance, et qu'elle n'a fait tout ce bruit que pour rendre plus odieuse la conduite de madame de Montespan, qui, engagée sous les lois de l'hymen, est plus coupable aux yeux de Dieu qu'elle, qui est fille. Je ne puis encore vous assurer que La Vallière restera aux Carmélites; il se pourroit que le roi la renvoyât chercher, ainsi qu'il le fit quand elle se retira à Chaillot, et que par obéissance elle revînt à la cour demander pardon à la reine de lui avoir demandé pardon pour en imposer au public. Si madame de Montespan n'y prend garde, elle sera supplantée par celle qu'elle a fait disgracier. »

pas revenir ! La duchesse de La Vallière pouvait donc lire sur tous les visages l'expression d'une touchante sympathie : « Ce pauvre peuple, disait-elle à sa sœur, comme on a tort de ne pas y penser plus souvent ; mais il est trop tard (1) ! »

Elle franchit le seuil sans se retourner ; elle parla, selon la marquise de La Vallière, du regret qu'elle avait de ne pas faire amende honorable devant tous les pauvres qui formaient la haie, en leur jetant les diamants et les perles, toutes les pierres précieuses que le roi lui avait données. La mère Claire du Saint-Sacrement, qui allait être sa supérieure, l'attendait à la porte de la chapelle ; elle se jeta à ses genoux en lui disant ces belles paroles : « Ma mère, j'ai toujours fait un si mauvais usage de ma volonté, que je viens la remettre entre vos mains pour ne plus la reprendre. » La supérieure la releva

(1) Les carmélites de la rue Saint-Jacques nous vinrent d'Espagne à l'appel de la princesse de Longueville. Il fallut des pourparlers et des négociations sans fin pour obtenir de l'abbé de Marmoutiers qu'il dépossédât les moines logés dans sa maison. Ce fut sous la conduite du cardinal de Bérulle que les carmélites arrivèrent à Paris, précédées d'une procession triomphale. On lit dans le journal de *l'Estoile* ces naïfs détails : « Le mercredi 24 août 1605, jour de la Saint-Barthélemy, fut faite à Paris une nouvelle et solennelle procession des sœurs carmélites, qui ce jour-là prenoient possession de leur maison. Le peuple y accourut à grande foule comme pour gagner les pardons. Elles marchoient en moult bel et bon ordre, étant conduites par le docteur Duval, qui leur servoit de bedeau, ayant le bâton à la main, et qui avoit du tout la ressemblance d'un loup-garou. Mais comme le malheur voulut, ce beau et saint mystère fut troublé et interrompu par deux violons qui commencèrent à sonner un bergamasque, ce qui écarta ces pauvres oyes et les fit se retirer à grands pas, tout effarouchées, avec le loup-garou leur conducteur, dans leur église, où, étant parvenues comme en un lieu de franchise et de sûreté, commencèrent à chanter le *Te Deum laudamus.* »

et l'embrassa : « Ma fille, c'est à Dieu lui-même qu'il faut parler ainsi. » Elle lui prit la main et la conduisit, « selon l'usage, devant le saint-sacrement, où elle s'offrit à Dieu comme une victime d'expiation pour ses péchés. » Toutes les religieuses étaient venues lui faire cortège ; elle sentit comme par miracle toute une atmosphère divine ; il lui sembla que toutes ses chaînes se brisaient, la cour ne lui apparut que comme un navire secoué par la tempête à l'heure du naufrage où chaque passager ne pense qu'à soi. Elle aurait voulu, dans l'effusion de son cœur, embrasser toutes les religieuses. « Ah ! madame, lui dit mademoiselle d'Épernon, Dieu vous tiendra compte du sacrifice d'une pareille beauté. — Moi, est-ce que je suis belle encore ? répondit tristement mademoiselle de La Vallière ; je croyais que j'avais tout laissé là-bas ! » Et après un silence : « Je comprends, reprit-elle ; je veux dès aujourd'hui me dépouiller de tout ce qui représente la femme ; je veux m'habiller comme vous, je veux qu'on me coupe les cheveux. — Ces beaux cheveux, dit mademoiselle d'Épernon, qui ne put étouffer un sentiment de regret, ce sont les cheveux de Madeleine ! — Oui, mais Madeleine sanctifia les siens au pied de la croix, dans le sang de notre Sauveur. »

On représenta à la duchesse de La Vallière qu'il lui fallait se mieux connaître pour se décider à un tel sacrifice, que la prise d'habit n'était permise qu'après de longs jours de pénitence et d'aspiration (1). Elle fut si éloquente dans ses prières, elle

(1) « Sans attendre la fin de son noviciat, et le jour même de son entrée dans le cloître, elle fit couper ses cheveux (autrefois l'admiration de tous ceux qui ont parlé de sa personne).

représenta avec tant de vérité qu'elle n'était pas novice dans la pénitence, qu'on lui accorda la grâce de se confondre avec ses sœurs. Le même jour, cette adorable chevelure, qui avait tant de fois de ses ondes caressantes noyé les lèvres et les mains de Louis XIV, tomba sur la dalle funéraire sans que personne songeât à les recueillir. La duchesse de La Vallière les regarda et les laissa derrière elle comme tout le reste.

Quelques heures après, elle avait revêtu l'habit des religieuses. « Elle y fut bientôt accoutumée, excepté à la chaussure plate et basse, dont elle supporta avec patience l'incommodité jusqu'à la mort. » Au souper, elle s'aperçut qu'on la voulait servir mieux que les autres : avec son angélique douceur elle demanda qu'on voulût bien la traiter avec la même faveur que les plus austères : « Ce que je suis venue chercher ici, c'est la table du Seigneur. Vous me prouveriez que j'en suis indigne en me rappelant que j'ai vécu à la table du roi. » Selon son premier historien (1), « l'usage de la serge, le coucher sur la dure, l'assiduité au travail sans autre interruption que la lecture et la prière, un jeûne austère, un silence rigoureux et l'espérance de mourir avec lenteur par les supplices de la pénitence, devinrent les délices habituelles d'une personne qui avait été plongée dans la mollesse, qui avait goûté toutes les douceurs de la vie, et qui avait bu à longs traits la coupe empoisonnée de Babylone. »

L'arbre charmant ne voulut pas attendre le terme de la saison sacrée, et il avait hâte de se dépouiller de sa dernière couronne. » SAINTE-BEUVE.

(1) *Histoire abrégée de la vie et de la pénitence de madame la duchesse de La Vallière, morte religieuse carmélite.*

Elle était plus humble que jamais ; elle marchait toujours tête baissée, comme si ses fautes l'empêchaient de regarder ses sœurs en face. La supérieure lui demanda un jour si cette attitude ne lui était pas incommode. « Point du tout, cela me repose les yeux. Je suis si lasse de voir les choses de la terre, que je trouve même du plaisir à ne les pas regarder. »

Tout Paris, le Paris railleur et sceptique, fut ému par cette conversion : un demi-siècle plus tard, Voltaire, qui ne croyait à rien, n'a pas douté un instant de la profonde piété de mademoiselle de La Vallière. « Elle se fit carmélite et persévéra. Se couvrir d'un cilice, marcher pieds nus, jeûner rigoureusement, chanter la nuit au chœur dans une langue inconnue, tout cela ne rebuta point la délicatesse d'une femme accoutumée à tant de gloire, de mollesse et de plaisirs. Un roi qui punirait ainsi une femme coupable serait un tyran, et c'est ainsi que tant de femmes se sont punies d'avoir aimé. » Voltaire lui-même était touché. C'est son cœur, si souvent muet, qui parle ici.

Les premiers jours de la pénitence de mademoiselle de La Vallière furent si édifiants, qu'on abrégea pour elle le temps des épreuves. La parabole du pasteur qui rapporte sur ses épaules la brebis égarée lui avait paru une page de son histoire : elle choisit donc pour sa prise d'habit le troisième dimanche après la Pentecôte, car c'est ce jour-là que l'Église rappelle cette parabole.

L'église des Carmélites fut dès le matin peuplée par tout ce qui était alors le cœur et l'esprit de la cour.

Madame de Montespan ne manqua pas à ce spectacle.

Pour le roi, il était en Franche-Comté, et ne s'inquiétait pas encore des cœurs qui se donnent à Dieu. Ce fut ce jour-là que la duchesse de La Vallière se dépouilla de son nom. Louis XIV lui donnant le titre de duchesse l'avait bien moins enorgueillie que quand la supérieure lui dit en l'embrassant : « Dieu vous garde, sœur Louise de la Miséricorde ! »

L'abbé de Fromentières eut le bonheur, en l'absence de Bossuet et de Bourdaloue, de prêcher le sermon pour la vêture de la duchesse de La Vallière. C'était une bonne fortune inespérée pour un prédicateur, jeune encore, qui voulait plaire à Dieu et au monde.

On sait le texte de son sermon (1); j'en redirai les plus belles paroles :

Le pasteur ayant retrouvé sa brebis, la met sur ses épaules avec joie, et venant en sa maison, il appelle ses amis et ses voisins, et il leur dit : Réjouissez-vous avec moi.

David, parlant des désirs qu'il a de retrouver son Dieu, dit qu'il court par la campagne comme un cerf altéré, que ses yeux sont nuit et jour en larmes, qu'il ne sauroit avoir de joie qu'il ne voie reparoître cet objet unique de son amour : *Sicut cervus desiderat ad fontes aquarum... fuerunt mihi lachrymæ... dum dicitur mihi... Ubi est Deus tuus ?*

Mais ne remarquez-vous pas dans la parabole de notre Évangile que tous ces sentiments ont passé du

(1) Et cum invenerit eam, imponit in humeros suos gaudens, et veniens domum convocat amicos et vicinos, dicens illis : Congratulamini mihi. (*En S. Luc, ch.* xv.)

cœur de David au cœur de Jésus-Christ, puisque ce pasteur de nos âmes, affligé de l'éloignement d'une de ses brebis, abandonne tout pour se mettre à sa poursuite; qu'il se fatigue dans sa recherche, qu'il n'a de joie que quand il la retrouve ; que pour lui faciliter son retour il la charge même sur ses épaules ; et qu'enfin, comme s'il lui arrivoit de ce retour une grande fortune, il veut que tout le monde l'en vienne féliciter ? Certes, messieurs, je ne m'étonne pas que les chrétiens aient toujours singulièrement aimé Jésus-Christ sous une idée si favorable, et que, selon le témoignage de Tertullien, ils gravassent, dès son siècle, sur tous les calices de l'Église, l'image du pasteur chargé de sa brebis.

Mais je sais bien, ma très chère sœur, que de notre temps c'est particulièrement à vous à qui Jésus-Christ doit paroître aimable sous cette forme, puisque l'on peut dire qu'il la reprend aujourd'hui pour vous. Non, non, ce n'est pas sans quelque secret de la Providence qu'un Évangile si admirable concourt avec cette cérémonie ; et à considérer les circonstances de votre vocation, tout ce que la grâce fait en vous pour l'assurer et pour la rendre certaine, vous pouvez, ma très chère sœur, vous pouvez raisonnablement croire que Jésus-Christ a pour vous la même charité, qu'il vous traite à peu près avec la même tendresse qu'il fait la brebis de l'Évangile : *Et cum invenerit eam, imponit inhumeros suos gaudens, et veniens domum convocat amicos et vicinos, dicens illis: Congratulamini mihi.*

Quelque grand que soit le zèle du pasteur de nos âmes pour leur conversion et pour leur salut, nous le pouvons néanmoins réduire, dans la parabole de notre Évangile, à trois démarches principales qu'il fait en faveur de sa brebis. Premièrement, il la va chercher dans les lieux où elle s'est écartée, et il est constant que s'il ne prenoit lui-même ce soin charitable, elle n'en reviendroit jamais. David le témoigne à Dieu en termes exprès : *Erravi sicut ovis quæ periit* : Seigneur, je suis comme une malheureuse brebis qui s'est égarée en s'éloignant de vous, et ce qui me semble le plus déplorable dans l'état où je me trouve, *quære servum tuum*, c'est que je ne puis faire un seul pas pour me rapprocher de vous, que vous ne me veniez chercher vous-même.

Secondement, le pasteur ayant retrouvé sa brebis, la rapporte sur ses épaules : quelque coupable qu'elle fût, comme le remarque excellemment saint Ambroise, il ne lui fait aucun mauvais traitement ; et plus fâché au contraire de la lassitude qu'elle a soufferte dans son égarement que de l'injure qu'elle lui a faite, il la soulage dans son retour, il le rend facile, il la porte : *Pastor enim legitur, ovem læsam gessisse, non abjecisse.*

Mais enfin, admirez jusqu'où va la bonté de ce pasteur. Ayant rapporté cette brebis dans sa maison, il appelle ses voisins et ses amis pour venir prendre part à sa joie ; vous diriez qu'il gagne bien plus au retour de sa brebis que sa brebis même, qu'il lui est arrivé à lui seul un avantage considérable : *Quasi sibi adhuc magnum obligisset beneficium.* Ce sont là, messieurs, les principaux mouvements de la charité qu'exerce le pasteur de notre Évangile à l'égard de sa brebis ; et voilà une image fidèle de ce que Jésus-Christ fait en notre faveur toutes les fois que nous revenons à lui. Quelle reconnoissance ne devons-nous pas tous avoir pour une bonté si tendre et si généreuse !

Mais souvenez-vous, ma très chère sœur, que vos obligations à cet égard sont fort particulières ; tout ce que le pasteur fait dans la parabole à l'égard de sa brebis se renouvelant dans votre vocation par des mouvements singuliers de la grâce de Jésus-Christ. Car lorsque vous avez conçu le dessein de renoncer au monde, et que vous l'exécutez fidèlement aujourd'hui, n'est-ce pas ce pasteur charitable qui vous est allé chercher, qui vous est allé dégager ? *Et cum invenerit eam.* Quand les voies du Carmel, jugées si rudes par tous les gens du siècle, s'aplanissent devant vous et que toutes les pratiques de la religion vous semblent douces, n'est-ce pas proprement le pasteur qui vous rapporte sur ses épaules et qui facilite votre retour? *Imponit in humeros suos gaudens?* Et enfin, si tout le monde est touché de votre exemple, et si nous nous assemblons aujourd'hui non seulement pour nous en réjouir, mais pour en profiter, n'est-ce pas encore le souverain pasteur qui invite ses amis, les hommes avec les anges, à venir prendre part à la joie qu'il sent de votre retour? *Et veniens domum convocat amicos et vicinos.*

Le prédicateur ose montrer le tableau de la cour à la cour elle-même, « la cour où l'on peut dire que les passions sont déchaînées ».

La cour étant un air si contagieux, quel peut donc être le secret de n'y pas périr? Messieurs, si vous voulez que je m'explique sincèrement, je n'en sais guère que celui de n'y pas demeurer. Il s'est trouvé des saints à la cour, il est vrai, mais ils sont rares ; et quand les Pères en ont parlé, ils ne les ont pas trouvés moins admirables d'avoir conservé leur innocence à la cour, que les trois enfants de Babylone d'avoir gardé leur félicité au milieu des flammes. Ah! mes frères! il y a trop de combats à soutenir pour la vertu; il n'y a pas de moment où elle ne soit réduite à la dure nécessité de vaincre ou d'être vaincue ; chaque degré de fortune, de biens, de crédit qu'un homme y peut acquérir ne sert que d'un nouvel obstacle à son salut. Et là-dessus, messieurs, il ne m'est pas libre de balancer, *fugite, fugite de medio Babylonis!* Si vous me le demandez, le seul moyen assuré de se sauver, aux gens de la cour, est la fuite.

11.

L'abbé de Fromentières parla ainsi des premières rencontres de Louis XIV et de mademoiselle de La Vallière :

Erravi sicut ovis quæ periit. A-t-elle fait un pas pour satisfaire sa curiosité en une chose, c'est assez pour lui en faire faire bien d'autres dans la suite. Un spectacle débauchera d'abord son esprit de l'admiration qu'elle ne doit qu'à Dieu ; une conversation naîtra après, qui attentera sur les affections de son cœur ; il surviendra un honneur, qui la fera sortir de l'humilité qu'elle avoit toujours professée ; il se présentera aussitôt un plaisir, qui la tirera de l'austérité que l'on remarquoit dans ses mœurs ; et enfin si les grands objets paroissent, c'est alors qu'on se sent entraîné, que l'on se trouve emporté si loin de la voie, qu'il n'y a que Jésus-Christ tout seul capable d'y faire rentrer.

Maintenant le prédicateur va la comparer à sainte Thérèse :

Ce n'est pas, ma chère sœur, qu'il vous ait été facile de consentir à la rupture de tous ces liens. La nature en forme de si doux et de si forts tout ensemble, que la grâce même la plus puissante ne les brise guère sans une extrême douleur. Vous l'éprouvâtes en votre personne, incomparable Thérèse, lorsque, vous séparant de vos proches pour vous unir aussi à Jésus-Christ, vous sentîtes, de votre propre aveu, vos os se disloquer, vos nerfs se retirer, vos entrailles se déchirer. La liberté de votre choix, tous les charmes de la grâce ne vous épargnèrent rien dans une séparation si cruelle.

Votre plus grande gloire désormais, ma chère sœur, est d'être fille de sainte Thérèse ; vous devez ainsi compter comme un grand avantage que vous ayez commencé à lui être semblable dès le commencement de votre vocation.

Le prédicateur rappelle sa fuite de la cour :

Jour éternellement marqué de Dieu dans le décret de votre prédestination ! A la face de toute la cour, ramassée, ce semble, alors tout exprès pour votre gloire ; le siècle étalant ses pompes ; la nature opposant ses tendresses, tout le monde sanglotant et fondant en larmes ; nous vous vîmes, ma chère sœur, passer d'un air modeste, mais courageux, au travers de ces objets différents, laisser loin derrière vous tout ce qui devoit vous faire obstacle, et l'âme aussi remplie de joie que libre de foiblesse, accourir en ce saint lieu ! Sortir ainsi du monde, messieurs, c'est en sortir triomphante, c'est en sortir comme le peuple de Dieu de la terre d'Égypte, en défaisant ses ennemis ; c'est entrer dans la religion avec cette sainte violence avec laquelle le Sauveur veut que l'on entre dans le royaume des cieux ; c'est, en un mot, se dégager du siècle par le plus puissant effort de la grâce.

Il avertit Louise de la Miséricorde qu'elle n'arrivera pas à Dieu sans porter sa couronne d'épines :

Jésus-Christ vous éprouvera un jour, comme il a fait tant d'âmes parfaites. Et pour ne vous plus proposer que des exemples domestiques, ne vous estimerez-vous pas heureuse d'être traitée comme sainte Thérèse votre mère, qui, après avoir été attirée comme vous par les charmes de la grâce, passa vingt ans depuis dans la sécheresse et dans l'amertume ?

Oui, ma chère sœur, pour n'être pas surprise, attendez-vous à trouver dans la vie que vous embrassez le fiel et les épines de Jésus-Christ. Vous auriez sujet de vous plaindre si, étant son épouse, il ne vous admettoit pas à ce partage ; ce sera même une occasion de lui prouver que votre amour est désintéressé, qu'il n'a pas besoin pour subsister de douceurs sensibles, que, comme le feu du ciel, il est d'autant plus pur et plus durable, qu'il a moins besoin d'aliment qui l'entretienne.

L'abbé de Fromentières termina ainsi ce beau sermon :

On a dit d'un sage qu'il avoit vécu, afin que son siècle ne manquât ni d'exemple ni de reproche. Je puis dire la même chose ici avec plus de raison. La grâce élève aujourd'hui cette âme comme un exemple éclatant à tout son siècle ; mais en sorte que, s'il n'en profite, cet exemple pourroit bien lui être un jour une condamnation éternelle. N'avons-nous pas en effet grande raison de croire que c'est à un exemple si public et si touchant que la grâce a attaché ses derniers efforts pour notre conversion, et que si un grand coup de miséricorde nous est inutile, il n'y a plus rien à espérer pour notre salut ?

Vous me direz sans doute : Est-ce qu'il faut que nous suivions cette âme dans le cloître et que nous embrassions avec elle les conseils? Mes frères, le Carmel est une montagne qui n'est pas accessible à tout le monde, la grâce n'en aplanit pas les chemins difficiles à tous les chrétiens, vous avez même la plupart des obstacles par votre état qui s'y opposent ; mais savez-vous aussi qu'un véritable chrétien doit conserver dans le monde l'esprit de la religion? C'est une vérité dans la morale chrétienne, la plus constante que nous puissions vous prêcher, puisque saint Paul ne nous prêche lui-même autre chose, sinon que, marchant dans un corps, nous devons vivre selon l'esprit; que, pour être du siècle, nous ne devons pas nous conformer au siècle. Vous trouvez cela difficile, et moi je vous dis qu'il est indispensable. Il n'y a point de milieu : ou il faut se faire de la religion un monde nouveau, ou il faut trouver le secret de se faire du monde même un monastère et une religion. Vous ne pouvez suivre de corps cette âme généreuse dans la vie parfaite qu'elle embrasse; vous devez tout au moins la suivre de l'esprit.

Saint Bernard dit qu'Élisée, voyant monter Élie au ciel dans un char de flammes, eût bien voulu monter avec lui; mais que, s'il ne lui fut pas permis de se joindre à lui de corps, il se joignit du moins à lui d'esprit, et qu'Élie emporta avec soi tous les désirs et toutes les affections de son disciple : *universa spectantis desideria secum pariter abstulit.* Mes chers frères, voici une fille d'Élie qui commence aujourd'hui à monter au ciel dans le chariot de son père. Vos foiblesses, encore plus que vos conditions, vous empêchent de vous joindre à elle et de la suivre; mais en la voyant monter, suivez-la du moins d'esprit, s'il ne vous est pas accordé de la suivre de corps; en sorte que l'on puisse dire qu'elle a emporté avec elle aujourd'hui tous les désirs et toute l'affection de cette grande assemblée : *universa spectantium desideria secum pariter abstulit.*

Oui, messieurs, en même temps que cette âme s'élève au-dessus de la terre, dégageons-en nos cœurs : dans le moment qu'elle se dépouille des honneurs du monde, cessons de les poursuivre; et quand nous lui voyons vaincre le sang et la nature, ne soyons plus leurs esclaves. C'est ce que le pasteur demande de nous, quand il nous assemble aujourd'hui.

L'abbé de Fromentières n'arracha personne à l'enfer de la cour pour le paradis des carmélites, mais il ne fit pas regretter Bossuet : il toucha tous les cœurs par l'onction de ses paroles, il frappa tous les esprits par la beauté de ses images. Sa fortune était faite. Presque ignoré la veille, il était célèbre le soir, il était à la mode le lendemain, il était évêque le surlendemain.

V

L'ORAISON FUNÈBRE

Un an après, ce fut le jour solennel. Le 3 juin, qui était le lundi de la Pentecôte, mademoiselle de La Vallière « fit profession et prononça ses vœux selon la coutume au chapitre ». Le lendemain, elle prit « le voile noir des épouses de Dieu ».

Durant cette première année, La Vallière pécheresse s'était évanouie sous La Vallière repentie. Elle avait renouvelé son cœur par l'amour divin. « La demi-pénitente », selon son expression, ne voulait pas aimer à demi.

Toute la cour reparut pour assister au sacrifice, — ce pieux spectacle qui était le dernier acte de *Bérénice*, je veux dire la paraphrase du dénoûment de cette larmoyante tragédie. — Il y avait là les pieuses et les profanes, celles qui venaient pour pleurer et celles qui venaient pour sourire; il y avait là cette bonne reine sans rancune qui avait toujours pardonné; il y avait là cette railleuse marquise qui avait pris le cœur de Louis XIV, et qui ne croyait pas qu'une telle conquête dût la conduire, elle aussi, aux Carmélites ; il y avait là cette vindicative Olympe Mancini, qui n'avait pas encore pardonné ; il y avait là madame de Sévigné, qui était entrée la moquerie sur les lèvres, et qui s'en retourna l'enthousiasme dans l'âme. En un mot, elles s'y trouvaient toutes, celles qui étaient la beauté, la grâce, l'enjouement, l'esprit de la cour du grand roi. Mais où était le grand roi ?

Il chassait à courre dans la forêt de Fontainebleau, ne voulant pas accorder un souvenir à ce qui n'était pas lui, comme s'il n'eût aimé en La Vallière que l'image de sa jeunesse. Qui sait? peut-être songeait-il déjà, en ce jour néfaste, que madame de Montespan était moins belle que madame de Soubise!

Mademoiselle de La Vallière, — plus belle encore qu'aux meilleurs jours de sa beauté, — était avec la reine dans la tribune des religieuses, à la grille d'en haut, ne cherchant ni à se montrer ni à se cacher, promenant sur tout ce beau monde un regard d'adieu ; tout à la fois triste et joyeuse, triste du passé, joyeuse du lendemain. Elle arrivait enfin, — déjà peut-être, — au jour des éternels hyménées. Celle qui, en ses jours coupables, avait songé à épouser le roi, allait épouser Dieu lui-même.

L'archevêque de Paris était devant l'autel, à peine séparé des belles profanes de Versailles. L'abbé de Fromentières se cachait sous la chaire, curieux et discret. Bossuet monta lentement, ému et sévère. Dès qu'il eut fait le signe de la croix, tout le monde se tut; Bossuet se tourna vers la reine, s'inclina et se recueillit. Toute l'église fut saisie d'une sainte émotion quand il dit de sa voix fière :

Et dixit qui sedebat in throno : Ecce nova facio omnia.

Ce sera sans doute un grand spectacle quand Celui qui est assis sur le trône d'où relève tout l'univers, et à qui il ne coûte pas plus à faire qu'à dire, parce qu'il fait tout ce qui lui plaît par sa seule parole, prononcera du haut de son trône, à la fin des siècles, qu'il va renouveler toutes choses ; et qu'en même temps on verra toute la nature changée faire paroître un monde nouveau pour les élus. Mais quand, pour nous préparer à ces nouveautés surprenantes du siècle futur, il agit secrètement dans les cœurs par son Saint-Esprit, qu'il les change, qu'il les renouvelle ; et que, les remuant jusqu'au fond, il leur inspire des désirs jusqu'alors inconnus, ce changement n'est ni moins nouveau ni moins admirable. Et certainement, chrétiens, il n'y a rien de plus merveilleux que ces changements. Qu'avons-nous vu, et que voyons-nous ? quel état ! et quel état ! Je n'ai pas besoin de parler, les choses parlent assez d'elles-mêmes.

Madame, voici un objet digne de la présence et des yeux d'une si pieuse reine. Votre Majesté ne vient pas ici pour apporter les pompes mondaines dans la solitude : son humilité la sollicite à venir prendre part aux abaissements de la vie religieuse, et il est juste que, faisant par votre état une partie si considérable des grandeurs du monde, vous assistiez quelquefois aux cérémonies où on apprend à les mépriser. Admirez donc avec nous ces grands changements de la main de Dieu. Il n'y a plus rien ici de l'ancienne forme, tout est changé au dehors : ce qui se fait au dedans est encore plus nouveau ; et moi, pour célébrer ces nouveautés saintes, je romps un silence de tant d'années, je fais entendre une voix que les chaires ne connoissent plus.

Afin donc que tout soit nouveau dans cette pieuse cérémonie, ô Dieu ! donnez-moi encore ce style nouveau du Saint-Esprit, qui commence à faire sentir sa force toute-puissante dans la bouche des apôtres. Que je prêche comme un saint Pierre la gloire de Jésus-Christ crucifié, que je fasse voir au monde ingrat avec quelle impiété il le crucifie encore tous les jours. Que je crucifie le monde à son tour ; que j'en efface tous les traits et toute la gloire ; que je l'ensevelisse, que je l'enterre avec Jésus-Christ ; enfin que je fasse voir que tout est mort, et qu'il n'y a que Jésus-Christ qui vit.

Tout le monde s'agenouilla avec un profond recueillement. Les plus frivoles furent prises d'un divin enthousiasme. Plus d'une, qui n'était venue que par distraction, se fût presque donnée toute à Dieu comme la sublime pénitente. En la voyant souriante devant l'autel du sacrifice, on se familiarisait avec l'idée de la vie en deçà ou au delà du monde.

Ce fut par ces paroles que Bossuet dit son adieu à cette âme qui déjà ne voulait plus de ce monde :

Esprit saint, Esprit pacifique, je vous ai préparé les voies en prêchant votre parole. Ma voix a été semblable peut-être à ce bruit impétueux qui a prévenu votre descente : descendez maintenant, ô feu invisible ! et que ces discours enflammés que vous ferez au dedans des cœurs les remplissent d'une ardeur céleste. Faites-leur goûter la vie éternelle, qui consiste à connoître et à aimer Dieu : donnez-leur la vision dans la foi ; la possession dans l'espérance ; une goutte de ce torrent de délices qui enivre les bienheureux dans les transports célestes de l'amour divin.

Et vous, ma sœur, qui avez commencé à goûter ces chastes délices, descendez, allez à l'autel ; victime de la pénitence, allez achever votre sacrifice : le feu est allumé, l'encens est prêt, le glaive est tiré : le glaive, c'est la parole qui sépare l'âme d'avec elle-même, pour l'attacher uniquement à son Dieu. Le sacré pontife vous attend avec ce voile mystérieux que vous demandez. Enveloppez-vous dans ce voile : vivez cachée à vous-même, aussi bien qu'à tout le monde; et, connue de Dieu, échappez-vous à vous-même, sortez de vous-même, et prenez un si noble essor, que vous ne trouviez de repos que dans l'essence du Père, du Fils et du Saint-Esprit.

Oserai-je commenter ce chef-d'œuvre de style sacré ? Louerai-je cette mâle fierté qui ne s'humilie pas devant les grands de la terre, qui au contraire domine la royauté, parce que c'est l'esprit de Dieu qui parle ? Comparerai-je cette majesté de l'éloquence à ces grandes figures des sculpteurs antiques où le marbre ne daigne jamais ni rire ni pleurer ? C'est beau, c'est sublime, c'est terrible. Aux dernières paroles, à ces fortes images du grand prédicateur, toute l'église trembla, tous les fronts se prosternèrent, toutes les âmes eurent peur. Descendez, pécheresse repentie; allez à l'autel pour achever votre sacrifice : le feu est allumé, l'encens est prêt, le glaive est tiré !

La duchesse de La Vallière descendit toute blanche et toute pâle, mais plus forte qu'aucune de celles qui étaient là en spectacle. Elle marcha vaillamment au sacrifice. L'archevêque fit trois pas à sa rencontre : on eût dit Dieu lui-même. Elle s'agenouilla, baisa la terre et reçut le voile consacré. Quand elle le répandit comme un linceul d'oubli sur la pécheresse, on entendit des sanglots dans l'église; mais sœur Louise de la Miséricorde ne pleurait pas!

VI

MADEMOISELLE DE LA VALLIÈRE AUX CARMÉLITES

I

Mademoiselle de La Vallière n'avait pas trente ans quand elle entra aux Carmélites.

« L'humble violette » ne se sentit jamais assez étouffée dans l'herbe ; elle cherchait ardemment toutes les humiliations; elle avait espéré que les pénitences de la règle lui seraient plus dures : « Ce ne sont que chaînes de roses pour aller à Dieu. » Elle avait voulu qu'on lui accordât la grâce de faire profession comme sœur converse. La supérieure, qui lui dit la mieux connaître qu'elle-même, ne voulut pas de ce nouveau sacrifice; mais elle ne put empêcher sœur Louise de la Miséricorde d'aider les sœurs converses dans le travail le plus rude, au jardin, à la lingerie, à la cuisine. C'était pour elle une joie singulière que de gâter ses belles mains blanches, naguère si dédaigneuses.

Tout Versailles voulait la voir. « Si le roi venait,

disait-elle quelquefois dans les premiers jours de sa retraite, je me cacherais si bien dans la prière qu'il lui serait impossible de me trouver. » Elle ne fut pas réduite à se cacher, car le roi n'alla jamais la voir.

Le marquis de La Vallière, qui aimait tendrement sa sœur, disait qu'il donnerait tout au monde pour l'embrasser une dernière fois, comme s'il eût pressenti qu'il allait mourir. La reine voulut elle-même le conduire le lendemain aux Carmélites : « Je vous donnerai la main, ce qui vous autorisera à entrer avec moi. » Mais le lendemain sœur Louise de la Miséricorde fut avertie à temps. Elle accourut à la porte de la clôture et rappela à la reine, avec beaucoup de respect quoique avec beaucoup de force, que Sa Majesté elle-même ne pouvait pénétrer au bras d'un homme dans l'intérieur des grandes Carmélites. « Mais votre frère ? dit la reine. — Mon frère sait combien je l'ai aimé ; je ne suis plus de ce monde, ou plutôt, puisque je l'aime encore, en refusant de le voir, c'est un nouveau sacrifice que je veux offrir à Dieu. »

Le marquis de La Vallière mourut sans revoir sa sœur (1). Peu de jours après, la Palatine (2) condui-

(1) « Sœur Louise de la Miséricorde fit supplier le roi de conserver le gouvernement pour acquitter les dettes, sans faire mention de ses neveux. Le roi lui a donc donné ce gouvernement et lui a mandé que, s'il étoit assez homme de bien pour voir une carmélite aussi sainte qu'elle, il iroit lui dire lui-même la part qu'il prend à la perte qu'elle a faite. » La Palatine.

(2) La duchesse d'Orléans était devenue l'amie de mademoiselle de La Vallière depuis sa prise de voile. « J'étois si touchée de voir prendre cette résolution à une si charmante personne, qu'au moment où on la mit sous le drap mortuaire,

sit aux Carmélites le jeune comte de Vermandois, qui n'avait pas huit ans, et qui parlait toujours de sa mère. A la clôture, la duchesse d'Orléans prit l'enfant dans ses bras pour entrer avec lui; mais une sœur converse vint avertir la Palatine que sœur Louise de la Miséricorde ne voulait pas voir son fils. Elle était là agenouillée, tout en Dieu, qui écoutait les prières de la duchesse d'Orléans et les pleurs de son fils; mais ni les pleurs ni les prières ne purent vaincre cet héroïque détachement, ce fanatisme de la pénitence. Ce fanatisme, ou cet héroïsme, ne cachait-il pas la faiblesse du cœur, ce cœur à demi mort et à demi vivant, qui n'était pas encore gagné au ciel, selon l'expression de saint François de Sales?

La duchesse de La Vallière ne voulait même pas voir sa fille, mais le roi se fâcha tout haut; et comme sa volonté s'imposait partout, même au fond des couvents, mademoiselle de La Vallière subit l'obligation de voir ses enfants. Cette obligation ne lui pesa pas longtemps pour le comte de Vermandois. Quand la Mère de Bellefonds dut lui annoncer la mort de cet enfant dont elle avait été si peu la mère,

mes pleurs coulèrent avec tant d'abondance, ma douleur fut si amère, que je fus obligée de me cacher. La cérémonie étant finie, La Vallière vint me trouver pour me consoler, et me dit que je devois me réjouir avec elle plutôt que de la pleurer, puisqu'elle commençoit à être heureuse. Peu de jours après j'allai la voir : j'étois curieuse de pénétrer les motifs qui l'avoient déterminée à être si longtemps comme la suivante de la Montespan. Elle me dit que Dieu ayant touché son cœur, lui ayant fait connoître ses péchés, elle avoit pensé qu'elle devoit en faire une grande pénitence, et souffrir ce qu'il y avoit de plus douloureux pour elle, ce qui étoit la perte du cœur du roi. » LA PALATINE.

elle ne savait comment l'aborder. Elle la rencontra qui sortait du chœur, et lui dit de l'air le plus triste : « J'ai des nouvelles. — J'entends bien, » murmura sœur Louise de la Miséricorde. Elle savait son fils malade, elle avait compris. Elle n'ajouta pas un mot et retourna dans le chœur, où elle demeura prosternée toute une heure sans verser une larme. Quand la Mère de Bellefonds vit cette sérénité angélique, elle lui dit que Dieu permettait les pleurs, même pour les choses de la terre ; mais la religieuse lui dit qu'elle ne pleurait pas parce que sa douleur était plus grande ainsi : « Je n'ai pas trop de larmes pour moi-même, et c'est sur moi que je dois pleurer. » Le même jour, Bossuet vint à elle, croyant lui dire le premier la mort du comte de Vermandois. Devant Bossuet, qui ce jour-là fut éloquent par son silence, elle ne put retenir ses larmes ; mais elle s'offensa à l'instant même de sa faiblesse : « C'est trop pleurer la mort d'un fils dont je n'ai pas assez pleuré la naissance (1). »

(1) « Tout ce qu'elle employa pour empêcher le roi d'éterniser la mémoire de sa foiblesse et de son péché en reconnoissant et en légitimant les enfants qu'il eut d'elle ; ce qu'elle souffrit du roi et de madame de Montespan ; ses deux fuites de la cour, la première aux Bénédictines de Saint-Cloud (*), où le roi alla en personne se la faire rendre, prêt à commander de brûler le couvent ; l'autre aux Filles de Sainte-Marie de Chaillot, où le roi envoya M. de Lauzun, son capitaine des gardes, avec main-forte pour enfoncer le couvent, qui la ramena (**) ; cet adieu public si touchant à la reine, qu'elle avoit

(*) Mademoiselle de La Vallière se réfugia-t-elle la première fois à Sainte-Marie de Chaillot ou aux Bénédictines de Saint-Cloud ? Madame de Sévigné ne parle que de Chaillot à la première et à la seconde fuite. Peut-être, comme je l'ai déjà noté, faut-il compter une fuite de plus.
(**) Saint-Simon se trompe. Lauzun échoua. Ce fut Colbert qui ramena mademoiselle de La Vallière.

A la mort de son frère, à la mort du prince de Conti, à la mort de sa mère, elle ne montra pas un regret, comme si elle les trouvait trop heureux d'être partis avant elle pour le voyage de l'éternité.

II

Et ses enfants ? Elle en mit au monde quatre. Le premier mourut au berceau ; elle accoucha du second avant le terme, parce qu'elle avait eu peur d'un coup de tonnerre. L'enfant ne vécut qu'un jour. « Cela ne marquait pas qu'il dût être un grand capitaine, ni qu'il tînt du roi, » dit la batailleuse Palatine. Elle ajoute : « Aussi je crois que l'on s'en consola. » On a retrouvé les actes de baptême de ces deux enfants, qui eurent pour parrains et marraines des gens obscurs. Mademoiselle de La Vallière les voulait cacher au monde après avoir caché leur naissance. Elle ne leur donne qu'un titre : le titre de « pauvres ». Les deux autres, mademoiselle de Blois et le comte de Vermandois, furent reconnus par le roi. Anne de Bourbon, qui épousa le prince de Conti, était née en 1666. Ce fut une des jeunes merveilles de la cour, devenue plus sérieuse.

toujours respectée et ménagée, et ce pardon si humble qu'elle lui demanda prosternée à ses pieds, devant toute la cour, en partant pour les Carmélites; la pénitence si soutenue tous les jours de sa vie, ce souvenir si continuel de son péché, cet éloignement constant de tout commerce, et de se mêler de quoi que ce fût, ce sont des choses qui pour la plupart ne sont pas de mon temps, ou qui sont peu de mon sujet, non plus que la foi, la force et l'humilité qu'elle fit paroître à la mort du comte de Vermandois, son fils. » SAINT-SIMON.

La Fontaine, qui avait dit de la mère qu'elle était la grâce, *plus belle encor que la beauté*, a dit de la fille :

> L'herbe l'auroit portée ; une fleur n'auroit pas
> Reçu l'empreinte de son pas.

Mademoiselle de La Vallière la trouvait trop jolie. « Je n'ai plus qu'un pas à faire, écrit madame de La Vallière au maréchal de Bellefonds ; mais j'ai de la sensibilité, et l'on a eu raison de vous dire que mademoiselle de Blois m'en a beaucoup inspiré. Je vous avoue que j'ai eu de la joie de la voir jolie comme elle l'étoit ; je m'en faisois en même temps un scrupule. Je l'aime, mais elle ne me retiendra pas un seul moment ; je la vois avec plaisir, et je la quitterai sans peine. Accordez cela comme il vous plaira, mais je le sens comme je vous le dis. »

Mademoiselle de Blois épousa le prince de Conti, qui aimait la débauche à l'orientale, dit la Palatine : « Il avoit de l'esprit, du courage, étoit agréable dans toutes ses manières et se faisoit aimer ; mais ses mauvaises qualités étoient qu'il étoit faux, qu'il n'aimoit que lui-même et qu'il profanoit l'amour. Il a pris à Fontainebleau des cantharides qui l'ont empoisonné. »

Il y eut plus de romanesque encore dans la vie de la princesse de Conti que dans celle de sa mère. Le roi de Maroc, un tyran, Muley-Ismaël, devint amoureux d'elle sur son portrait (1) et la fit demander en

---

(1) *Relation historique de l'amour de l'empereur du Maroc pour la princesse de Conti.* Cologne, MDCC.

mariage à Louis XIV. Cette histoire fut consacrée par des vers de J.-B. Rousseau :

> Votre beauté, grande princesse,
> Porte les traits dont elle blesse
> Jusques aux plus sauvages lieux.
> L'Afrique avec vous capitule,
> Et les conquêtes de vos yeux
> Vont plus loin que celles d'Hercule (1).

Le comte de Vermandois fut le quatrième enfant de La Vallière. Le roi établit pour lui l'office d'amiral de France. Il naquit en 1667 et mourut à quinze ans. Il ne laissa que le souvenir de ses folies; il ne connaissait que la salle d'armes, l'église et l'orgie. Des historiens romanesques l'ont voulu retrouver sous le célèbre Masque de fer, cette énigme sans Œdipe. Il ne semblait digne ni de Louis XIV ni de mademoiselle de La Vallière. Selon mademoiselle de Montpensier, « il y avoit peu de temps que M. de Vermandois étoit revenu à la cour. Le roi n'avoit pas été content de sa conduite : il s'étoit trouvé dans des débauches, et le roi ne le vouloit point voir. Il ne sortoit que pour aller à l'Académie, et le matin pour aller à la messe. Ceux qui avoient été avec lui n'étoient pas agréables au roi. Ce sont de ces his-

---

(1) Ce portrait en fit bien d'autres. « Trouvé dans les Indes au bras d'un armateur françois, par don Joseph Valeio, Castillan, fils de don Alphonse, mort vice-roi de Lima, il lui inspira une passion violente, qui a longtemps diverti la cour et Paris. » On trouve encore çà et là un petit livre imprimé en 1698, sous le nom de *la Déesse Monas, ou Histoire du portrait de madame la princesse de Conti.* Le prince indien, dans son admiration, substitua l'image de la princesse « à celle de l'idole du pays ».

toires que l'on ne sait point et que l'on ne voudroit
point savoir. Cela donna beaucoup de chagrin à
madame de La Vallière. Il fut fort prêché ; il fit une
confession générale, et on croyoit qu'il se fût fait
un fort honnête homme. Après que le roi fut guéri,
j'allai à Eu, fort fatiguée des cérémonies des morts :
elles m'avoient donné des vapeurs. C'étoit après la
Notre-Dame de septembre. Madame de Montespan
m'envoya un courrier. Elle m'écrivit que M. de Vermandois étoit mort, que le roi avoit donné sa charge
d'amiral à M. le comte de Toulouse. Il tomba malade, au siège de Courtrai, d'avoir trop bu d'eau-de-
vie. On dit qu'il avoit donné de grandes marques
de courage, et on ne parloit de son esprit et de sa
conduite que comme l'on a accoutumé selon que
l'on aime les gens. » Le roi ne pleura pas son fils,
parce que « la Montespan et la vieille lui firent
croire que cet enfant n'étoit pas à lui, mais à Lauzun », dit la Palatine. Je crois que le roi ne pleurait
déjà plus, et que la mort même ne lui fit pas pardonner à cet enfant gâté ses bruyantes orgies.

III

Que si on veut étudier aux Carmélites les pieuses
années de la duchesse de La Vallière, il faudra faire
un pèlerinage idéal à ce couvent ruiné et rebâti : on
y trouvera je ne sais quel vivant souvenir de sœur
Louise de la Miséricorde. Là elle priait, ici elle
pleurait ; là fut le réfectoire où elle écoutait les
saintes lectures, ici fut la cellule où si souvent les
épines du cilice l'ont mordue jusqu'au sang ; là fut

le jardin où, armée de la bêche, celle qui n'avait appris qu'à soulever l'éventail remuait la terre laborieuse, non pour creuser sa fosse, mais pour donner aux pauvres le fruit de ses peines fécondé par ses larmes.

C'est encore dans les lettres de mademoiselle de La Vallière que j'ai commencé à étudier sa vie aux Carmélites. La première, écrite au couvent, est datée du 22 avril 1674; elle exprime déjà sa joie d'avoir touché le rivage : « Il y a deux jours que je suis ici; j'y goûte une tranquillité et une satisfaction si pures et si parfaites, que je suis dans une admiration des bontés de Dieu qui tient de l'enthousiasme. Mes liens sont rompus par sa grâce, et je vais travailler sans cesse à lui rendre toute ma vie agréable pour lui marquer ma reconnoissance. » Ses liens sont rompus; toutefois, quelques lignes après, elle ne se regarde encore que comme une demi-pénitente.

A trois mois de là, elle est dans l'ardeur enthousiaste de la jeune vierge qui se donne toute au Seigneur. Les plus vives images la tourmentent et la caressent; elle cherche les embrasements de l'amour divin; elle veut être consumée par la soif du paradis. Elle vient de quitter Dieu pour écrire : elle n'écrit que pour parler de Dieu; elle cesse d'écrire pour retourner à Dieu : « Adieu, je vais de ce pas vous recommander à Celui à qui nous devons tout. »

Du 13 juillet 1674 au 24 juin 1675, les lettres écrites ne se sont pas retrouvées; mais voici les pages admirables tombées de ce cœur déjà sanctifié au lendemain de la prise de voile : « C'est à l'heure qu'il est que je puis dire avec vérité que je suis à Dieu pour jamais ; je suis à lui par des liens si forts que rien ne les peut rompre. Liée par des vœux et encore plus par la grâce, rien ne peut me séparer de la charité de Jésus-Christ. C'est en lui seul que j'espère, et en lui seul que je veux vivre. »

Sainte Thérèse fut-elle plus enflammée ?

Le souvenir de Louis XIV vient passer dans ses visions extatiques : « Il ne me reste qu'à perdre la mémoire de tout ce qui n'est pas Dieu ; mais cette importune mémoire que je voudrois si loin de moi me distrait à tout moment et me livre d'éternels combats. » Quelque profond que soit le cloître, le souvenir du roi y vient encore ; quelque lumineux que soit ce nouveau printemps qui va s'épanouir en Dieu, l'abondance des primevères et des lis ne cache pas les dernières feuilles flétries de la moisson des roses.

Mais la religieuse va meurtrir sous le cilice cette chair pécheresse qui garde encore les souillures des folles années. « Toutes les souffrances, toutes les austérités du corps n'ont rien, ce me semble, qui égale la peine et l'humiliation du péché. »

Le péché est comme le sang qui rouille la clef : on a beau la laver, même avec ses larmes, la rouille marque toujours. Aussi sœur Louise de la Miséricorde s'écrie : « Aimer Dieu ardemment et oublier tout le « reste ! » Elle aimera Dieu, mais elle n'oubliera pas. En vain elle dit avec l'Apôtre : « Ce n'est plus moi qui vis, c'est Jésus-Christ qui vit en moi. » Elle a beau faire de ses mains devenues chastes un lit nuptial à cet amant qui va l'emporter dans l'infini, Louis XIV peut dire toujours de sa maîtresse : « Mademoiselle de La Vallière, c'est moi. » Non, mademoiselle de La Vallière, ce n'est pas vous, Sire, car il y a un souverain qui règne de plus haut et qui aime de plus près ! C'est vers le Roi des rois que s'est tournée la pauvre femme brisée à demi par les passions périssables. Elle espère et elle tremble : « Tout nous sera compté ; le temps fuit et n'est plus : l'éternité s'avance... L'éternité !... ce mot me fait trembler : c'est le terme fatal où tout doit aboutir, vers lequel chaque instant nous précipite, où nous touchons peut-être, où finit la vie du monde, et où dans toute l'étendue de son immensité commence le règne à jamais triomphant du Père des miséricordes et du Dieu des vengeances. »

La jeunesse, en ses dernières aspirations, luttait toujours en elle et voulait vivre même dans le tombeau ; mais elle avait sa jeunesse en haine et la punissait en ses rébellions. « Elle demandoit sans cesse la permission de jeûner au pain et à l'eau, et de se servir de toutes les macérations capables de faire souffrir une chair criminelle. On peut dire qu'elle se crucifioit tous les jours ; les derniers démons qui étoient en elle subissoient une torture de tous les instants. Elle se levoit les matins deux heures avant la communauté, et passoit ce temps à prier devant le saint-sacrement et à joindre en secret ses larmes au sang de son Sauveur, sans que les plus rudes hivers lui fissent rien relâcher d'une pratique si pénible. Elle enduroit le froid, jusquelà qu'on l'a souvent trouvée saisie et évanouie, soit dans l'église, soit dans les greniers où elle étendoit le linge. »

Mais qu'était-ce que toutes ces pénitences pour

celle qui avait rattaché les nœuds, devant toute la cour, à la robe de madame de Montespan !

LV

Ce fut dans le sein de mademoiselle d'Épernon que mademoiselle de La Vallière versa son cœur ; ce fut son dernier confesseur de l'ordre profane, si on peut dire ainsi d'une sainte fille qui n'était plus du monde. Mais mademoiselle d'Épernon avait été du monde, et elle avait aimé, elle aussi, jusqu'à en mourir. Ne sait-on pas que le duc de Joyeuse, quand il était le chevalier de Fiesque, aima mademoiselle d'Épernon et lui prit son cœur? Mademoiselle raconte que cette passion s'alluma dans les bals de l'hiver 1644. Mademoiselle d'Épernon fut frappée de la petite vérole. « Le chevalier eut pour elle tous les soins imaginables. La considération du péril pour lui ne l'empêcha pas d'aller la visiter tous les jours. Il témoigna pour elle une passion incroyable, qui dura encore tout l'hiver suivant. » Le mariage fut empêché par la sœur du chevalier, qui comptait bien vaincre la résistance de sa famille ; mais il fut tué au siège de Mardyck. Mademoiselle d'Épernon ne se consola pas dans une autre passion. Comme mademoiselle de La Vallière, elle ne pouvait aimer qu'une fois sur la terre : elle se tourna vers le ciel. Elle vint chercher Dieu aux Carmélites.

Mademoiselle d'Épernon avait déjà un peu plus tôt confessé madame de Longueville. Elle-même aimait à dire son roman sitôt fini.

Quelques livres pénétraient dans la bibliothèque

chrétienne des Carmélites, Mademoiselle de La Vallière avait connu La Bruyère à l'hôtel Condé, à Versailles. Elle voulut lire les *Caractères;* sans doute elle relut plus d'une fois le quatrième chapitre, où, sous le titre *Du cœur*, le moraliste a pensé souvent comme un homme et comme une femme tout à la fois. La pénitente a pu inscrire cette maxime sur ses pages volantes, car elle écrivait toujours un peu :

Vouloir oublier quelqu'un, c'est y penser.
La cour ne rend pas content; elle empêche qu'on le soit ailleurs.

La Vallière n'aimait-elle pas à se consoler et à se désoler dans La Bruyère de n'être plus à la cour?

Mais c'était surtout l'Évangile, cette cour céleste, qui consolait mademoiselle de La Vallière de la cour de Louis XIV.

Le culte des images n'était pas banni du couvent des Carmélites. Les saintes filles qui vivaient en Dieu avaient voulu parer leur église, leur oratoire, leur chapelle, leur cloître, de statues et de tableaux qui formaient tout un musée chrétien. Elles voulaient ainsi vivre en la sainte compagnie des vierges et des martyres dont l'image périssable, immortalisée par le ciseau ou le pinceau, leur rappelait mieux les luttes et les souffrances. Dans les réfectoires et les cellules, il y avait des portraits : les saintes de l'avenir. Mademoiselle de La Vallière y était peinte deux fois (1), sans parler de la Madeleine, où Le Brun avait à peine réussi à la représenter.

(1) J'ai déjà dit que le portrait de Mignard, que possède au-

V

C'est un beau spectacle que la lutte héroïque de cette femme contre les souvenirs de la cour, contre tout ce qui fut son bonheur, contre tout ce qui fut sa vie. Il est doux, quand on marche vers la mort,

---

jourd'hui le couvent, était un portrait de cour plus tard habillé par L'Eutef

L'Eutef avait déjà peint mademoiselle de La Vallière sur une même toile avec mademoiselle d'Épernon.

On pouvait remarquer parmi les portraits ceux de mademoiselle d'Épernon : sœur Anne-Marie, par Mignard. On y voyait toutes les grandes prieures ; mademoiselle de Fontaine : mère Madeleine de Saint-Joseph ; la marquise de Bréauté : mère Marie de Jésus ; mademoiselle de Bains : mère Marie-Madeleine : mademoiselle de Bellefonds : mère Agnès de Jésus-Maria. Ces portraits sont demeurés aux Carmélites.

Dans l'Appendice de l'Histoire de madame de Longueville, M. Victor Cousin donne le catalogue des tableaux et statues que les Carmélites ont pu sauver en 1793.

La sculpture ne se compose aujourd'hui que des statues de saint Denis, de la Vierge Reine des Anges, un sceptre à la main ; d'une autre Vierge avec un Enfant Jésus ; du cardinal de Bérulle, par Sarrasin, un chef-d'œuvre que rehaussent quatre bas-reliefs de Lescocart. M. Victor Cousin a vanté cette belle chose dans son livre : *Du Vrai, du Beau et du Bien*.

Le cardinal de Bérulle avait été le premier supérieur des Carmélites. Il leur avait légué son cœur, qu'elles conservèrent pieusement dans un reliquaire. En 1793, on leur enleva le reliquaire, mais on leur laissa le cœur du cardinal, qu'elles ont encore aujourd'hui dans une boîte d'argent.

Pour les peintures, je reproduis la liste même des religieuses :

» Un portrait peint sur pierre de la sainte Vierge tenant l'Enfant Jésus. Cette peinture est fort ancienne, et une tradition la fait remonter à saint Luc lui-même, et la fait apporter en Gaule par saint Denis, qui l'aurait laissée dans la cave souterraine où il se réfugiait pour éviter la persécution.

» Deux tableaux sur bois attribués à Le Brun. L'un repré-

quand on gravit l'âpre montagne tout envahie de
ronces, toute couronnée de rochers, de se retourner
vers les chemins parcourus, vers les sentiers aimés
qui ont gardé de notre jeunesse les plus chers lambeaux ; il est doux d'évoquer dans les ténèbres du
passé les images, embellies par le lointain, de ceux
qui ont pris notre cœur, de ceux qui ont été nous-
mêmes. Sur le versant de l'âpre montagne, sœur
Louise de la Miséricorde ne voulait pas se retourner ; mais çà et là, saisie par le vertige, elle tombait

sente sainte Thérèse priant pour les âmes détenues en purga-
toire, et voyant plusieurs d'entre elles sortir de ce lieu d'expiation et s'élever vers le ciel. L'autre représente la même
sainte en oraison ; un séraphin lui perce le cœur d'un dard
enflammé.

« Dans le sanctuaire de l'église actuelle, près de la grille du
chœur, est un grand tableau de Le Brun : Jésus-Christ appa-
raissant à la mère Anne de Jésus carmélite espagnole, disciple
de sainte Thérèse, et à la mère Anne de Saint-Barthélemy,
leur prédisant à l'une et à l'autre la fondation de l'ordre en
France, et leur apprenant que sa volonté était qu'elles y fussent
envoyées. »

L'inventaire des archives et celui donné par les Carmélites
à M. Victor Cousin ne mentionnent pas toutes les richesses
d'art possédées par la communauté. La tradition cite de Simon
Vouet quatre tableaux entourés d'arabesques dorées : les Anges
après l'Ascension ; David avec l'ange qui répand le fléau de la
peste ; Tobie tirant le poisson de l'eau ; Zacharie devant l'apparition de l'ange. De Pieter de Cortone, une sainte Catherine
de Sienne ; de Carlo Dolci, un Ecce-Homo ; de Sasso Ferrato,
une Vierge. Enfin des tableaux espagnols et des miniatures,
dont une représentant la princesse de Condé, mère de madame
de Longueville.

Le philosophe-historien, qui a fait pieusement son pèlerinage au couvent des Carmélites, rapporte que les dames du
Carmel lui ont parlé « d'une statue en marbre de Girardon,
Jésus-Christ ressuscitant, qui était placée dans le jardin avec
une sainte Thérèse et une Madeleine en pierre », deux amies
que plus d'une fois mademoiselle de La Vallière a prises à
témoin de ses sanglots.

agenouillée et jetait un regard effaré sur les mirages de la cour : « Je fais tous mes efforts, mais c'est en vain ; je trouve dans mon cœur un ennemi qui me détourne du bien que je veux et me fait faire le mal que je ne veux pas. » Elle fait cette confession le 4 novembre 1675, et pourtant il y a cinq mois qu'elle se cache sous le voile sacré : « Eh quoi donc ! j'aimerai la loi de Dieu, elle fera les délices de mon esprit, et je fléchirai indignement sous la loi du péché ! »

Ne voit-on pas autour d'elle le cortège des criminelles rêveries ? Elle ne veut pas regretter la cour ; mais son âme n'y va-t-elle pas follement aux heures de méditation ? « Je suis une malheureuse qui commence à souhaiter faire le bien, et qui n'en ai point encore fait. Je vois bien que je ne mérite que des châtiments, et cependant je reçois des biens, et des biens pour la vie éternelle. Je m'abîme dans ces considérations, et je m'y perds. Mais si nous ne pouvons rien faire qui puisse nous acquitter, Jésus-Christ est mort pour payer toutes nos dettes. Il a brisé le joug de notre esclavage et nous a faits ses enfants d'adoption. Mettons toute notre confiance en ce souverain libérateur. »

Plus loin, elle se trouve tiède « au service du divin Maître ». Cependant rien ne lui fait peur : « Quel que soit le chemin, j'y passerai sans peine. » Mais elle se promet d'être forte et ne peut pas le devenir : « Vous me parlez comme vous auriez fait à saint Paul à son retour du troisième ciel ; je suis la plus criminelle des créatures, pleine de foiblesses et d'infidélités ; toute terrestre, et, malgré les grâces du Seigneur, rampante parmi tant de personnes qui volent dans la voie étroite. »

Faut-il commenter ces paroles si expressives? ne disent-elles pas toute l'âme de celle qui n'a pas encore tué le dragon?

Elle raconte plus loin les visites des curieuses qui lui viennent parler du doux soleil de la cour. Mais avant l'heure des visites, elle va se jeter aux pieds de Dieu pour le prier de la garder, tant elle a peur des entraînements. Quoi qu'elle fasse, elle ne peut empêcher les visiteuses de l'émouvoir en lui rouvrant le livre du monde. Elle ferme les yeux, mais elle lit. Dès qu'elle est seule, elle retourne à Dieu et s'efforce d'oublier. Si le soir elle écrit à son ami le maréchal, à son maître Bossuet, à sa belle-sœur la marquise de La Vallière, elle ne parle que de ce qui la touche au couvent, tantôt une prise de voile, tantôt une mort de religieuse. Elle veut prouver que son esprit ne dépasse pas le seuil sacré; et quand elle voit que le démon ne veut pas mourir en elle, elle s'enflamme d'une sainte fureur, elle s'écrie qu'enfin elle comprend l'Apôtre, jusque-là pour elle si incompréhensible, qui demande à être anathème pour ses frères : « Je consens à l'être, oui, mon Dieu, je vous en conjure si c'est votre plus grande gloire. » Elle s'élève à l'éloquence de Bossuet lui-même : « Faisons parler le sang de Jésus-Christ, implorons sa miséricorde, prions, gémissons, pleurons, désarmons sa justice. Je frémis quand je vois à quel point est montée la corruption; elle monte tous les jours, et j'ai le cœur déchiré de voir les gens de bien se laisser entraîner au torrent. » Le torrent, c'est la cour; c'est toujours le roi qu'elle regarde. Elle ne veut plus l'aimer qu'en Dieu, elle ne veut plus lui parler que par la prière : « Aimons avec transport ce que nous avons tant offensé, et prions avec compassion pour ce que nous avons tant aimé. »

VI

Pendant toutes ces luttes désespérées, pendant toutes ces secousses du démon, pendant toutes ces angoisses, quand le vent d'ouest lui apportait de Versailles jusque dans le jardin des Carmélites des bouffées de ses belles saisons, que disait Louis XIV de cette femme qui avait été la vie de sa jeunesse? Le roi n'était plus romanesque : mademoiselle de Scudéry avait passé de mode, madame de Montespan avait raillé les sentiments chevaleresques, le roi ne parlait de sœur Louise de la Miséricorde que comme d'une héroïne à mourir d'ennui.

A la cour, ce ne sont que carrousels, spectacles et mascarades. Le bruit de ces fêtes vient frapper par son écho les pierres du cloître ; il s'arrête aux pieds de sœur Louise de la Miséricorde sans monter jusqu'à son cœur : « La cour s'est rapprochée, et je loue Dieu de m'en être éloignée pour jamais. J'entends parler de mille plaisirs, et je ne puis compter que ceux qui se goûtent dans la maison du Seigneur. » Mais la cour se montrait aux Carmélites. Je lis dans le journal du temps, je veux dire dans les lettres de madame de Sévigné(1) : « La reine a été deux fois aux Carmélites avec *Quanto*. Cette der-

(1) Madame de Sévigné fut de celles que la curiosité, la compassion, l'amitié peut-être, conduisirent souvent au parloir des Carmélites pour voir sœur Louise de la Miséricorde. Après l'avoir raillée sous ses masques de dévotion quand elle était à la cour, madame de Sévigné reconnaît que le voile de reli-

nière se mit à la tête de faire une loterie ; elle se fit apporter tout ce qui peut convenir à des religieuses. Cela fit un grand jeu dans la communauté. Elle causa fort avec sœur Louise de la Miséricorde ; elle lui demanda si tout de bon elle étoit aussi aise qu'on le disoit. « *Non*, répondit-elle, *je ne suis point aise, mais je suis contente.* » *Quanto* lui parla fort du frère de Monsieur, et si elle vouloit lui mander quelque chose, et ce qu'elle désiroit pour elle. L'autre, d'un ton et d'un air tout aimables, et peut-être piquée de ce style : « *Tout ce que vous voudrez, madame, tout ce que vous voudrez.* » Mettez dans cela toute la grâce, tout l'esprit et toute la modestie que vous pourrez imaginer. *Quanto* voulut ensuite manger ; elle envoya chercher ce qu'il falloit pour une sauce qu'elle fit elle-même et qu'elle mangea avec un appétit admirable. Je vous dis le fait sans aucune paraphrase. »

Que de paraphrases on pourrait trouver dans cette visite de la reine et de la maîtresse à celle qui fut la reine et la maîtresse, à celle qui n'est plus que la plus humble des servantes de Dieu !

VII

Cependant, mademoiselle de La Vallière croit qu'elle se détache d'elle-même, et qu'à chaque station de sa croix elle foule d'un pied victorieux les

gieuse cachait un ange. Et comme elle peignait bien la femme par ces quelques mots d'une de ses lettres à sa fille : « Pour la modestie, elle n'est pas plus grande que quand elle donnoit au monde une princesse de Conti. »

flammes du passé. Elle a inscrit ces saintes paroles
dans sa cellule : « Si quelqu'un veut venir après
moi, qu'il prenne sa croix et qu'il me suive. »

Mais le lendemain elle se réveille tout envahie
encore par les songes profanes : « Qui me délivrera
de ce corps de mort dont la pesanteur m'accable ! »
Voici les fêtes de la Pentecôte, elle se dégage des
liens terrestres et s'écrie : « Mon esprit s'est élevé
jusqu'au Seigneur, parce qu'il a daigné s'abaisser
jusqu'à moi ! » Elle a fait un grand pas, elle a vu
briller l'étoile du salut : le Saint-Esprit la transporte, elle ne tient plus à la terre ; mais elle retombe
bientôt du haut de ses extases, « accablée sous la
chaîne du péché ».

On la dirait pourtant morte à elle-même, tant elle
s'inquiète peu de son fils et de sa fille. Elle n'a pas
une larme pour son frère qui se meurt. Sœur Anne
de Jésus qui, comme elle, a été fille d'honneur
d'Henriette d'Angleterre, va mourir sous ses yeux
dans les plus grandes souffrances, après avoir vécu
« six ans et demi d'une vie toute pleine de croix. »
Elle la regarde mourir sans un battement de cœur, en
disant que « la mort des saints est précieuse, et qu'il
est plus sûr de mettre son espoir en Dieu que dans
les princes de la terre ».

Trois années déjà se sont écoulées ; de nouveaux
souvenirs envahissent peu à peu les anciens, comme
les lianes et les ronces couvrent les ruines abandonnées. Elle se lève avant les plus matinales, elle s'humilie à la chapelle, elle travaille au jardin. A l'heure
des aumônes, ce ne sont pas ses pauvres qui l'attendent, c'est elle qui attend ses pauvres. Les heures
oisives ne sonnent plus pour elle.

Cependant, longtemps après, le 11 juillet 1684, elle écrit : « Je me sens encore toute vivante dans le cercueil de la pénitence. » Elle a quarante ans : ni la haire, ni le cilice, ni les larmes, ni les désespoirs, n'ont pu flétrir avant l'heure ce beau corps fait pour l'amour profane. La nature maintient ses droits, la vie monte toujours. Chaque fois qu'avril revient, il ramène la sève dans cet arbre battu des vents qui vainement s'est dépouillé de son feuillage. Sœur Louise de la Miséricorde ne regarde jamais dans un miroir celle qui fut mademoiselle de La Vallière, mais celles qui viennent la voir lui disent toujours qu'elle est belle : elle dit qu'elle a sa beauté en horreur, puisque pour elle c'est l'image de son péché. Mais, çà et là, la femme se réveille ; elle se console d'être belle et remercie Dieu de l'avoir appelée jeune encore.

On a marié sa fille à un prince : que lui importe, à elle, qui ne connaît plus que le royaume de Dieu?

La dernière lettre au maréchal de Bellefonds est datée du 17 novembre 1693 ; elle lui parle de la mort de la jeune sœur Anne-Marie de Jésus comme si elle parlait de sa mort à elle-même. Anne-Marie de Jésus était la fille du maréchal de Bellefonds.

« Qu'elle est heureuse de toucher au dernier moment d'une vie si pure et si innocente! Elle quitte une dépouille mortelle pour aller recevoir des mains de son divin Époux une couronne de gloire immortelle, car vous m'avouerez, monsieur, que vous voyez tous les caractères des prédestinés dans votre chère enfant. Je supplie la divine Bonté d'achever son œuvre en miséricorde, et que sa sainte volonté détruise tellement la nôtre en tout, que ce ne soit plus nous qui vivions, mais Jésus-Christ qui vive en nous. »

Ce sont les derniers mots tombés de cette plume sanctifiée ; du moins, c'est la dernière lettre retrouvée (1).

Mademoiselle de La Valllière écrivit sans doute encore à la marquise de La Vallière et à la princesse de Conti. Que sont devenues ces lettres? Ce n'est donc plus elle-même qu'il faut interroger sur sa vie aux Carmélites. Mais n'a-t-elle pas dit tous ses combats, tous ses désespoirs, tous ses déchirements, toutes ses aspirations ? Sainte Thérèse ne s'est pas mieux peinte, saint Augustin n'a pas mieux dévoilé son âme.

Si j'interroge les contemporains, je ne la retrouve pas si vivante que dans ses lettres ; ils ne me disent que les rares événements de sa vie, les paroles arrachées à son silence, les visites au parloir, les labeurs au jardin, les derniers rayonnements de cette beauté qui transperçait sous le voile comme le soleil couchant sous le nuage.

(1) Toutes les lettres que j'ai eues dans les mains sont des lettres de la demi-pénitente ou de la jeune repentie. Devenue vieille, Louise de la Miséricorde écrivait de simples billets où la femme ne se montrait plus.

VII

LA MORT DE MADEMOISELLE DE LA VALLIÈRE

Mademoiselle de La Vallière demeura trente-six années aux Carmélites, la plus humble de toutes, la plus inquiète et pourtant la plus enchaînée à l'autel. Le désert où se réfugia Madeleine ne fut pas inondé d'autant de larmes pénitentes que la cellule de mademoiselle de La Vallière. Je ne parlerai pas des cilices qu'elle imposa à son esprit comme à son corps. C'était la plus faible, mais l'amour de Dieu lui donna tous les courages. « Pauvre femme, lui dit un jour madame d'Armagnac en lui voyant filer de l'étoupe, voilà donc ce que vous faites de ces mains qui ont joué avec le sceptre ? — Pourquoi vous étonner ? dit la carmélite. N'ai-je pas été à la cour la servante de madame de Montespan ? Ici je ne suis que la servante des pauvres. »

Quand on apprit à Louis XIV, déjà penché vers la tombe, que celle qu'il avait le plus aimée avait enfin gagné le ciel, il dit à madame de Maintenon, sans être attendri, que tout cela lui semblait si loin qu'il n'y croyait plus. En effet, Louis XIV avait vécu plusieurs existences. Cependant, quel que fût son éloignement de tout ce qui avait été la religion de sa jeunesse, peut-être aurait-il retrouvé une dernière larme si on lui eût dit comment était morte la duchesse de La Vallière. Elle mourut de soif!

Un jour, dans le jardin des Carmélites, elle vit une jeune sœur qui puisait de l'eau et qui buvait dans sa main. Ce tableau lui rappela une des meilleures journées de ses beaux jours. C'était à Fontainebleau ; elle se promenait dans la forêt avec toute la cour. Comme elle aimait la solitude et la rêverie, elle s'était éloignée pendant qu'on jouait à la main chaude. Le roi, qui ne l'avait pas perdue de vue, la rejoignit sous les ramées, devant une petite fontaine, à l'instant même où elle se penchait pour y puiser de l'eau avec sa main. Le roi trouva la coupe digne d'un roi ; il s'agenouilla et but à diverses reprises, en disant que l'eau se changeait en vin.

Elle avait oublié ce tableau romanesque, comme tant d'autres ; mais, après un demi-siècle, ce tableau avait reparu plus poétique que jamais dans la mémoire de la carmélite. « O mon Dieu! dit-elle, pardonnez-moi ce retour vers un temps si fatal! Puisque le roi a eu tant de joie à boire dans ma main, je vous promets, Seigneur, de ne plus boire jamais. »

Elle ne voulait plus boire qu'à l'eau vive du divin amour, comme la Samaritaine.

Cette histoire a été diversement racontée. Voici la version de l'abbé Lequeux : « Un jour donc de vendredi saint qu'elle étoit au réfectoire, elle se ressouvint que, dans le temps qu'elle étoit à la cour, elle se trouva dans une partie de chasse pressée d'une si grande soif quelle n'en pouvait plus, et qu'elle se fit apporter des rafraîchissements et des liqueurs délicieuses, dont elle but avec beaucoup de plaisir et de sensualité. Ce souvenir, joint à la pensée de la soif que Jésus-Christ avoit bien voulu éprouver à la croix, et du fiel et du vinaigre qu'on lui avoit présentés pour tout soulagement, la pénétra d'un si vif sentiment de componction, qu'elle forma dans le moment l'étonnante résolution de ne plus boire du tout. »

L'historien raconte ensuite que sœur Louise de la Miséricorde fut plus de trois semaines sans boire une goutte d'eau, et plus de trois ans à n'en boire qu'un demi-verre par jour. Mais, selon cette version, Dieu ne voulait pas encore de sa pénitente. Elle avait beau s'attacher violemment à la mort, elle se survivait malgré elle ; elle avait beau se rouler sur les épines de la mortification, elle retrouvait toujours des roses sur ce lit douloureux ; elle avait beau, selon l'expression de Jésus-Christ, « creuser bien avant dans la terre », ses yeux mortels ne voulaient pas encore se fermer à la lumière ; elle avait beau s'enfermer dans le tombeau de Notre-Seigneur, les anges rebelles venaient à toute heure soulever le couvercle et lui chanter les hymnes du passé.

Enfin son jour est venu, le jour tant espéré.

La surveille de sa mort, le 4 juin 1710, on l'avait, comme toujours, vue la première à matines. Dans la journée, elle était si pâle et si chancelante, qu'on ne doutait plus que l'âme ne s'envolât bientôt. Le lendemain encore, elle se leva à trois heures du matin ; mais elle ne put arriver jusqu'au chœur de la chapelle. Une sœur converse la rencontra qui s'évanouissait, comme si elle eût voulu mourir sur le chemin de Dieu.

On la porta à l'infirmerie. Elle passa la journée et la nuit en prières, heureuse de souffrir, heureuse de mourir. Comme on pleurait autour d'elle : « Ne pleurez pas pour moi, mes sœurs, puisque je pars avant vous. » Le supérieur des carmélites lui donna le saint viatique et lui administra l'extrême-onction, tout édifié des belles paroles de cette admirable pénitente.

On courut avertir sa fille. Quand arriva la princesse de Conti sœur Louise de la Miséricorde ne parlait plus ; ses dernières paroles avaient été pour Dieu, mais ses derniers regards humains furent pour sa fille. Le supérieur, qui ne la voulait plus quitter, lui donna une prière à dire : elle lui exprima par un regard qu'elle n'avait plus de voix, même pour prier. Presque au même instant, elle leva la main vers sa fille, et mourut en Dieu. Il était midi.

Le lendemain, « on exposa son corps auprès de la grande grille du chœur, selon l'usage ». Tout Paris vint pour la saluer, cette illustre victime de la pénitence. Du matin jusqu'au soir, les quatre religieuses qui la gardaient n'eurent pas le temps de prier, occupées qu'elles furent sans relâche « à recevoir et à rendre les reliquaires, médailles, livres, images, qu'on leur donnoit pour toucher à ce corps, qu'on regardoit comme celui d'une victime qui s'était volontairement immolée à la justice divine et crucifiée avec Jésus-Christ. »

Quand on descendit la dépouille de mademoiselle de La Vallière sous ces froides dalles où elle avait usé ses genoux, il s'éleva dans toute l'église comme un hymne à sa louange. La multitude qui priait pour elle aurait voulu canoniser sœur sainte Louise de la Miséricorde.

Déjà l'ambassadeur de Venise, touché des incroyables austérités de cette pénitence, avait juré à la cour qu'à son voyage à Rome il obtiendrait du pape que la maîtresse de Louis XIV fût canonisée.

La sœur Madeleine du Saint-Esprit, « carmélite indigne », dit-elle d'elle-même dans son humilité, écrit sur les registres du couvent la vie et la mort de sœur Louise de la Miséricorde. Ce document authentique, le seul qui reste aux Carmélites, a été retrouvé à la bibliothèque du palais de Versailles. J'en veux donner le commencement et la fin.

☩

JESUS MARIA

Ma Reverende et tres-chere Mere,

Paix en Jésus-Christ. C'est avec une douleur bien juste et bien amere, que nous vous demandons les pierres de l'Ordre pour nôtre très-honorée sœur Louise de la Miséricorde, Professe de ce Monastère, qu'une maladie de trente heures vient de nous enlever; elle a été un des plus parfaits modèles de pénitence que Dieu ait fait voir de nos jours. Nous avons appris d'elle-même que plusieurs personnes d'une grande piété desirant fort sa conversion, la demandoient sans cesse à Dieu par de ferventes prieres. Quelques années s'écoulèrent sans que leurs vœux fussent exaucés. Elle entroit quelquefois dans le Monastere des Reverendes Meres Capucines, elle connoissoit leur vertu, et avoit pour ces saintes Religieuses toute l'estime qu'elles méritent; elle délibera quelque tems entre leur saint Ordre et le nôtre; mais elle resolut enfin de choisir cette Maison. Dans les commencements de sa conversion son amour pour Dieu étoit déjà si grand, qu'écrivant à un de ses amis en qui elle avoit une entière confiance, *Dieu est si bon*, lui disoit-elle, *qu'au lieu des châtiments que j'ai méritez, il m'envoie des consolations; mon amour pour lui redouble à chaque instant; on ne goûte de plaisir parfait, que lorsqu'on est à lui sans réserve; quelle grâce de n'aimer que Dieu, et par où pourroit-on la mériter? Je devrois me sacrifier tout entière pour reconnoître la moindre de ses faveurs; que ne dois-je donc pas faire pour réparer le nombre des années que j'ai passé à l'offenser? Malgré la grandeur de mes péchez qui me sont toujours présents, je sens que l'amour aura plus de part à mon sacrifice, que la crainte de ses jugements.* Nos Meres à qui elle avoit ouvert son cœur, ne pouvant douter de sa vocation, lui promirent de la recevoir; elle entra avec beaucoup de fermeté; plusieurs personnes voulant l'effraïer sur son entreprise, lui avoient dit qu'elle seroit bien étonnée lorsqu'elle entendroit fermer sur elle nôtre porte de clôture; mais Dieu, qu'elle venoit uniquement chercher, ne lui fit sentir que de la joïe de se voir pour toujours séparée du monde. Elle demanda comme une grace de porter nôtre habit avant que de le prendre en cérémonie; elle y fut d'abord accoutumée, excepté à nôtre chaussure dont elle a souffert jusqu'à sa mort. Notre nourriture ne lui fit point de peine; dans les commencements même elle n'y voulut aucun adoucissement. Porter la serge, coucher sur la dure, l'assiduité au travail qui n'est interrompu que par la lecture et par la prière; un jeûne austère, un silence continuel devinrent ses délices, elle ne manqua jamais aux plus petits assujetissements des Novices. Un désir insatiable de souffrances la consumoit. La sainte Pénitente et l'Evangile devint son modele, elle aima, elle pleura comme elle aux pieds de Jesus-Christ. On la trouvoit souvent dans des lieux retirez prosternée contre terre, le visage tout baigné de larmes. La veüe de ses pechez passez l'humilioit sans la décourager. Elle avoit, selon l'avis du Sage, des sentiments de Dieu dignes de sa bonté, le cherchant avec un cœur simple. Son progrès dans l'amour et dans l'humilité faisoit notre étonnement. Elle souhaitoit d'être rassasiée d'opprobres; persuadée qu'il n'y avoit rien de trop bas et de trop penible pour elle, Elle demanda à faire Profession en qualité de Converse. Notre très-honorée Mere Agnés de *Jesus Maria*, qui venoit d'être éleüe Prieure, l'assura que cet état n'étoit pas sa vocation; Ma sœur Louise de la Miséricorde, qui avoit un respect et une confiance particulière pour elle, se rendit à ses lumieres, mais cette sage Prieure, pour donner quelque chose à sa faveur, lui permit d'aider nos sœurs du voile blanc, et de s'emploïer au travail le plus pénible de la Maison, ce qu'elle a continué de faire tout le temps que ses forces le lui ont pû permettre. Comblée de faveurs, enyvrée du vin de l'Epoux, les témoignages de sa bonté ne lui ôterent jamais la veüe de sa justice. Elle ne fut pas plutôt Professée, qu'elle livra une nouvelle guerre à ses sens; on la vit plus attentive que jamais aux occasions de se mortifier, et elle n'en laissoit passer aucune. Elle demandoit sans cesse à jeûner au pain et à l'eau, à porter la haire et le cilice, des ceintures et des bracelets de fer, et à faire beaucoup d'autres macérations. Nôtre Mere Agnés respectant en elle l'esprit de pénitence qui l'animoit se rendoit souvent à ses désirs; quand elle étoit refusée : *Vous m'épargnez beaucoup*, lui disoit-elle, *mais, ma Mere, Dieu y supplera*. Elle se levoit tous les jours deux heures devant la communauté, et passoit ce tems en prières devant le Saint-Sacrement. Les plus rudes hyvers ne lui

firent rien relâcher d'une pratique si pénible ; on l'a souvent trouvée presque évanoüie de froid ; une fois même étant au grenier où elle étendoit du linge mouillé, elle s'évanoüit entièrement. Un jour du Vendredi Saint elle se sentit si portée à honorer la soif de Jésus-Christ sur la croix, que pour y rendre quelque hommage, et expier le plaisir qu'elle avoit pris autrefois à boire des liqueurs, elle fut plus de trois semaines sans boire une goutte d'eau et trois ans entiers à n'en boire par jour que la valeur d'un demi verre. Cette affreuse pénitence aïant enfin été découverte, une de mes sœurs lui demanda si elle avoit crû le pouvoir faire sans permission et de son propre mouvement. *J'ai agi sans réflexion*, lui répondit-elle, *je n'ai été occupée que du désir de satisfaire à la justice de Dieu*. . . . .
. . . .

Sa tendre piété pour le S. Sacrement lui fit donner il y a fort longtemps le soin de notre Oratoire, elle prit plaisir à l'orner et à l'embellir, et, en préparant à Jésus-Christ une demeure au milieu de ses Epouses, elle ne cessoit de lui demander de préparer son cœur pour le recevoir : Elle se nourrissoit avec ardeur de son corps et de sa parole. Jésus-Christ dans l'Eucharistie étoit sa force et sa consolation : sa vie cachée dans ce sacrement, son silence, sa patience, son obéissance, son dénüement, son état de mort étoient aussi son modèle, l'unique étude de cette sainte Religieuse étoit de l'imiter : Jésus-Christ bénit son travail, sa fidélité à pratiquer les vertus dont il nous donne l'exemple dans cet adorable mystère rendit en elle ces mêmes vertus comme naturelles. Son détachement des créatures et son désir d'en être plus séparée lui firent demander d'être envoïée dans un de nos couvents les plus pauvres de l'Ordre, et des plus éloignés. Cette permission ne lui fut point accordée, son exemple nous étoit trop utile et sa personne trop chère pour consentir à son éloignement. Elle n'alloit jamais au

Parloir que par obéissance et par charité; elle y demeuroit le moins qu'il lui étoit possible, les gens du monde respectant enfin son goût pour la solitude la détournoient beaucoup moins depuis quelques années. Charmée du repos dont elle joüissoit, elle passoit les journées entieres à répandre son cœur devant Dieu. Pénétrée de reconnoissance des graces qu'elle en avoit reçües, elle imploroit sans cesse la même miséricorde pour les pécheurs. Vraie fille de notre Mere sainte Therese, les besoins de l'Eglise, ceux de l'Etat, le désir de la conversion des infideles étoient pour elle une source intarissable de prières. Touchée jusqu'au fond du cœur de la misère des pauvres qu'elle ne pouvoit plus secourir, elle demandoit à Dieu de les soulager par d'autres mains que les siennes, et de leur donner la patience. Elle avoit à la Sainte Vierge un recours continuel et plein de confiance, et la regardant comme le refuge des pécheurs, et la consolation des affligez, elle s'adressoit à elle dans toutes ses peines. Elle avoit encore une dévotion fort particulière à nôtre Pere saint Joseph, à nôtre Mere sainte Therese, à saint Augustin, sainte Magdeleine, et à tous les saints Pénitents, dont elle a suivi les traces avec une fidélité qui ne s'est jamais démentie. Ma sœur Loüise de la Misericorde aïant épuisé ses forces par ses grandes austeritez étoit devenue fort infirme; un mal de tête habituel, une sciatique douloureuse, un rhumatisme universel, et un grand nombre d'autres maux exercerent long tems sa patience; elle n'en laissa voir que ce qu'elle ne pût cacher, jamais aucune plainte ne sortoit de sa bouche, et quand on l'exhortoit à prendre quelque repos, *il n'y en peut avoir pour moi sur la terre,* nous répondoit-elle : Son désir de posséder Dieu, la crainte de le perdre lui faisoient désirer la mort avec ardeur. *Que mon exil est long,* disoit-elle souvent avec le prophete. Ses souffrances augmentoient toûjours, et ses souffrances faisoient sa joie : *Que celui qui a commencé acheve de me réduire en poudre*, disoit-elle avec Job. La surveille de sa mort, paroissant fort abattüe, une de mes sœurs lui témoigna être touchée de l'état ou elle la voïoit; levant les yeux et les mains vers le ciel, elle ne répondit que ce verset du psaume : *Virga tua et baculus tuus ipsa me consolata sunt.* Elle se leva encore hier à trois heures du matin pour continuer ses exercices de piété ordinaires ; mais se trouvant beaucoup plus mal, elle ne put aller jusqu'au chœur; une de mes sœurs la rencontra ne pouvant plus se soûtenir, et pouvant à peine parler tant les douleurs étoient pressantes; elle en avertit ma sœur l'infirmiere; le mal étoit déjà si grand qu'il fallut l'emporter à l'infirmerie ; Malgré l'état où elle étoit, on eut peine à obtenir d'elle d'user de linge et de quitter la serge. Les médecins étant appelés la firent d'abord saigner; mais ils s'aperçurent bientôt que leurs remedes étoient inutiles; l'inflamation étoit déjà formée. Ma sœur Louise de la Miséricorde vit bien que sa derniere heure étoit proche, elle accepta la mort avec joie, et toutes les circonstances qui l'accompagnoient, repetant plusieurs fois, *expier dans les plus vives douleurs, voila ce qui convient à une pecheresse.* Le mal aïant fait la nuit un progrès fort considerable, elle a demandé ce matin les derniers sacrements. *Dieu a tout fait pour moi,* nous a-t-elle dit, *il a reçu autrefois dans ce même temps le sacrifice de ma profession, j'espère qu'il recevra encore le sacrifice de justice que je suis prête de lui offrir.*

. . . .

Elle s'est confessée et a receu le saint viatique avec toutes les marques possibles de piété et de religion. Nous esperions avoir du tems pour tenter de nouveaux remedes, mais une grande foiblesse nous aïant fort alarmés, quoi qu'elle ait tres-peu duré, Monsieur l'abbé Pirot, nôtre Superieur, qui venoit de sortir de l'infirmerie après lui avoir donné le saint viatique, est rentré sur l'heure pour lui administrer l'Extrême-Onction, qu'elle a receu avec une pleine connoissance devant sa mort. De tems en tems elle perdoit encore la parole; mais elle entendoit fort bien, et quand Monsieur l'abbé Pirot lui inspiroit de faire à Dieu cette prière, *Seigneur, si vous augmentez les souffrances, augmentez aussi la patience*, elle témoignoit par signes qu'elle faisoit intérieurement de tout son cœur la même prière. Elle a expiré aujourd'hui six juin, à midy, âgée de soixante et cinq ans et dix mois, et trente six de religion, laissant la Communauté aussi affligée de sa perte qu'édifiée de sa pénitence. Nous vous demandons pour elle, les suffrages ordinaires de l'Ordre, avec une communion de votre sainte Communauté que nous saluons tres humblement. Nous sommes en Nôtre-Seigneur avec bien du respect,

Ma Reverende et tres-chere Mere,

Votre tres-humble et tres-obeissante servante,

Sœur Magdeleine du Saint-Esprit,
Religieuse Carmelite indigne

Louis XIV ne détourna pas la tête à la mort de mademoiselle de La Vallière. « Il parut peu touché et en dit même la raison : c'est qu'elle étoit morte pour lui du jour de son entrée aux Carmélites. » C'est le témoignage de Saint-Simon.

Le roi, qui n'avait pas revu sa maîtresse depuis trente-six ans, qui avait passé par tant d'autres passions, qui avait assisté trois fois au renouvellement de sa cour, qui s'étonnait de vivre à travers tant de métamorphoses, qui ne s'étonnait plus ni des victoires ni des revers, vit partir sans un regret et sans une larme celle qui avait été l'âme de sa jeunesse (1). Que de siècles orageux sur son front depuis ces belles folies ! Lui-même, d'ailleurs, allait mourir en Dieu, détaché du néant des grandeurs humaines.

(1) Et pourtant, le cœur le moins romanesque s'indigne. Louis XIV ne pensa-t-il donc pas alors avec un souvenir pieux à la fidélité de celle qui à Chambord avait voulu qu'il brisât le vitrail où François Ier avait inscrit avec la pointe d'un diamant :

> Souvent femme varie,
> Bien fol est qui s'y fie.

Mademoiselle de La Vallière n'avait varié que pour Dieu. Et encore, dans ses aspirations vers le paradis, ne voyait-elle pas se dessiner Versailles ?

VIII

LES TOMBES VIOLÉES

En 1793, je ne sais plus quel jour de vendémiaire, pendant que les commissaires au plomb, surnommés les commissaires aux accaparements, procédaient, à Saint-Denis, à l'*extraction* (c'est le mot du procès-verbal) du cercueil de Louis XIV, un tourbillon de sans-culottes se ruait au cloître des Carmélites pour *extraire* le cercueil de mademoiselle de La Vallière.

Ne semblait il pas que le jour du jugement fût venu pour tous les deux? Ils durent se redresser avec indignation, celui-ci dans sa majesté, celle-là dans sa pudeur.

J'ai le « Journal d'exhumation des corps de la ci-devant abbaye de Saint-Denis », annoté et commenté par Alexandre Lenoir, fondateur du musée des monuments français, « présent à l'opération précitée ».

C'est le 14 octobre, « après le dîner des ouvriers », que Louis XIV sortit de son tombeau, à la même heure que Louis XIII. On reconnut

Louis XIII « à sa moustache »; on reconnut Louis XIV « à ses grands traits, mais il était noir comme de l'encre ».

Les ouvriers, qui sans doute avaient bien dîné, promenèrent le grand roi devant les curieux.

Ce n'était donc point assez pour Louis XIV d'avoir subi en 1715, le jour de ses funérailles, les outrages de la multitude? Le soir, il s'était du moins reposé dans sa royale abbaye de cette dernière défaite : il se croyait désormais inviolable et sacré. Il fut réveillé brutalement avant l'heure du réveil, comme un voyageur à peine endormi par le tapage de l'hôtellerie. On le porta gaiement, sans une prière, sans une larme, sans une sympathie, dans la fosse commune du cimetière, lui qui avait bâti tant de palais pour vivre en dehors de son peuple.

Aux Carmélites, dans le cercueil de la maîtresse du roi, on ne retrouva que des lambeaux de sa robe de bure et quelques ossements. Des mains sacrilèges remuèrent ces restes sanctifiés, croyant y découvrir les bijoux de Louis XIV. Elles n'y trouvèrent pas même un anneau d'or. Le dernier bijou de sœur Louise de la Miséricorde avait été le crucifix d'ébène qu'elle tenait dans ses mains en rendant son âme à Dieu.

ICI FINIT L'HISTOIRE

DE MADEMOISELLE DE LA VALLIÈRE

MADAME

DE MONTESPAN

MADAME DE MONTESPAN

I

LA COUR DU JEUNE ROI
LE SOLEIL LEVANT A FONTAINEBLEAU

I

C'est la mode aujourd'hui de faire la caricature de Louis XIV, ou tout au moins de le regarder avec dédain du haut du dix-neuvième siècle.

Le comte de Grammont arriva un soir au jeu du roi pour prononcer un jugement à la Salomon. Le coup semblait douteux, et on disputait. Le roi, voyant venir le comte de Grammont, lui dit : « Jugez-nous. — Sire, c'est vous qui avez tort. — Et comment pouvez-vous me donner le tort avant de savoir le coup ? — Eh ! Sire, ne voyez-vous pas que, pour peu que la chose eût été seulement douteuse, tous ces messieurs vous auraient donné gain de cause ? »

Aujourd'hui c'est toujours le roi qui a tort, même quand le coup est pour lui.

II

Louis XIV vint au monde le 5 septembre 1638, après vingt-deux ans de stérilité d'Anne d'Autriche. Et encore, selon la chronique, ce fut la faute de madame de La Fayette; mais j'aime mieux dire, avec toute la France de 1638 : Louis-Dieudonné.

Louis-Dieudonné, Louis le Grand, puisqu'il a légué un grand siècle au monde. Mais il ne fut un grand roi que depuis la mort de Mazarin jusqu'à l'avènement de madame de Maintenon, cet autre ministre absolu qui arrêta si fatalement le soleil dans sa course.

Règne merveilleux jusqu'à l'heure des décadences! Mais la chute fut plus grande que la grandeur. Après tout, c'est la royale épopée. Ce beau siècle, Dieu le domine par Bossuet, par Pascal, par Fénelon; Louis XIV par ses victoires rapides et ses magnificences féeriques; Condé, Turenne, Catinat,

Una dies Lotharos, Burgundos hebdomas una,
Una domat Batavos luna : quid annus erit ?

Duquesne, par leur héroïsme. Corneille, Molière, La Fontaine, Racine, par les grands caractères de leur œuvre; Poussin, Le Sueur, Le Brun, par la force, la science et l'éclat de leur génie. Mansart lui élève des palais; Perrault lui dresse les colonnes du Louvre; Girardon, Puget, Sarrazin, Coysevox, Couston, chantent sa gloire dans des strophes de marbre; de merveilleux graveurs l'incisent sur les cuivres et les médailles. Le Nôtre discipline la nature, et La Quintinie aide le soleil à dorer les fruits. Tous les sublimes ouvriers sont à l'œuvre pour faire un grand siècle; La Bruyère a beau le juger du haut de sa sévérité, Boileau du haut de sa satire, qui fait trembler Quinault et qui étonne le roi lui-même, les ouvriers ne perdent pas courage : devant toute grande œuvre il faut bien que la critique vienne profiler son ombre. Ne voilà-t-il pas d'ailleurs Lulli qui étouffe les voix décourageantes par ses divines symphonies ? C'est lui qui, le violon à la main, comme Apollon au milieu des Muses, conduit victorieusement ce vaillant groupe de héros, d'artistes et de poètes.

C'est comme une autre création du monde ; l'esprit humain va sortir de ses langes: Descartes fonde la raison. Pendant que Boileau rime la législation du Parnasse, Vauban dicte les lois de la guerre; Corneille et Molière créent le théâtre ; Louis XIV, prenant d'une main celle de Lulli et de l'autre celle de Quinault, crée l'opéra. Les bibliothèques ouvrent leurs portes à la Vérité. Elle s'y cache, mais on la trouvera à l'heure où les ténèbres envahiront les âmes. Les lettres, les sciences et les arts ont chacun leur académie. Les héros anonymes que la victoire nous ramène invalides vont avoir, eux aussi, leur palais, car Louis XIV n'oublie pas ses soldats mutilés.

La France étend ses frontières, peuple ses ports et imprime son pied dans les colonies. L'Océan et la Méditerranée se donnent la main par le génie de Ricquier. Louis XIV crée l'Observatoire, institue une imprimerie au Louvre, fonde l'Ecole de Rome et pensionne les savants étrangers. Toutes les nations s'accoutument à regarder le matin vers Paris, comme on consulte le ciel pour pressentir le beau temps ou l'orage.

Louis XIV joue au demi-dieu: son Olympe n'est qu'un théâtre, ses fêtes ne sont que des féeries ou des mascarades; mais tout y prend un caractère grandiose. Le théâtre est debout. On peut étudier encore à Versailles les décorations de Le Brun et de Girardon; on peut y évoquer les librettistes ordinaires de ces opéras: Corneille, Molière, Racine, Quinault, avec Lulli pour musicien!

III

Le règne de Louis XIV se divise en trois périodes dominées par trois influences, — trois étoiles, — trois femmes.

La première est l'époque de la galanterie semi-espagnole, semi-française; elle se personnifie dans mademoiselle de La Vallière. Cette royale passion est un roman de cœur avec le cloître pour dénoûment. On était encore dans l'âge de la chevalerie, renouvelant avec éclat la poésie héroïque du moyen âge. Le point d'honneur, les cours d'amour, les aventures de cape et d'épée avaient laissé des traditions qui n'étaient point perdues. Les sentiments quintessenciés parfumaient encore les volumineux romans de mademoiselle de Scudéry. Bérénice devint l'écho suave et harmonieux du temps; le Cid en était l'exemple mâle et coloré. C'était la jeunesse, c'était l'aurore.

La seconde période du règne se symbolise par madame de Montespan, une folle et vaillante femme, qui monte hardiment à cheval, qui accouche en riant et qui se réjouit d'être reine par la grâce de l'Amour. Avec elle s'ouvre l'épopée militaire, l'ère de la conquête. Le jour incline vers le matérialisme du cœur, vers le paganisme des sentiments. Bossuet a beau tonner du haut de la chaire chrétienne, sa grande voix applaudie ne saurait arrêter le grand siècle qui court éperdu vers la gloire à travers les aventures galantes. C'est l'âge de l'action, de la maturité, de la force : tout cède au roi victorieux, les citadelles et les femmes.

La troisième et la dernière partie du règne se résume dans madame de Maintenon. Le mysticisme sensuel a remplacé les pompes et les œuvres de l'ancienne cour. Le siècle vieux se fait ermite ; la gloire prend le voile. Tout s'assombrit, tout décline. Louis XIV, ce roi sur lequel règne une femme, se courbe lentement vers la tombe. Bossuet a l'air de triompher : l'orthodoxie a brisé l'influence de Fénelon et de madame Guyon, dont la piété trop tendre et trop indépendante ne convient point au caractère de la favorite, devenue secrètement la femme légitime du roi, Madame de Maintenon est la main par laquelle l'Eglise gallicane domine la vieillesse de Louis XIV. Le quiétisme ne saurait plaire à cette femme habile, intrigante et forte, qui porte, non sans dignité, le poids de la couronne sous le fardeau des événements et des années. Cette reine — moins le titre — donne son tour, comme on disait alors, à la fin du règne. Madame de Montespan court de solitude en solitude ; Racine abandonne le théâtre ; La Fontaine expie sous le cilice le péché mortel ou immortel de ses Contes. Tout prend le masque de la dévotion. La tragédie elle-même fait ses pâques à Saint-Cyr.

IV

La figure de Louis XIV a traversé le dix-huitième siècle comme un rayon de lumière ; la Révolution elle-même, tout en brisant la statue de bronze au pied de laquelle le maréchal de La Feuillade avait voulu, dans son idolâtrie, qu'on représentât les nations enchaînées, a honoré les victoires, la littérature et les arts de ce règne, comme un monument impérissable du génie français. Elle a déterré le souverain dans sa tombe, secoué la poussière du linceul royal, violé la double majesté de la gloire et de la mort ; mais, tout en vouant aux gémonies la mémoire du despote, elle a suivi les traces du gouvernement de Louis XIV dans les deux grandes voies du système : la centralisation et les armées permanentes. Cette physionomie historique est donc une de celles qui, bon gré, mal gré, s'imposent aux âges. On peut les troubler dans leur formidable sommeil, on peut les couvrir de blâme et de vengeance : les effacer, jamais.

Comme les divinités de la Fable, dont la mythologie du règne aimait à l'entourer dans les groupes de marbre et les peintures, Louis XIV est une personnalité composite. Enfant, il nous apparaît sur les

genoux d'Anne d'Autriche et derrière la robe rouge
de Mazarin : le roi règne et ne gouverne pas ; bientôt
il saisit d'une main vigoureuse la direction des affaires, dont il laisse le poids à Colbert ; enfin, vieux,
il supporte entre Letellier et madame de Maintenon
les adversités de ce long règne frappé de mort avant
lui.

Louis XIII, je me trompe, Richelieu avait haché
la noblesse de France : mal tuée, elle renaît sous le
ministère de Mazarin. La faction des Importants,
que le cardinal-duc avait écrasée, mais non détruite,
veut ressaisir le roi, dominer le gouvernement, effacer les cicatrices que la hache de Richelieu avait
laissées sur l'arbre de l'aristocratie. A cette nouvelle
et dernière entreprise de la chevalerie, Mazarin
oppose son intrigue italienne, l'épée de Condé, la
force d'une volonté qui brise tout. Cependant les
temps sont rudes pour la monarchie : la reine couche à Saint-Germain sur la paille. La Fronde était
un anachronisme : la guerre civile finit par des chansons ; ses principaux chefs sont des personnages de
comédie. Les Parisiens apprennent à élever des bar-
ricades qu'ils défendent contre le canon, mais ils se
battent en étourdis. Des deux côtés on crie : Vive le
roi ! Pour que la révolte devînt une révolution, il
faudrait un principe, un droit à conquérir : la Fronde
n'a rien de tout cela. Cette folle équipée s'évanouit
comme un nuage de poudre. A tout mouvement il
faut un chef. Qui sera le chef des frondeurs ? Le
cardinal de Retz ? un grand orateur et un écrivain
éminent ; mais le bout du poignard que je vois luire
à travers sa ceinture n'est qu'une arme de théâtre,
une figure de rhétorique.

Les Parisiens se lassent bien vite de cette guerre d'épigrammes et de chansons : ils redemandent le roi. Mazarin triomphe ; il ne s'exile que pour être plus près. Au milieu de tout cela, Louis XIV n'est encore qu'un enfant ; mais son génie a grandi dans la lutte ; la prérogative royale sort comme l'arche des grandes eaux de l'abîme, et vient échouer majestueusement sur les hauteurs. Mazarin meurt. Harlay de Chanvallon, président de l'assemblée du clergé, s'approche du roi et lui demande à qui il doit maintenant s'adresser pour les affaires de l'Etat : « A moi-même, » répond Louis XIV.

V

Tout se métamorphose sous le commandement du souverain. Le palais de Versailles est bientôt un Olympe dont Louis XIV devient le Jupiter. Tout y retracera la figure du grand roi, le dessein du règne, la volonté du maître tout-puissant. Regardez les bassins. Ici Latone change en grenouilles le groupe d'hommes qui l'assiègent : c'est la royauté qui triomphe des frondeurs ; là des monstres puissants, énormes, mais domptés, portent sur leur dos un enfant qui les guide avec la main : ce sont les forces aveugles de l'anarchie que domine une idée nouvelle et courageuse. Et ces eaux qui s'élèvent en gerbes vers le ciel pour retomber en pluie et en rosée, quelle image de la monarchie qui monte jusqu'à Dieu pour redescendre en fécondité sur la terre ! Ce parc est un poème dans lequel on lit à chaque page le rêve de Louis XIV : « L'État, c'est moi. » Ces arbres à perruque vénérable qui s'inclinent, eux si fiers et si robustes, sous la majesté du vent; ce palais trop grand pour les pas d'un autre homme; ces larges rues qui se sont voilées d'herbe pour couvrir leur désolation à la chute de la monarchie : Versailles nous dit mieux que toutes les histoires du temps la grandeur symétrique de cette cour qui ne s'éleva si haut que pour appeler la lutte des géants; seulement, cette fois, ce furent les géants — j'entends les philosophes et les encyclopédistes — qui foudroyèrent Jupiter.

Louis XIV fut l'artiste du pouvoir absolu. Son règne fut le triomphe de la volonté.

A Versailles il dit : « Que l'eau soit! » et elle fut. A Paris il dit : « Que la lumière soit ! » et le soleil des arts et des lettres se leva tout resplendissant.

Le trait le plus accusé de ce caractère, c'est la passion du commandement. Louis XIV était fait pour gouverner, comme d'autres pour chanter les merveilles de son règne. Il montrait son inclination dans les petites comme dans les grandes choses. S'il n'est pas le créateur de l'étiquette royale, on peut dire qu'il fit la cour. Avant lui, le roi de France logeait dans un château-fort. C'était, même après François Ier, un haut baron, retranché derrière ses créneaux, ses bons murs, ses fossés profonds. On voyait l'ombre morose du monarque errer de fenêtre en fenêtre dans ces grandes salles du château de Blois, isolée, froide, emprisonnée, inquiète. Des espions, des gardes, des arquebusiers, des cours où retentissait le pas des sentinelles, des escaliers secrets par lesquels montaient et descendaient des hommes chargés de missions occultes, tout annonçait une majesté ombrageuse, veillant la main sur la garde de son épée, épiant tout, partageant la crainte qu'elle inspirait aux autres. Sous Louis XIV, tout change : les escaliers s'élargissent, l'air circule avec la lumière dans la demeure royale, les fêtes ont remplacé les sombres réceptions officielles, les courtisans succèdent aux soldats. Cette fois, la royauté est sûre de sa victoire ; elle marche sur les lauriers, comme un demi-siècle plus tard elle marchera sur les roses, sans se douter que ces lauriers et ces roses mènent à l'échafaud.

Et comment l'aurait-elle pu croire ! Aucun nuage dans le ciel : Versailles est doré d'amour et de soleil ; là-bas, c'est-à-dire à quatre lieues de Versailles, fourmille une population humble, servile, ignorante, heureuse souvent, qui dit LE ROI comme elle dirait DIEU !

Que Louis XIV se soit enivré de sa gloire, qu'il ait bu à longs traits la coupe des prospérités royales, qu'il se soit cru éternel, lui et ses descendants, le moyen de s'en étonner ! D'autres n'ont-ils pas cru à l'impérissable durée de grandeurs bien moins solides et bien moins éclatantes ? Au milieu de cette puissance sans bornes, incontestée, incontestable, Louis XIV s'abandonna sans crainte à sa passion dominante : il régna, il gouverna. Maître de son peuple, de sa maison, des consciences qui l'entouraient ; comparé au soleil par tous les rimeurs du temps, il dut croire que toute la lumière de son siècle venait de sa pensée, de son regard, de sa volonté. Les voix ne manquaient pas pour lui dire qu'il avait commandé aux éléments ; les eaux sagement tumultueuses de Versailles le lui répétaient; le canal des Deux-Mers le racontait aux populations du Midi. Dunkerque le criait à l'Angleterre.

Il fut grand de sa grandeur et surtout de la grandeur des hommes qui l'entouraient. Il fit avec l'aristocratie de l'intelligence comme il avait fait avec l'aristocratie de race : il s'attacha les littérateurs. Nul plus que lui n'eut l'art de s'assimiler les hommes. Louis XIV composa ainsi de son vivant l'épopée de son règne, sachant bien que protéger les lettres, c'était protéger sa mémoire. « Qui osera, se disait-il, démentir la voix de Bossuet ? » Quand Boileau aura chanté le passage du Rhin, qui croira les historiens futurs, si ceux-ci s'avisent de contester la grandeur de ce fait d'armes? Quand Molière aura dit :

Nous vivons sous un prince ennemi de la fraude,

qui sera bienvenu à mettre en doute la loyauté de sa politique?

Le cardinal Mazarin, qui voulait régner sur le roi, avait eu soin d'entretenir sa jeunesse dans une vie de dissipation et d'oisiveté. Mais, en vertu de cette fiction que tout en France appartenait au souverain, Louis XIV s'appropria les lumières de son siècle. Tout ce qui pensait dans le royaume pensait pour le roi. La France absorbée se regardait vivre, agir, rayonner, dans la personne de Louis XIV. Cette incarnation visible d'un grand peuple, cette unité majestueuse sous la forme d'une couronne, ce soleil immobile qui, dans le système planétaire de la monarchie, attirait à lui les autres astres, tout cela isolait la royauté dans les hauteurs imaginaires de la Fable. Louis XIV fut un roi mythologique.

16.

Ce qu'il fit pour illustrer son règne était une conséquence de son caractère pompeux. Il avait compris l'autorité comme un pontificat. Tout ce qui pouvait frapper les peuples d'étonnement et d'admiration, il le réunit autour de sa personne. Le prestige des arts, la magie de la grandeur, la solennité des séances royales, les fêtes et les carrousels, rien ne fut oublié pour donner la magnificence au pouvoir qu'on voulait consacrer. Toutes les formes du beau se prêtèrent à cette apothéose de la grandeur souveraine.

Auguste, Léon X, Louis XIV, nous apparaissent à travers le rayonnement de l'art et de la poésie. Alexandre, César et Napoléon sont encore plus grands, sans doute, mais ils n'ont pas le divin cortège.

VI

Je ne dirai pas ce que tout le monde sait; je n'écris pas l'histoire de Louis XIV. Maintenant que j'ai tenté de peindre à grands traits l'homme de l'histoire, je veux peindre à fresque autour de mademoiselle de La Vallière les fêtes et les féeries de la jeune cour, les cavalcades, les chasses, les carrousels. C'était le beau temps du règne : le roi n'allait à la guerre que pour gagner des batailles; il ne courait les fêtes que pour gagner des cœurs : vaillant sur tous les théâtres, brave à l'armée, brave au parlement, brave au jeu de l'amour. Il avait vingt ans, et tout le monde avait vingt ans autour de lui. (Quand il eut soixante-quinze ans, autour de lui tout le monde eut soixante-quinze ans.) Quelle gerbe de jeunesse épanouie! La reine et ses filles d'honneur. Madame et ses filles d'honneur. Le surintendant Fouquet, cet autre roi, avait un harem éblouissant; le vieux Mazarin lui-même marchait dans le cortège de ses nièces. On ne perdait pas les belles heures : les jours avaient quelquefois vingt-quatre heures, tant on s'oubliait la nuit.

Louis XIV n'était pas grand, mais il était mieux que cela : il paraissait grand. Bien jeune encore, il avait pris un air de domination qui dépassait tout le monde : aussi n'avait-il pas besoin d'être assis sur un trône ou de marcher le premier pour dire : JE SUIS LE ROI. Tout le monde le reconnaissait, tout le monde le croyait grand.

Louis XIV se savait beau : c'est aussi ce qui lui donna l'air grand. Il avait dans ses lectures noté lui-même les conditions de la beauté chez les anciens : la tête élevée, le front martial, les sourcils rapprochés, comme on les voit dans la plupart des empereurs, mais surtout dans les figures d'Auguste; les doigts élégants et souples, le pied petit (1), la chevelure abondante, ce qui explique ses perruques à cascades. Enfant, il ne voulait jamais permettre qu'on lui coupât les cheveux. Dans les gravures qui nous le représentent à quinze ans, ses cheveux ruissellent sur son cou, souples et blonds.

C'était le temps des blonds et des blondes : le comte de Guiche était blond, le duc de Lauzun était blond, — blondasse, dit Saint-Simon — Henriette

(1) J'ai vu à Venise un soulier de Louis XIV, qui donne la mesure d'un pied de prince et non d'un pied de roi. Ce soulier, peint par Rigaud, manque au *Musée des Souverains*.

d'Angleterre était blonde, blonde était mademoiselle de La Vallière, très blonde madame de Montespan, blonde mademoiselle de Fontanges. — Je ne parle pas des rousses : c'était comme à Venise dans le siècle d'or.

Non seulement le roi avait le pied petit, mais il avait la jambe bien faite : aussi la montrait-il avec quelque complaisance, même quand il se drapait dans le manteau royal : voyez plutôt le majestueux portrait de Rigaud. Et comme il se drapait bien ! comme il était artiste dans l'art de se sculpter soi même. On voyait bien qu'il avait fréquenté les peintres et les sculpteurs, mais d'un autre côté on voyait bien que les peintres et les sculpteurs avaient fréquenté le roi.

On ne disait pas de Louis XIV : « Beau comme un roi, mais : « Beau comme un dieu ». Peut-être mademoiselle de La Vallière n'aima pas le roi parce qu'il était le roi, mais parce qu'il avait l'air d'être le roi. Louis XIV a aimé mademoiselle de La Vallière comme la force aime la grâce. Il lui avait paru doux d'étreindre dans ses bras déjà victorieux cette jeune fille blanche et blonde, nonchalante et pudique, qui contrastait avec les nièces de Mazarin, mais surtout avec ses premières héroïnes (1). C'était comme un sourire du ciel qui pénétrait dans l'âme du roi. Certes, Louis XIV ne tombait pas aux genoux de la jeune fille pour faire ses dévotions à la Vierge, mais mademoi-

---

(1) Selon la Palatine, duchesse d'Orléans, « le feu roi a été très galant assurément ; mais il est souvent allé jusqu'à la débauche. Tout lui étoit bon à vingt ans : paysannes, filles de jardinier, servantes, femmes de chambre, femmes de qualité, pourvu qu'elles fissent semblant de l'aimer. »

selle de La Vallière était si pure, que le roi, quel que fût l'orage de son cœur, se trouvait à côté d'elle comme emparadisé, tant elle répandait sur ses pas une divine atmosphère. Plus tard, Bossuet aurait pu lui dire : « Sainte Louise de la Miséricorde, vous n'aviez pas besoin d'aller aux Carmélites pour retrouver Dieu; Dieu était resté en vous et autour de vous; l'ange gardien avait préservé votre âme de toute complicité corporelle ; pendant que vos bras coupables s'enchaînaient aux bras du roi, votre âme s'envolait par les fenêtres du palais. »

Et pourtant Bossuet se fût trompé : l'âme était toujours chrétienne, mais elle avait ses égarements ; elle ne retournait à Dieu avec tant d'effusion que parce qu'elle s'était donnée au roi avec trop de passion. Ses combats de chaque jour, ses déchirements de chaque nuit, avivaient jusqu'à la violence cet amour immortel de mademoiselle de La Vallière. Jamais on n'avait tant aimé la terre et le ciel.

VII

Qui donc aujourd'hui, en voyant ce beau poème qui s'appelle Versailles (1), aurait le courage de trop reprocher à Louis XIV les millions qu'il a dispersés dans le palais et dans le jardin (2) ? Il faut donner aux nations l'idée du bien, mais il faut leur donner aussi

---

(1) « Versailles, temple de la royauté absolue, qui devait, avant que le temps eût noirci ses marbres, en être le tombeau, » selon l'expression de M. Théophile Lavallée.

(1) L'argent jeté par la fenêtre tombe dans la rue. Louis XIV endetta la France, mais l'enrichit.

l'idée du beau. Qui n'est un peu fier de hanter cette Iliade et cette Odyssée? Et nous aussi, nous avons eu nos dieux ; et nous aussi, nous avons eu nos grands jours ; et nous aussi, nous avons été la poésie en action.

Jamais les poètes, jamais les artistes n'eurent si beau jeu ; il semblait qu'on fût à l'épanouissement du génie humain ; chaque jour donnait son chef-d'œuvre. Oui, ce sont les grands hommes qui ont fait le grand roi ; mais le grand roi n'a-t-il pas fait un peu les grands hommes? n'a-t-il pas donné le marbre? n'a-t-il pas doré le pinceau? Il était magnifique en tout, même en éloges. Il ne s'offensait pas de s'entendre dire qu'il était le roi des artistes-rois ; il ne dédaignait pas de leur écrire de sa main. Il y avait deux conseils à Versailles, le conseil des ministres et le conseil des artistes : Colbert d'un côté, Mansart de l'autre ; mais des deux côtés c'était le roi qui donnait son idée. S'il savait bien la géographie naturelle de la France et ses aspirations politiques, il savait bien aussi comment on bâtit un palais, comment on sculpte un groupe, comment on peint un tableau. Il n'était pas aveuglé par les théories, il voyait par l'œil simple, il reconnaissait le style dès que le style y était ; il le cherchait et le voulait s'il n'y était pas : aussi dans tous les monuments de son règne il y a le style. On n'a pas besoin d'y voir son chiffre pour lire *Louis le Grand*. Il avait trop d'esprit pour ne pas s'incliner quelquefois devant l'esprit des autres. Un jour, au petit lever, devant le balustre royal : « Quel est le plus grand poète de mon temps? demandait-il à Boileau. — Sire, répondit le critique, c'est Molière. — Je ne le pensais pas, mais M. Despréaux se connaît mieux en vers que moi. »

Avant de reconnaître la suprématie de Boileau, il avait déjà bien voulu accepter un conseil de Racine. Comme il y avait un peu longtemps qu'il dansait dans les ballets, les esprits sévères commençaient à lui reprocher ce qu'ils appelaient une atteinte à sa majesté. Racine y songea-t-il quand il écrivit ces quatre vers de *Britannicus :*

Pour toute ambition, pour vertu singulière,
Il excelle à conduire un char dans la carrière,
A disputer des prix indignes de ses mains,
A se donner lui-même en spectacle aux Romains.

Quand on représenta cette tragédie à Saint-Germain, le roi fut frappé de ce dernier vers, et se promit de ne plus se donner en spectacle aux Français. Voltaire, qu'il faut toujours citer quand on parle du siècle de Louis XIV, dit que ce fut le poète qui réforma le monarque. Racine y gagna peut-être son titre d'historiographe de France, mais Lulli et Quinault perdirent beaucoup de leur prestige. Le roi ne voulant plus danser, toute la cour refusa de danser ; on laissa cela aux comédiens.

Lulli et Quinault ! un musicien-poète et un poète-musicien, qui devaient beaucoup de leur génie à Louis XIV, car le roi était souvent avec eux quand ils remuaient le ciel, la terre et les enfers. S'il enflammait l'imagination de Quinault, il donnait à Lulli le thème de ses plus galantes inspirations (1).

(1) « Il ne connoissait aucune note de musique, dit la duchesse d'Orléans, mais il avoit l'oreille juste et il jouoit de la guitare mieux qu'un maître, arrangeant sur cet instrument tout ce qu'il vouloit. »

Lulli et Quinault, comme Molière et Racine, comme Le Brun et Mignard, comme Mansart et Le Nôtre, ont tenu beaucoup de place à la cour de Louis XIV. Si une cour sans femmes est un printemps sans roses, une cour sans poètes ou sans artistes est une maison sans soleil. Madame de Thianges osait dire au roi qu'elle était d'une meilleure noblesse que lui, plus ancienne, plus glorieuse. Le roi lui répondait qu'il ne la reconnaissait noble que par sa beauté et par son esprit. Pour le roi, Lulli, qui avait été moitié laquais et moitié page ; Quinault, qui était fils d'un boulanger, ne devaient pas céder le pas au comte de Guiche ou au marquis de Vardes, ses courtisans ordinaires. Ils étaient, comme eux, de la plus familière intimité. Lulli avait de bonne heure pris ses coudées franches en se moquant de tout ; Quinault, qui avait l'air d'un marquis dans sa jeunesse, entrait à la cour comme dans son pays natal. Son père l'avait pétri de haute pâte. On verra bientôt qu'il y donnait le ton, avec le duc de Saint-Aignan et Benserade, aux jeux de poésie.

Au milieu de toutes ces fêtes, le roi étudiait sans relâche : il étudiait les hommes, il étudiait les choses, il étudiait la vie en vivant ; tout ce qu'on savait autour de lui, il le savait bientôt ; il le savait moins bien, mais il avait l'air de le mieux savoir. Il apprenait la grandeur dans Corneille, le sentiment dans Racine, l'esprit dans Benserade, je me trompe, dans la conversation des femmes de la cour. Il ne parlait jamais pour ne rien dire, il parlait comme Saint-Simon écrivait, dans le grand style qui dédaigne les poétiques. Combien de mots de lui qui sont restés, comme celui-ci : « Il n'y a plus de Pyrénées ! » N'a-t-il pas peint le duc d'Orléans d'un seul mot ? « Mon neveu est un fanfaron de vices. » Quelles belles paroles au grand Condé au retour d'une bataille contre Guillaume III ! Le roi l'attendait au haut du grand escalier ; le prince, qui avait de la peine à monter à cause de sa goutte, s'écria : « Sire, je demande pardon à Votre Majesté si je la fais attendre. — Mon cousin, lui répondit le roi, ne vous pressez pas ; on ne saurait marcher bien vite quand on est aussi chargé de lauriers que vous l'êtes. » Mazarin disait au maréchal de Grammont : « Il y a de l'étoffe en lui pour faire quatre rois et un honnête homme (1). » Mais le ministre n'avait pas songé à développer ces rares aptitudes. Dans les quatre rois, il y eut deux tyrans et un fanfaron. Près de Mazarin comme auprès de Richelieu, il ne faut qu'un roi fainéant. Heureusement Mazarin mourut à temps pour faire vivre Louis XIV.

VIII

Le Brun a été le poète plutôt que l'historien de Louis XIV : c'est le Boileau de la peinture. Ce n'est pas dans les *Batailles d'Alexandre*, non plus que dans le *Passage du Rhin*, qu'il faut chercher le grand roi. L'allégorie l'étouffe. J'aime mieux Van der Meulen, qui ne voit pas de si haut, mais qui voit de plus près. Grâce à lui, nous retrouvons aujourd'hui Louis XIV dans toutes ses actions, qu'il

---

(1) Mais Mazarin estimait qu'un bon ministre doit avoir l'étoffe de quatre rois. Il ne parlait pas de l'honnête homme.

soit roi ou qu'il soit homme, à la guerre comme à la chasse. Mais si Van der Meulen est plus familier, plus intime, plus pénétrant, Le Brun a pourtant ses grandes pages officielles, qui sont pour ainsi dire les ordres du jour du règne. Si Van der Meulen nous conduit à Marly ou à Saint-Germain dans les carrosses à six chevaux où les dames sourient aux cavalcades, Le Brun nous conduit à l'Académie des sciences ou aux Gobelins. Le plus souvent Le Brun remplit la partie officielle du *Moniteur* de Louis XIV; Van der Meulen n'en est que le feuilleton. Mais le feuilleton ne domine-t-il pas quelquefois la partie officielle (1)?

Tout, jusqu'au costume, répandait l'éclat à la cour. Voyez-vous d'ici ces casaques bleues brodées d'or et d'argent? On n'avait droit de les porter que par une faveur royale; « on les demandait presque

(1) On peut reprocher à Van der Meulen de n'avoir pas ce beau désordre qui, dans les batailles, est un effet de l'art; mais il répondra qu'il a le mouvement sans le désordre. Il répondra surtout qu'il n'est qu'un simple historien des guerres souvent pacifiques du grand roi. Il le faut louer beaucoup de la transparence de son coloris, de l'élégance presque française de son dessin flamand, de ses horizons aérés, de ses ciels vaporeux. Ses chevaux ne prennent pas le mors aux dents, mais ce sont de braves chevaux, d'une excellente structure, qui portent bien leur homme. Au premier aspect il semble uniforme, mais en l'étudiant, on le trouve très varié, car il est toujours fertile à renouveler ses effets.

Le peintre des batailles mourut du mal de Molière, à la guerre de l'amour. Il aimait sa femme, et il était resté sur ce point trop Flamand pour comprendre les belles mœurs parisiennes. Tout: sa philosophie ne put le consoler des trahisons de cette coureuse d'aventures. En vain le roi lui donna-t-il les richesses et les honneurs. A quoi bon, s'il n'y a pas au coin du feu une honnête femme qui vous attend le soir pour vous dire que vous n'avez pas perdu votre journée?

comme le collier de l'Ordre ». Aussi tout le monde les portait. Voyez-vous ces baudriers éclatants et ces épées étincelantes? Comme ce rabat en point d'Alençon contraste avec ces somptueuses perruques! Ces nœuds de rubans s'épanouissent comme des éclats de rire. Et ces plumes au vent! comme tout cela flamboie aux yeux! On voit bien de prime abord que cette belle et vaillante jeunesse qui tourbillonne autour de Louis XIV tirera bravement son épée le jour des guerres de Flandre; mais en attendant elle inaugure l'ère des conquêtes en prenant les femmes d'assaut.

Le sang est trop généreux ; il bouillonne au cœur, il monte à la tête. Louis XIV est bon compagnon d'aventures, mais il sera souvent forcé de châtier les insolences de ses gentilshommes. Il exile le comte de Guiche, il chasse le marquis de Vardes, il jette à la Bastille Bussy-Rabutin.

Louis XIV n'aimait pas la chasse quand ses femmes restaient au palais (1). Il fallait pour son plaisir braver le vent, la pluie et la neige, tantôt à cheval, tantôt en calèche. Van der Meulen a représenté les belles cavalcades de la chasse royale dans la forêt de Fontainebleau. Louis XIV est à cheval entre sa meute et ses femmes. Mademoiselle de La Vallière et madame de Montespan sont obligées de le suivre bride abattue à travers les ramées, sautant comme lui les fossés, les bancs de sable, les buissons et les rochers, entraînées comme au combat par les joyeuses fanfares. Il ne fallait pas être paresseuse

---

(1) François Ier avait institué les chasses en compagnie des femmes de la cour : on disait *la petite bande des dames*.

pour être maîtresse du roi! On se levait matin, on ne se couchait jamais qu'après minuit. Au retour de la chasse, on soupait, on dansait, on jouait à tous les jeux.

Parmi toutes ces belles femmes amoureuses, il y avait bien quelques femmes savantes, mais non pas comme Molière les a peintes. Il les fallait punir en les fouettant avec des roses, et non avec les branches de houx d'une satire vengeresse par la main rude de Toinette (1).

(1) La vraie lumière sur le front de ces femmes-là, qui l'a mieux répandue que M. Philarète Chasles? « N'avez-vous pas quelquefois vécu par la pensée au milieu de ces femmes du siècle de Louis XIV, si amoureuses de la gloire, de la dévotion et du génie; si entières dans leur foi, si patientes à lire des romans en dix volumes in-quarto, si enthousiastes des grands coups d'épée de *Clélie*, et de la *carte de Tendre*? Quel beau développement de l'âme féminine! Qu'il est complet même dans ses écarts et dans ses folies! La femme, à cette époque, ne se vante pas de ses qualités artistes; elle conserve (voyez plutôt madame de Sévigné) un fonds de sévérité à demi patriarcale, de vie réglée et sédentaire, d'amour pour la famille, de respect aveugle pour sa religion. Et sur ce tissu grave et antique vient se jouer une éclatante broderie d'imagination, de jouissances spirituelles, de galanterie raffinée, de souvenirs espagnols, d'aspirations philosophiques, d'exaltation ascétique, de vivacité ingénieuse, qui ne s'arrête pas toujours aux limites du goût, et qui va, je l'avoue, quelquefois jusqu'au ridicule de la *préciosité*. L'hôtel de Rambouillet avait donné le signal; Ninon de Lenclos, Madame, mademoiselle de Montpensier, la duchesse de Longueville, mesdames de La Fayette, de Sévigné, de Coulanges, de La Sablière, suivirent cet exemple, ouvrirent leurs salons et donnèrent l'essor à la sociabilité française. Que d'admiration pour tout ce qui est intellectuel! Quel culte sincère de l'esprit, de la pensée, même dans ses futilités! Quand on se moque des *Précieuses*, de mademoiselle de Scudéri, des folies romanesques, si bien raillées par Boileau et Molière, on oublie que c'est à cette civilisation féminine que se rattachent et Racine, et Pascal, et Molière. »

IX

Après avoir questionné tous les historiens officiels, on s'étonne de retrouver la vraie lumière dans le *Siècle de Louis XIV*, avec ce Voltaire si dédaigné des grimauds et des pédants. Comme il est national devant le grand roi, mais comme il est reconnaissant devant le grand règne ! Son style peint à vif : tout est portrait, tout est tableau. Il est si éloquent hors l'éloquence !

Qui mieux que Molière a peint de face ou par allégorie la cour de Louis XIV ! Il faut le relire, ou plutôt c'est dans la maison de Molière qu'on reconnaît le palais du roi (1). Plus d'une fois en ce livre nous

(1) Quel joli tableau que son *Lever du roi !* Ce fut en 1663 que, pour remercier Louis XIV de la pension « dont il venait d'être honoré »; Molière ordonna à sa muse d'aller à la cour, mais non pas sous la figure d'une Muse :

> Un air de muse est choquant dans ces lieux ;
> On y veut des objets à réjouir les yeux :
>   Vous en devez être avertie,
>   Et vous ferez votre cour beaucoup mieux
> Lorsqu'en marquis vous serez travestie.
> Vous savez ce qu'il faut pour paroître marquis ?
>   N'oubliez rien de l'air ni des habits ;
> Arborez un chapeau chargé de trente plumes
>   Sur une perruque de prix ;
>   Que le rabat soit des plus grands volumes,
>   Et le pourpoint des plus petits ;
>   Mais surtout je vous recommande
> Le manteau d'un ruban sur le dos retroussé.

C'est plaisir à voir comme Molière recommande à sa muse de ne pas céder le pas, de braver les huissiers, de braver les courtisans, de tenir haut la tête, de se jeter au passage du roi, ou plutôt d'entrer dans la chambre à coucher et d'assiéger la chaise à porteurs où le roi vient de monter pour tenir à distance les effusions de ces enthousiastes.

trouverons Molière historien de la cour de Louis XIV ; pareillement nous trouverons La Fontaine tour à tour en vers et en prose; pareillement nous trouverons Racine et Boileau, mais ceux-ci n'étaient-ils pas historiographes du roi?

De tous les éloges, de toutes les injures que l'enthousiasme et la haine — ou le paradoxe — ont amoncelés devant la statue de Louis XIV, il ne reste guère aujourd'hui pour la vérité que le livre de Voltaire. Saint-Simon, le grand peintre passionné et passionnant, a vu l'original de trop près: il a merveilleusement rendu les détails, il n'a pas vu l'ensemble ; il a peint le Louis XIV d'un jour et n'a pas vu le Louis XIV d'un siècle.

Je sais qu'on va sourire et me demander d'où je viens. Je réponds que je viens d'étudier Louis XIV. Saint-Simon a dit qu'il aimait la vérité jusque contre lui-même, mais il l'aima jusqu'à la défigurer sous ses embrassements, jusqu'à l'étouffer sous ses étreintes. Saint-Simon, né en 1675, n'a connu Louis XIV que déjà loin de sa gloire; il ne l'a vu que vieux, taciturne, ennuyé, revenu depuis longtemps des passions et des victoires. Il a jugé le soleil par le nuage, le tonnerre par l'écho. Son portrait du roi est d'un ennemi et non d'un historien. Ce n'est pas le cri de la vérité, c'est le cri de la vengeance. La Bruyère s'indignerait dans son tombeau, lui qui a mieux vu le grand roi.

Louis XIV se prenait un peu trop au grave, ou plutôt affectait trop les airs majestueux ; mais il avait raison de ne jouer que les grands rôles sur le théâtre de sa souveraineté. Comme a dit si justement La Bruyère, le caractère des Français demande du sé-

rieux dans le souverain. Dans son portrait de
Louis XIV, La Bruyère a constaté que ses ministres
quelque rapprochés de lui, n'étaient que ses ministres,
et ses généraux, quelque éloignés de lui, n'étaient
que ses lieutenants.

Louis XIV était le plus beau parleur de sa cour,
mais un beau parleur qui ne s'écoutait pas. Selon
Voltaire, il s'exprimait toujours noblement et avec
précision; selon Chateaubriand, il était familier aux
grâces du langage; Monchesnay raconte que devant
mesdames de Montespan et de Thianges, deux juges
sévères, il lut un jour le *Passage du Rhin*, de Boileau, « avec des sons si enchanteurs », que sa maîtresse lui arracha l'épître des mains en s'écriant : « Il
y a là quelque chose de surnaturel; je n'ai jamais
rien entendu de pareil! » Boileau disait du langage
de Louis XIV : « Il ne parle jamais sans avoir pensé;
il construit admirablement tout ce qu'il dit; ses
moindres reparties sentent le souverain, et quand il
est dans son domestique, il semble recevoir la loi
plutôt que la donner. »

X

Je ne veux pas peindre toute la galerie des maîtresses du roi; je ne veux étudier avec sollicitude
que les deux figures de La Vallière et de Montespan :
la poésie et la magnificence, la grâce et la beauté, le
charme et l'esprit de ce règne éclatant.

Pourtant je donnerai un profil fuyant des femmes
qui ont précédé mademoiselle de La Vallière, et de

celles qui ont traversé le règne de madame de Montespan.

Louis chercha d'abord l'amour là où l'amour n'était plus. Il débuta, comme tant d'enfants prodigues, avec la femme de chambre de sa mère, Catherine-Henriette Belier, femme de Pierre de Beauvais. Elle avait quarante-cinq ans. Anne d'Autriche l'avait surnommée Cataut. Elle avait tant d'expérience que le roi lui trouva de l'esprit. Elle secoua donc pour lui l'arbre de la science. S'il faut en croire l'abbé de Choisy, quelques années après, « le roi jetoit encore des regards sur cet autel où il avoit fait ses premiers sacrifices ». La Palatine la peint en vieille créature borgne, et affirme qu'elle a eu beaucoup d'élèves avant et après Louis XIV.

Quand le roi eut mangé de cette pomme mûre, il se tourna bien vite vers les pommes vertes. Il montra sa science à mademoiselle d'Argencourt, de la maison de Conti, fille d'honneur de la reine-mère. Il dansa avec elle un ballet à Fontainebleau, et jura de ne la jamais quitter si elle voulait l'aimer. Le mot *jamais* n'est pas français en amour. Selon La Fare, mademoiselle d'Argencourt « alla bientôt se consoler des inconstances du roi dans le couvent de Sainte-Marie de Chaillot, où elle a passé sa vie sans être religieuse, et après avoir donné à ce couvent vingt mille écus venant du roi ».

Première maîtresse, premier couvent, car c'est toujours au couvent que finissent les amoureuses du roi.

Louis rencontrait souvent chez sa mère les nièces de Mazarin. Il se passionna bientôt pour la plus belle, Olympe de Mancini, une Italienne blonde et grande comme une Écossaise, avec des yeux bleus, une bouche spirituelle, un accent passionné, une fille étrange, née pour la domination plutôt que pour l'amour, une reine plutôt qu'une maîtresse. Anne d'Autriche et Mazarin coupèrent dans la fleur cet amour du roi en mariant Olympe au comte de Soissons (1).

Cependant Louis lisait des romans avec Marie de Mancini. Celle-ci était si laide (2) et ressemblait si peu à une amoureuse, que la reine n'y prit pas garde. Elle apprenait l'italien au roi ; elle lui parlait de tout comme une fille curieuse qui avait tout étudié à vol d'oiseau dans la bibliothèque de son oncle. Louis, qui ne savait rien, était ravi d'aller à cette école, où l'on faisait, j'imagine, l'école buissonnière. Ce qui est certain, c'est qu'on ne perdait pas son temps. L'amour jette sur l'histoire et sur la science les plus vives lumières ; mais Anne d'Autriche découvrit que son fils devenait trop savant : elle voulut l'éloigner de son maître, — j'allais dire de sa maîtresse. Louis promit à sa mère de ne plus étudier, mais le même jour, — ô serments des cœurs de vingt ans ! — il

---

(1) Quand le petit Beauchâteau rimait ce sixain, était-il inspiré par Olympe de Mancini, qui le caressait beaucoup :

> Belle et charmante Mancini.
> Vous avez dans les yeux un éclat infini,
> Qui va jusques au cœur, et n'épargne personne :
> Moi-même en vous voyant, je sens je ne sais quoy ;
> Et sans mentir, si j'étois roy,
> Vous partageriez ma couronne.

C'était l'opinion de Louis XIV, mais le roi n'était pas encore le maître.

(2) « Laide, grosse, petite et l'air d'une cabaretière, mais de l'esprit comme un ange, ce qui faisoit qu'en l'entendant on oublioit qu'elle étoit laide. » *Histoire amoureuse des Gaules.*

jura à Marie de Mancini qu'il l'aimerait à la vie, à la mort. Marie fut si belle dans les larmes, que Louis lui jura qu'elle serait reine de France, ou qu'il y perdrait plutôt la couronne. Toute cette page d'amour est une page d'histoire. Mazarin sacrifia son orgueil à son devoir : il exila sa nièce. Louis eut beau le supplier, se jeter à ses genoux, pleurer sur ses mains et l'appeler *mon père*, le cardinal lui dit : « C'est parce que je suis votre père que Marie de Mancini va partir pour jamais. »

Elle partit. On sait quelles furent ses paroles d'adieu au roi : « Vous pleurez, et je pars ! »

Elle partit. Ce fut la jeunesse la plus orageuse du dix-septième siècle. Elle courut le monde; elle épousa le prince Colonna, connétable de Naples; elle se déguisa en homme pour revenir en France; mais le roi, qui était alors maître de l'aimer, n'avait plus d'amour pour elle : il lui donna l'ordre de s'enfermer à l'abbaye de Lys. Elle s'échappa, retrouva son mari, divorça bientôt, et sur le soir de sa vie se jeta pour mourir dans un couvent de Madrid. Cette femme, qui n'avait pu se donner « ni à Dieu ni au diable », revint encore en France, où personne ne la voulut voir, la croyant folle. Qui donc peut revenir à la cour après vingt ans d'absence ? Elle retourna en Espagne, ne pouvant vivre ni mourir.

Louis XIV l'avait bercée d'un rêve impossible : épouser le plus beau et le plus grand ! En courant le monde, elle n'avait pu retrouver son cœur ni achever son rêve.

Cependant le roi avait épousé Marie-Thérèse, une reine qui n'avait ni esprit ni beauté. Il n'y avait que le roi qui se fût marié, l'homme était toujours libre et cherchait une femme. Il rencontra une jeune fille qui l'aimait sans le vouloir, une jeune fille qui avait la beauté et la grâce, qui avait le charme, qui avait vingt ans!

Cette jeune fille se nommait mademoiselle de La Vallière.

Mais celle-là ne fut que le roman du cœur de Louis XIV : la marquise de Montespan en fut l'histoire.

II

LES FÊTES DE VERSAILLES

I

Toutes les descriptions incroyables des contes de fées sur les palais des génies ne rappellent que de loin les merveilles des fêtes de Louis XIV. Il est à remarquer d'ailleurs que Charles Perrault et madame d'Aulnoy ont écrit leurs contes au temps des féeries du grand roi; mais quel est le conte qui puisse lutter avec les *Plaisirs de l'île enchantée*, qui ont pour ainsi dire inauguré Versailles pendant sept jours? Louis XIV voulait-il débrouiller le chaos de son cœur(1)?

---

(1) « Ces fêtes, si supérieures à celles qu'on invente dans les romans, durèrent sept jours. Le roi remporta quatre fois le prix des jeux, et laissa disputer ensuite aux autres chevaliers les prix qu'il avait gagnés, et qu'il leur abandonnait. » VOLTAIRE.

Le récit de ces fêtes magiques a été recueilli dans les éditions primitives des œuvres de Molière, comme pour expliquer a *Princesse d'Elide*.

L'histoire dit que ces fêtes furent données par le roi à la reine. La reine, ces jours-là, c'était mademoiselle de La Vallière. On était encore aux primevères de l'amour ; le roi croyait n'avoir pas assez prouvé à sa maîtresse qu'il était plus magnifique que Fouquet. La fête de Vaux n'avait duré qu'un jour, la fête de Versailles devait durer toute une semaine ; Fouquet avait eu Molière pour poète dramatique et Le Brun pour décorateur ; le roi eut Corneille, Lulli, Quinault, Molière et Vigarini, qui n'était pas un grand peintre comme Le Brun, mais qui élevait des palais comme par enchantement. Mademoiselle de La Vallière aimait l'Arioste et conseilla le palais d'Alcine. La belle romanesque trouvait charmant de vivre quelques jours dans les belles imaginations du poète italien.

Peindrai-je le palais merveilleux ? Le roi représenta Roger et porta une cuirasse d'argent couverte de riches broderies d'or et d'argent ; le duc de Noailles représenta Oger le Danois, le duc de Guise Aquilant le Noir, le comte d'Armagnac Griffon le Blond, le duc de Foix Renaud, le duc d'Orléans Roland, le marquis de La Vallière Zerbin. Tous portaient sur leur écu des vers de Benserade. Le poète avait osé faire ce quatrain pour le roi :

Quelques beaux sentiments que la gloire nous donne,
Quand on est amoureux au souverain degré,
Mourir entre les bras d'une belle personne
Est de toutes les morts la plus douce, à mon gré.

Mais le roi ne voulut pas que ces vers amoureux fussent pour lui ; il les donna au marquis de La Vallière.

Peindrai-je le char gigantesque, tout éclatant d'or et d'azur, d'où sortit Apollon tout radieux, comme aux jours des jeux Pythiens, ayant à ses pieds quatre figures représentant les quatre Ages du monde? Dans le char, toutes les femmes aimées d'Apollon; sur une roue, la Fortune une main sur les yeux; sur l'autre roue, le Temps armé de la faux. Huit chevaux altiers, couverts de housses semées de soleils d'or, piaffaient et hennissaient attelés au char; les douze Heures du jour et les douze Signes du zodiaque, très richement habillés dans le plus pur style olympien, formaient la haie.

Sur un signal, les chevaux partirent. Apollon vint saluer le roi; les quatre Ages du monde lui firent compliment en vers alexandrins; Apollon lui-même prit la parole, après quoi la course de bague commença. Ce fut le marquis de La Vallière qui gagna le prix, quoique le roi l'eût disputé bien longtemps. La reine lui donna de sa main une épée d'or enrichie de diamants. Les Heures et les Signes du zodiaque se mirent à danser, sur la musique de Lulli, une des plus belles entrées de ballet qui aient été imaginées. Le Printemps y parut sur un cheval d'Espagne en habit vert brodé d'argent et de fleurs naturelles: c'était mademoiselle du Parc; l'Eté vint sur un éléphant, l'Automne sur un chameau, et l'Hiver sur un ours: c'étaient Béjart, La Thorillière et Du Parc qui ce jour-là jouaient cette comédie difficile.

Le spectacle changea: après le ballet, les Saisons se multiplièrent; douze figures printanières vinrent apporter des corbeilles pleines de confitures; douze figures de Moissonneuses suivaient, portant des fruits dans leurs paniers; venaient ensuite douze

Vendangeuses habillées de feuilles de vigne et de grappes de raisin ; enfin, cette galante mascarade était complétée par douze Vieillards gelés, couverts de neige, qui apportaient des glaces pour achever la collation. On craignait déjà de souper trop légèrement, quand tout à coup, par l'artifice de Vigarini, une montagne, une vraie montagne, s'approcha de la compagnie et s'entr'ouvrit pour étaler le festin le plus splendide qu'on eût jamais vu à la table des rois et des dieux (1).

Le second jour, ce fut Molière qui fut le héros des plaisirs de l'île enchantée par la représentation de la

(1) Madame de Montespan était déjà de cette fête. On la mit à la table d'honneur parmi les femmes de la reine.
Voici l'ordre des convives de cette table, « servie par les Plaisirs, les Jeux, les Ris et les Délices ».
La Reine-mère, assise au milieu, avait à sa droite :

Le Roi.	Mme la maréchale du Plessis.
Mlle d'Alençon.	Mme la maréchale d'Etampes.
Mme la Princesse.	Mme de Gourdon.
Monsieur.	Mme DE MONTESPAN.
Mme la duchesse de Saint-Aignan.	Mlle d'Elbeuf.
Mme de Béthune.	Mme d'Armagnac.
Mme la duchesse de Créqui.	Mme la comtesse de Soissons.
Mme de Humières.	Mme la princesse de Bade.
Mlle de Brancas.	Mlle de Grançay.

De l'autre côté étaient assises :

La Reine.	Madame.
Mme de Carignan.	Mme la princesse Bénédictine.
Mme de Flaix.	Mme la Duchesse.
Mme la duchesse de Foix.	Mme de Rouvroy.
Mme de Brancas.	Mme de La Mothe.
Mme de Froullay.	Mme de Marsé.
Mme la duchesse de Navailles.	Mlle DE LA VALLIÈRE.
Mlle d'Ardennes.	Mlle d'Artigny.
Mlle de Coëtlogon.	Mlle de Bellay.
Mme de Crussol.	Mlle de Dampierre.
Mme de Montausier.	Mlle de Fiennes.

Princesse d'Elide. Il y joua le rôle de Moron ; mademoiselle Molière joua le rôle de la Princesse.

Selon Voltaire, « la comédie de la *Princesse d'Elide,* quoiqu'elle ne soit pas une des meilleures de Molière, fut un des plus agréables ornements de ces jeux, par une infinité d'allégories fines sur les mœurs du temps et par des à-propos qui font l'agrément de ces fêtes, mais qui sont perdus pour la postérité (1) ».

Molière, dans la *Princesse d'Elide,* compare mademoiselle de La Vallière à Diane par la bouche d'Euryale embrasé de l'amour du roi :

> Je vis tous les appas dont elle est revêtue,
> Mais de l'œil dont on voit une belle statue.
> Sa brillante jeunesse observée à loisir
> Ne porta dans mon âme aucun secret désir.
> On publie en tous lieux que son âme hautaine
> Garde pour les amours une invincible haine,
> Et qu'un arc à la main, sur l'épaule un carquois,
> Comme une autre Diane elle hante les bois.

Molière va maintenant conseiller l'amour à la Diane invulnérable. C'est Cynthie, cousine de la Princesse, qui lui parle ; je me trompe, c'est mademoiselle d'Artigny :

> Jusques à quand ce cœur veut-il s'effaroucher
> Des innocents desseins qu'on a de le toucher,

---

(1) Le poète du *Cid,* l'austère Corneille lui-même, daigna amener sa muse au milieu de ces fêtes de cour ; tout le monde sait qu'il fut de moitié dans la galanterie de *Psyché :*

> Quoi ! je dis et redis tout haut que je vous aime,
> Et vous ne dites pas, Psyché, que vous m'aimez ?

Psyché, n'est-ce pas mademoiselle de La Vallière ?

Et regarder les soins que pour vous on se donne
Comme autant d'attentats contre votre personne?
Je sais qu'en défendant le parti de l'amour,
On s'expose chez vous à faire mal sa cour.
Est-il rien de plus beau que l'innocente flamme
Qu'un mérite éclatant allume dans mon âme?
Et seroit-ce un bonheur de respirer le jour,
Si d'entre les mortels on bannissoit l'amour?
Non, non, tous les plaisirs se goûtent à le suivre;
Et vivre sans aimer, n'est-ce pas ne pas vivre?

Voici la prose après les vers. C'est toujours Cynthie qui prêche :

Il est vrai, madame, que ce jeune prince a fait voir une adresse non commune, et que l'air dont il a paru a été quelque chose de surprenant. Il sort vainqueur de cette course; mais je doute fort qu'il en sorte avec le même cœur qu'il y a porté; car enfin vous lui avez tiré des traits dont il est difficile de se défendre; et, sans parler de tout le reste, la grâce de votre danse et la douceur de votre voix ont eu des charmes aujourd'hui à toucher les plus insensibles.

La Princesse masque son cœur :

Pouvez-vous bien prononcer ces paroles, et ne devez-vous pas rougir d'appuyer une passion qui n'est qu'erreur, que foiblesse et qu'emportement, et dont tous les désordres ont tant de répugnance avec la gloire de notre sexe? J'en prétends soutenir l'honneur jusqu'au dernier moment de ma vie, et ne veux point du tout me commettre à ces gens qui font les esclaves auprès de nous pour devenir un jour nos tyrans. Toutes ces larmes, tous ces soupirs, tous ces hommages, tous ces respects, sont des embûches qu'on tend à notre cœur, et qui souvent l'engagent à commettre des lâchetés. Pour moi, quand je regarde certains exemples et les bassesses épouvantables où cette position ravale les personnes sur qui elle étend sa puissance, je sens tout mon cœur qui s'émeut, et je ne puis souffrir qu'une âme qui fait profession d'un peu de fierté ne trouve pas une honte horrible à de telles foiblesses.

On voit que Molière préparait au vainqueur une difficile conquête. Cependant Euryale est plus amoureux que jamais. Comme il peint bien le chant et la danse de sa beauté (mademoiselle de La Vallière chantait et dansait Lulli avec une grâce divine) !

Ah ! Moron, je te l'avoue, j'ai été enchanté, et jamais tant de charmes n'ont frappé tout ensemble mes yeux et mes oreilles. Elle est adorable en tout temps, il est vrai, mais ce moment l'a emporté sur tous les autres, et des grâces nouvelles ont renouvelé l'éclat de ses beautés. Jamais son visage ne s'est paré de plus vives couleurs. La douceur de sa voix a voulu se faire paroître dans un air tout charmant qu'elle a daigné chanter ; et les sons merveilleux qu'elle formoit passoient jusqu'au fond de mon âme et tenoient tous nos sens dans un ravissement à ne pouvoir en revenir. Elle a fait éclater ensuite une disposition toute divine ; et ses pieds amoureux, sur l'émail d'un tendre gazon, traçoient d'aimables caractères qui m'enlevoient hors de moi-même, et m'attachoient par des nœuds invincibles aux doux et justes mouvements dont tout son corps suivoit les mouvements de l'harmonie. Enfin, jamais âme n'a eu de plus puissantes émotions que la mienne ; et j'ai pensé plus de vingt fois oublier ma résolution, pour me jeter à ses pieds et lui faire un aveu sincère de l'ardeur que je sens pour elle.

Vient la grande scène d'amour entre Euryale et la Princesse. « Il faut que le miracle éclate aux yeux de tout le monde! » dit Euryale, décidé à braver l'univers.

Dans les intermèdes, c'est toujours l'amour qui parle :

CLIMÈNE
Chère Philis, dis-moi, que crois-tu de l'amour?

PHILIS
Toi-même, qu'en crois-tu, ma compagne fidèle?

CLIMÈNE
On m'a dit que sa flamme est pire qu'un vautour,
Et qu'on souffre, en aimant, une peine cruelle.

PHILIS
On m'a dit qu'il n'est point de passion plus belle,
Et que ne pas aimer, c'est renoncer au jour.

LE CHŒUR
Songez de bonne heure à suivre
Le plaisir de s'enflammer ;
Un cœur ne commence à vivre
Que du jour qu'il sait aimer.
Quelque fort qu'on s'en defende,
Il y faut venir un jour ;
Il n'est rien qui ne se rende
Aux doux charmes de l'amour.

Tout finissait déjà par des chansons. O Molière! vert Gaulois qui riais si haut des niaiseries de l'hôtel Rambouillet et des jactances des marquis de l'Œil-de-Bœuf; ô Corneille! vieux Romain égaré à cette cour affolée! vous aussi, vous avez bu à cette coupe légère où le vin de Champagne chantait les gaietés de l'amour sans horizons!

Que dirai-je des autres jours? Une belle fête doit avoir un lendemain, mais déjà le surlendemain ennuie les plus ardents : l'homme est né pour le travail, même l'homme de cour. Aussi, quand le sixième jour arriva, Molière, hasardant trois actes de *Tartuffe*, ne réussit qu'à moitié ; le roi commençait à regretter les promenades solitaires à Fontainebleau, où il rencontrait par hasard mademoiselle de La Vallière ; la belle amoureuse, qui aimait à se cacher, commençait à souffrir de tout ce bruit et de tout cet éclat. Le septième jour, quand le roi eut gagné le prix de la course des dames, elle dit à son amant : « Si j'ai bien compté, voilà sept siècles que nous ne nous connaissons plus. »

Selon mademoiselle de Montpensier, c'est à ce voyage qu'il faut marquer la date de l'amour du roi pour la marquise de Montespan, celle-là qui s'indignait si haut : « Madame de Montespan me pria de tenir notre jeu. Elle s'en alloit demeurer dans sa chambre, qui étoit l'appartement de madame de Montausier, proche de celle du roi, et l'on avoit remarqué qu'on avoit ôté une sentinelle que l'on avoit mise jusque-là dans un degré qui avoit communication du logement du roi à celui de madame de Montausier, et elle fut mise en bas pour empêcher que personne n'entrât par l'escalier. Le roi demeuroit dans sa chambre quasi toute la journée, qu'il fermoit sur lui, et madame de Montespan ne venoit pas jouer et ne suivoit pas la reine lorsqu'elle alloit se promener, comme elle avoit accoutumé de faire. Après que les trois jours furent passés, le roi s'en alla avec son armée d'un côté et nous de l'autre. La première journée, nous fûmes coucher à Vervins, la deuxième à Notre-Dame de Liesse. Madame de La Vallière, qui revenoit avec nous, alla à confesse, et madame de Montespan aussi. »

O l'admirable moralité ! elles allèrent toutes les deux à confesse, celle qui avait régné à côté de la reine et celle qui allait régner à la place de la reine !

II

Cependant le roi, qui avait promis de ne plus danser dans les ballets, dansait encore çà et là, mais dans un cercle plus intime. Dans le *Ballet royal des Arts*, le roi voulut danser pour madame de Montespan comme il avait fait pour mademoiselle de La Vallière. Cette fois Benserade ne fut pas le confident ; il chanta les métamorphoses de La Vallière (elle s'était déguisée en bergère), sans se douter que la vraie bergère n'était plus là.

Voici les stances de Benserade :

Elle a dans ses beaux yeux une douce langueur ;
Et bien qu'en apparence aucun n'en sait la cause,
Pour peu qu'il fût permis de fouiller dans son cœur,
On ne laisseroit pas d'y trouver quelque chose.
Mais pourquoi là-dessus s'étendre davantage ?
Suffit qu'on ne sauroit en dire trop de bien ;
Et je ne pense pas que dans tout le village
Il se rencontre un cœur mieux placé que le sien.

Cette douce langueur, c'était le pressentiment des larmes de jalousie.

III

J'ai conté la première fête donnée par Louis XIV à mademoiselle de La Vallière ; je vais dire la seconde, qui fut comme un dernier beau jour.

Le *Ballet royal des Arts* ne fut que le prologue de la fête historique donnée par Louis XIV le mercredi 18e jour de juillet 1668. Ce fut la fête de la Victoire, la fête de la paix, la fête de l'amour. Mademoiselle de La Vallière était encore la souveraine pour toute la cour, mais elle savait déjà que, pour le roi, madame de Montespan serait la vraie héroïne.

L'histoire officielle dit que ce fut le roi qui ordonna ; l'histoire intime dit que mademoiselle de La Vallière mit beaucoup de son imagination dans cette féerie incomparable. Le duc de Créqui s'entendit avec Molière pour la comédie ; le maréchal de Bellefonds dirigea la collation et le souper ; Colbert fut l'architecte de ces palais d'un jour et l'artificier de ce soleil d'une nuit. Mais tous les trois prirent les idées de celle-là qui commandait encore. Molière n'eut pas besoin de tenir conseil ; il se contenta, comme on verra tout à l'heure, de rimer des vers amoureux dans les intermèdes de *Georges Dandin*. Il savait bien que l'amour était le roi de la fête et que Louis XIV serait le roi de l'amour.

Mais voyons l'œuvre du maréchal-cuisinier. Dans un des bassins du labyrinthe il avait dressé cinq buffets surchargés de toutes les merveilles de la gourmandise. Les contes de fées de Perrault étaient dépassés. « L'une des tables représentoit une montagne où, dans plusieurs espèces de cavernes, on voyait diverses sortes de viandes froides; l'autre étoit comme la face d'un palais bâti de massepains et pâtes sucrées; il y en avoit une chargée de pyramides de confitures sèches, une autre d'une infinité de vases remplis de toutes sortes de liqueurs, et la dernière étoit composée de caramels. Toutes ces tables, dont les plans étoient ingénieusement formés en divers compartiments, étoient couvertes d'une infinité de choses délicates et disposées d'une manière toute nouvelle; leurs pieds et leurs dossiers étoient environnés de feuillages, mêlés de festons de fleurs, dont une partie étoit soutenue par des bacchantes. Du milieu de ces tables s'élevoit un jet d'eau de plus de trente pieds de haut, dont la chute faisoit un bruit très agréable : de sorte qu'en voyant tous ces buffets d'une même hauteur, joints les uns aux autres par les branches d'arbres et les fleurs dont ils étoient revêtus, il sembloit que ce fût une petite montagne du haut de laquelle sortît une fontaine. »

Le roi, la reine, toute la cour s'arrêta devant cette collation olympienne. Après avoir touché à tout, mais avec la légèreté des abeilles sur les sainfoins, « la cour abandonna les tables au pillage des gens qui suivoient, et la destruction d'un arrangement si beau servit encore d'un divertissement agréable à toute la cour, par l'empressement et la confusion de ceux qui démolissoient ces châteaux de massepains et ces montagnes de confitures ».

Mais ce n'était que le commencement. On alla au théâtre, qui était couvert de feuillée au dehors, et au dedans paré de riches tapisseries de haute lisse. « Du haut du plafond pendoient trente-deux chandeliers de cristal, portant chacun dix bougies de cire blanche. Autour de la salle étoient des sièges disposés en amphithéâtre. L'ouverture du théâtre étoit de trente-six pieds, et de chaque côté il y avoit deux grandes colonnes torses de bronze et de lapis, environnées de branches et de feuilles de vigne d'or. Elles étaient posées sur des piédestaux de marbre, et portoient une grande corniche aussi de marbre, dans le milieu de laquelle on voyait les armes du roi sur un cartouche doré accompagné de trophées. L'architecture étoit d'ordre ionique. Entre chaque colonne il y avoit une figure : celle qui étoit à droite représentoit la Paix, et celle qui étoit à gauche figurait la Victoire. »

Quand se leva la toile qui masquait le théâtre, ce fut comme un songe : des perspectives imprévues, des chandeliers jetant des lumières d'eau vive, des fontaines versant du vin de Champagne, avec des coupes d'or et d'argent à la dérive.

Le roi seul ne fut pas surpris d'une telle magnificence ; on lui eût ouvert le ciel même qu'il se fût imaginé être encore chez lui.

Vint le tour de Molière : on l'applaudit beaucoup de la main, de l'éventail et de la voix, quand on le vit venir sous l'habit de Georges Dandin. On applaudit beaucoup ses vers des intermèdes, de mauvais vers, je me trompe, des vers d'occasion, écrits pour être chantés, mais pourtant écrits çà et là pour être entendus, par exemple ceux-ci :

> Pourquoi faut-il qu'un tyrannique honneur
> Tienne notre âme en esclave asservie ?

Et plus loin, ne fit-il pas un peu rougir mademoiselle de La Vallière, car tout le monde la regardait un peu quand Climène chanta :

> Ah! qu'il est doux, belle Sylvie,
> Ah! qu'il est doux de s'enflammer;
> Il faut retrancher de la vie
> Ce qu'on en passe sans aimer.

Et surtout lorsque Chloris répliqua :

> Ah ! les beaux jours qu'Amour nous donne,
> Lorsque sa flamme unit les cœurs!
> Est-il ni gloire ni couronne
> Qui vaille ses moindres douceurs ? (1)

Après le spectacle, le roi pria Colbert de lui amener M. de Molière pour lui exprimer son contentement et pour le garder au souper.

On avait bâti pour le souper un temple digne de Salomon et de la reine de Saba. C'était un palais octogone dont les pilastres ruisselaient d'or, d'argent, de gerbes d'eau et de gerbes de feu. L'une des

---

(1) Pour les curieux des coulisses, je donne le nom des comédiens qui ont représenté, chanté et dansé dans les intermèdes de la comédie de *Georges Dandin* :

Georges Dandin, *Molière*. Bergers dansants déguisés en valets de fête, *Beauchamp, Saint-André, La Pierre, Favier*. Bergers jouant de la flûte, *Descôteaux, Philbert, Jean et Martin Hotteterre*, Climène, *Mademoiselle Hilaire*. Chloris, *Mademoiselle des Fronteaux*. Tircis, *Blondel*. Philène, *Gaye*. Bateliers dansants, *Beauchamp, Jouan, Chicanneau, Favier, Noblet, Mayeu*. Bergers dansants, *Chicanneau, Saint-André, La Pierre, Favier*. Bergères dansantes, *Bonard, Arnard, Noblet, Foignard*. Satyre chantant, *Estival*. Suivant de Bacchus, chantant, *Gingan*. Suivants de Bacchus, dansants, *Beauchamp, Dolivet, Chicanneau, Mayeu*. Bacchantes dansantes, *Paysan, Manceau, Le Roi*. Un berger, *Le Gros*.

huit portes était gardée par deux Faunes dorés qui jouaient de la flûte. Au-dessus des portes on avait sculpté, en bas-relief, les quatre Saisons et les quatre Parties du jour, des chefs-d'œuvre de Le Gros et Tuby. Mais toutes ces beautés du dehors étaient oubliées dès qu'on avait franchi le seuil de ce palais merveilleux. « Si tout le monde fut surpris en voyant par dehors la beauté de ce lieu, on le fut encore davantage en voyant le dedans. Il étoit presque impossible de ne se pas persuader que ce ne fût un enchantement, tant il y paroissoit de choses qui sembloient ne se pouvoir faire que par magie. Au milieu il y avoit un grand rocher, et autour du rocher une table de figure octogone chargée de soixante-quatre couverts. Ce rocher étoit percé en quatre endroits ; il sembloit que la nature eût fait choix de tout ce qu'elle a de plus beau, et qu'elle eût elle-même pris plaisir d'en faire son chef-d'œuvre, tant les ouvriers avoient bien su cacher l'artifice dont ils s'étoient servis pour l'imiter. Sur la cime du rocher étoit le cheval Pégase ; il sembloit, en se cabrant, faire sortir de l'eau qu'on voyoit couler doucement de dessous ses pieds, mais qui aussitôt tomboit en pluie et en cascades. »

Les mille lumières qui brûlaient au centre du rocher répandaient des prismes sur les nappes d'eau et donnaient à chaque goutte l'éclat du diamant.

Ce qui contrastait avec le rocher moussu, c'était un beau groupe en marbre d'Apollon et des Muses, qui semblaient descendus de l'Olympe pour fêter le grand roi.

Dirai-je tous les lustres de cristal de roche qui défiaient la lumière du soleil, les potiches japonaises à demi perdues sous les roses, les orangers tout fleuris et tout chargés d'oranges ? Nous nous arrêterons un instant devant les buffets. « On voyoit sur l'un d'eux vingt-quatre bassins d'argent d'une grandeur extrême et d'un ouvrage merveilleux ; ils étoient séparés les uns des autres par autant de grands vases, de cassolettes et de girandoles d'argent d'une pareille beauté. Il y avoit sur la table vingt-quatre grands pots d'argent remplis de toutes sortes de fleurs, avec la nef du roi, la vaisselle et les verres destinés pour son service. Au-devant de la table, on voyoit quatre guéridons d'argent de six pieds de haut, sur lesquels étoient des girandoles d'argent allumées de dix bougies de cire blanche. » Mais la description remplit cinquante pages. Rien n'y est omis, pas même les cuvettes. Il est vrai qu'elles étaient d'argent et qu'elles pesaient mille marcs.

Cependant Sa Majesté a faim ; elle daigne s'asseoir parmi les simples mortels, je veux dire les simples mortelles, car, hormis les princes du sang, nul n'osa se mettre à la table du roi.

Parmi les dames qui inscrivirent cette faveur de souper à la table des dieux sur leur grand-livre héraldique, je nommerai mademoiselle d'Angoulême, mesdames de La Fayette, de Nemours, de Richelieu ; mademoiselle de Tresmes, madame de Fiesque, les maréchales d'Estrées, de La Ferté, d'Albrecht, de L'Hôpital ; la duchesse de Richemont, la présidente Tubœuf, qui le lendemain se fit appeler madame la baronne ; la comtesse de Louvigny, la duchesse de Virtemberg, mademoiselle de La Vallière et sa jeune belle-sœur, marquise de fraîche date.

Mademoiselle de La Vallière se plaça par hasard

vis-à-vis du roi. Mais où soupait donc la reine ? Sous une simple tente, avec Madame et Mademoiselle. Quand le roi prenait du plaisir, il n'aimait pas que la reine fût de moitié.

Sous quatre tentes voisines, il y avait huit tables présidées par la comtesse de Soissons, la princesse de Bade, la duchesse de Créqui et quatre maréchales. Près de là, dans une grotte, soixante-deux ambassadeurs soupaient en même temps.

Molière avait sa table et présidait sa compagnie. Au dessert, les ambassadeurs se trompèrent de grotte et allèrent prendre des leçons de français et de Françaises.

Le Dauphin soupa seul au château, craignant de se perdre en une telle nuit.

Tout le monde soupa. On n'a pas gardé le menu de ce repas, qui dépasse tout ce que les poètes ont rêvé chez les dieux. « Je n'entreprendrai pas d'en faire le détail, dit l'historiographe ; je dirai seulement que le pied du rocher était revêtu, parmi les coquilles et la mousse, de quantité de pâtes, de confitures, de conserves d'herbages et de fruits sucrés, qui sembloient être crues parmi les pierres et en faire partie. Il y avoit, sur les huit angles qui marquent la figure du rocher et de la table, huit pyramides de fleurs, dont chacune étoit composée de treize porcelaines remplies de différents mets. Il y eut cinq services, chacun de cinquante-six plats. »

Qui dira les merveilles du dessert ? Tout le paradis perdu et retrouvé, un dessert selon toutes les saisons et selon tous les pays.

Ce n'était pas toute la fête. On se réunit bientôt dans la salle de bal, revêtue de marbre et de porphyre. « Un grand portique servoit d'entrée à ce riche salon. Du milieu du portique pendoient de grands festons de fleurs, attachés de part et d'autre. Aux deux côtés de l'entrée, et sur deux piédestaux, on voyoit des Termes représentant des Satyres, qui étoient là comme les gardes de ce beau lieu. Contre les huit pilastres qui formoient ces arcades, et sur des piédestaux de marbre, on avoit posé huit grandes figures de femmes qui tenoient dans leurs mains divers instruments, dont elles sembloient se servir pour contribuer au divertissement du bal. »

Combien d'autres figures, et Flore, et Pomone, et les Naïades, et les grottes en rocailles et les vases d'argent remplis de fruits, et les guirlandes de roses, et les jets d'eau qui jouent au prisme, et les boules de cristal qui jouent aux pierres précieuses!

J'oublie de parler de toutes ces belles femmes, épaules nues, chevelures bouclées, la joie aux yeux, le rire sur les dents. Ici, La Vallière qui se souvient; ici, Montespan qui espère. Qui donc a payé tous ces diamants qui brûlent les regards, toutes ces dentelles qui sortent de la main des fées, toutes ces robes venues des Indes? Ah! Georges Dandin, dans quel pays es-tu joué?

Cependant il faut encore les éblouir, ceux qui sont dans l'éblouissement : voilà que tous les jardins s'allument, que tout le palais s'embrase. « Le château étoit orné de quarante-cinq figures. Dans le milieu de la porte du château, il y en avoit une qui représentoit Janus ; et, des deux côtés, dans les quatorze fenêtres d'en bas, l'on voyoit différents trophées de guerre. A l'étage d'en haut, il y avoit quinze figures qui représentoient les Vertus (quinze vertus à Versailles!); au-dessus, les Muses; un soleil avec des lyres et d'autres instruments aimés d'Apollon, qui paroissoient en quinze différents endroits. Toutes ces figures étoient de diverses couleurs, mais si brillantes et si belles, que l'on ne pouvoit dire si c'étoient des métaux allumés ou des pierres de plusieurs couleurs qui fussent éclairées par un artifice inconnu. »

Ne semble-t-il pas que toutes les étoiles du ciel sont de la fête? Les voyez-vous qui vont et viennent qui montent, qui descendent? Le cercle de feu se rapproche : tout le monde a peur. Colbert a-t-il eu des distractions? On se précipite sous les bosquets, les hommes avec les femmes, le roi avec mademoiselle de La Vallière. C'est le bouquet! mais on n'a que le temps de s'embrasser au vol. Colbert n'a jamais de distractions : il n'a voulu que faire une surprise.

Et la musique de Lulli achève d'enivrer tout ce beau monde, qui ne pense pas un seul instant que près de là, à la grille même du château des merveilles, une pauvre femme prie et pleure, tout affamée, pour ses enfants!

Qu'importe! passe ton chemin et reviens plus tard. Comment t'appelles-tu, bonne femme? — Je m'appelle la France : je reviendrai!

IV

Cette fête n'eut pas de lendemain pour mademoiselle de La Vallière, parce que le lendemain de cette fête madame la marquise de Montespan rencontra le roi dans le labyrinthe.

Le roi fut quelque peu surpris de trouver madame de Montespan là où il ne rencontrait que mademoiselle de La Vallière. « Si matineuse! dit Louis XIV. — Le soleil n'est-il pas levé? » répondit la marquise en s'inclinant. On se promena durant une demi-heure; on se fût promené jusqu'à midi, si mademoiselle d'Artigny n'était venue en ambassade secrète, et n'eût, par le souvenir de mademoiselle de La Vallière, détourné le roi du chemin de la marquise.

Cette rencontre fut comme un premier éclair dans le ciel bleu. L'orage était loin encore, mais l'orage brûlait déjà l'horizon.

Le roman de madame de Montespan ne sera pas poétique comme celui de sa rivale, mais il sera plus aventureux, plus compliqué, plus tragique.

III

LES PORTRAITS DE MADAME DE MONTESPAN

I

Mademoiselle de La Vallière mourut de chagrin d'avoir été maîtresse du roi, et madame de Montespan mourut de chagrin de ne l'être plus.

Quand madame de Montespan est venue, peut-être n'y avait-il plus que le roi : Louis s'était évanoui dans la dernière étreinte de mademoiselle de La Vallière.

Toute la poésie du règne, j'ai voulu dire la jeunesse, était partie pour le couvent des Carmélites. Madame avait emporté à son lit de mort la joie de Saint-Germain et de Fontainebleau ; mademoiselle de La Vallière emporta l'amour de Versailles, et tout s'en alla en oraisons funèbres ! — *Madame se meurt ! Madame est morte !*

Vous ne verrez plus les mascarades galantes ; vous n'entendrez plus ces belles conversations qui commençaient avec un madrigal de l'Astrée et qui s'achevaient par un éclat de rire de Molière ; vous n'assisterez plus à ces chasses où, dans les halliers retentissants, chaque Endymion eut sa Diane ! Plus de fanfares et plus de cavalcades ! Plus d'île enchantée où vivaient les romans de l'Arioste et les contes du Décaméron ! *Mademoiselle de La Vallière se meurt ! mademoiselle de La Vallière est morte !*

Elle le crie elle-même : elle a jeté sa vie « dans le cercueil de la pénitence ! »

C'en est fait ! le roi Apollon ne poursuivra plus Daphné sous les ramées mystérieuses ! Racine ne chantera plus les Andromaque et les Bérénice, ces La Vallière métamorphosées, ces plaintives figures qui osent dire au roi lui-même les faiblesses du roi ! Si Mignard veut encore peindre l'amour, il ne peindra plus que l'amour de Madeleine repentie.

II

Madame de Montespan n'est pas introuvable comme mademoiselle de La Vallière au musée de Versailles. Elles sont toutes les deux dans les grands appartements ; mais là où mademoiselle de La Vallière n'a qu'une douteuse copie, madame de Montespan a un portrait original, sans doute peint par Mignard. Elle est adorablement belle, dans sa robe rouge, toute noyée de perles et de dentelles, avec ses blonds cheveux qui lui baisent l'épaule. Quoique blonde, elle aimait les tons vifs et heurtés ; ce n'était point assez pour elle d'avoir une robe rouge, il lui fallait encore une plume rouge sur la tête. Ce portrait la représente jeune, mais l'esprit va se lever avec cette aurore. Le rayon transperce déjà cette légère brume matinale qui est le duvet de la jeunesse.

Dans la galerie des Portraits on la retrouve, mais plus moqueuse : cette bouche-là va parler, le trait va partir, le mot rit déjà sur la lèvre. Qu'est-ce qui va être montespanisé ?

Madame de Montespan, qui est tout esprit, ne se fait jamais peindre ni en Diane, ni en Junon, ni en Daphné; le sentiment poétique n'a pas hanté son âme; elle rit tout haut du carnaval mythologique ; elle trouve que c'est assez d'être la fière, belle et charmante marquise de Montespan, sans vouloir être encore une divinité olympienne.

Mignard l'a pourtant décidée un jour à se laisser peindre dans une nuée de Cupidons armés de flèches et de roses. Ce portrait, connu sous le nom de *Portrait aux Amours*, a été souvent copié.

La Palatine, qui a été forcée de vivre beaucoup avec elle, à son corps défendant, a plus d'une fois peint à la plume la marquise de Montespan : « La Montespan étoit plus blanche que La Vallière; elle avoit une belle bouche et de belles dents, mais elle avoit l'air effronté. » Madame de Montespan avait l'air hautain et spirituel plutôt qu'effronté. La duchesse d'Orléans continue ainsi : « Elle avoit de beaux cheveux blonds, de belles mains, de beaux bras; ce que La Vallière n'avoit pas; mais celle-ci était fort propre, et la Montespan une sale personne. » La Palatine donnait un coup de griffe après avoir donné un coup de plume. Je ne m'explique pas bien ce dernier trait. Quand on a de belles dents, de beaux cheveux, de belles mains, on est le contraste d'une personne propre (1).

Madame de La Fayette peint ainsi madame de Montespan — avant la lettre — à la cour d'Henriette d'Angleterre : « La seconde fille du duc de Mortemart, qu'on appeloit mademoiselle de Tonnay-Charente, étoit encore une beauté très achevée, quoiqu'elle ne fût pas parfaitement agréable. Elle avoit beaucoup d'esprit et une sorte d'esprit plaisant et naturel, comme tous ceux de sa maison. »

Saint-Simon disait : « belle comme le jour », une beauté en pleine lumière qui semblait répandre des rayons (2). Mais qui l'a mieux peinte que madame de Sévigné : « Un jeu de reversi donne la forme et fixe tout. Le roi est auprès de madame de Montespan, qui tient la carte. C'est une chose surprenante que sa beauté. Elle étoit tout habillée de point de France, coiffée de mille boucles ; les deux des tempes

(1) La Palatine la calomnie encore dans sa manière de raconter qu'à une revue, « les soldats s'étant mis à crier : *Konigs Hure! Hure!* elle dit au roi que les Allemands étoient trop naïfs d'appeler toutes choses par leur nom ».

Les chansonniers accusaient madame de Montespan d'avoir eu des amants avant d'être au roi. On citait tout haut le comte de Fontenac, mais il n'était que son ami :

<blockquote>
Je suis ravi que le roi, notre sire,
Aime la Montespan ;
Moi, Fontenac, je me crève de rire...
</blockquote>

(2) M. le duc de Noailles, qui a étudié de tout près la marquise de Montespan, dans son *Histoire de madame de Maintenon*, peint la femme visible avec une véritable sympathie : « La nature avoit prodigué tous ses dons à madame de Montespan : des flots de cheveux blonds, des yeux bleus ravissants avec des sourcils plus foncés, qui unissoient la vivacité à la langueur, un teint d'une blancheur éblouissante, une de ces figures enfin qui éclairent les lieux où elles paroissent. »

lui tombent fort bas sur les joues ; des rubans noirs à sa tête, des perles de la maréchale de l'Hôpital, embellies de boucles, et des pendeloques de diamants de la dernière beauté, trois ou quatre poinçoins, point de coiffe ; en un mot une triomphante beauté à faire admirer à tous les ambassadeurs. Elle a su qu'on se plaignoit qu'elle empêchoit toute la France de voir le roi ; elle l'a redonné, comme vous voyez ; et vous ne sauriez croire la joie que tout le monde en a, ni de quelle beauté cela rend la cour. »

L'abbé Testu, un des quarante, celui-là que Ninon avait surnommé : *Testu, tais-toi*, a très finement dit des trois filles du duc de Mortemart, pour exprimer les nuances de leur esprit : « Madame de Thianges parle comme une personne qui rêve, madame de Fontevrault comme une personne qui parle, et madame de Montespan comme une personne qui lit (1). » Elle lisait un beau livre, très savant, très varié, très spirituel : le livre de son cœur.

Le père de madame de Montespan était un homme de plaisir qui ne doutait de rien, excepté de Dieu

---

(1) Selon Voltaire, « Athénaïs de Mortemart, femme du marquis de Montespan, sa sœur aînée la marquise de Thianges, et sa cadette, pour qui elle obtint l'abbaye de Fontevrault, étaient les plus belles femmes de leur temps ; et toutes trois joignaient à cet avantage des agréments singuliers dans l'esprit.

» Le duc de Vivonne, leur frère, maréchal de France, était aussi un des hommes de la cour qui avaient le plus de goût et de lecture. C'était lui à qui le roi disait un jour : *Mais à quoi sert de lire ?* Le duc de Vivonne répondit : « La lecture fait à l'esprit « ce que vos perdrix font à mes joues. » C'est qu'il avait de l'embonpoint et de belles couleurs.

» Ces quatre personnes plaisaient universellement par un tour singulier de conversation mêlé de plaisanterie, de naïveté et de finesse, qu'on appelait l'esprit des Mortemart. »

peut-être ; il avait épousé une dévote qui passait toutes ses journées à l'église. Il disait que c'était le mariage le mieux assorti, puisqu'il ne voyait jamais sa femme ; en effet, si elle passait la journée dans les églises, il passait la nuit au jeu, dans le cortège des mauvaises passions. Il était batailleur, insolent, hautain, fort en gueule. Madame de Montespan était le portrait de son père, adouci par sa mère. Le diable-à-quatre était tempéré par l'idée de Dieu. Pendant toute sa vie, même aux jours les plus emportés, elle aimait, comme sa mère, le pieux spectacle des églises.

III

Madame de Montespan n'était pas une beauté ; c'était la beauté : un profil fier et noble, un front de marbre, de blonds cheveux jaillissant en gerbes rebelles aux morsures du peigne, des yeux ardents tour à tour allumés par l'esprit et par la passion, un nez franco-grec aux narines mobiles comme des ailes d'oiseau, une bouche rieuse, toujours ouverte pour railler, montrant à demi des dents destinées à vivre cent ans, comme les perles : un cou divinement attaché à des épaules d'un dessin ferme et d'un ton vivant. Quand il la peint, Mignard dévoile son sein, parce qu'elle a le sein fort beau et fort orgueilleux, comme tout le reste. La main et le pied sont du format diamant : je juge du pied par la main que j'ai sous les yeux, si toutefois Mignard n'a pas vu cette main par le petit bout de la lorgnette. Et comme elle marchait bien ! quelle éloquence de mouvements ! quelle souveraineté dans le geste ! Celle-là était née pour régner, celle-là avait le sang, la race, la divinité, — je parle à la surface.

Et encore cette belle calomniée n'avait pas jeté son cœur sous les pieds des chevaux du roi, ni son âme aux passions honteuses. Si elle fut belle toujours, elle fut noble jusqu'à la fin. Elle ne s'humilia jamais que devant Dieu : car ce fut pour Dieu qu'elle s'humilia devant son mari quand sonna l'heure de la pénitence.

Ah! celle-là était née pour aller dans les carrosses du roi, pour présider les carrousels, pour changer l'eau en vin dans les soupers de Versailles! Quel entrain diabolique! quel esprit à tout propos! quelle folie éclatante! Le roi-soleil n'était plus qu'une ombre devant elle, — son ombre!

Et pourtant, quelle tristesse sous cette gaieté du dehors! Elle a étouffé mademoiselle de La Vallière dans sa passion pour le roi, mais du même coup elle s'est tuée elle-même.

C'est une femme mal comprise jusqu'ici : on l'a jugée sans l'entendre. Sa beauté et son esprit ont masqué son cœur. On n'a pas pénétré dans cette nature inquiète et chercheuse, éprise du bien et tombant dans le mal sans y penser, voulant et ne voulant pas, toute au caprice de l'heure, fantasque et dangereuse comme la Méditerranée à l'équinoxe; obéissant à la raillerie pour dominer, pour s'amuser, pour se venger ; se pavanant, parce qu'elle voulait contraster avec mademoiselle de La Vallière, riant à gorge déployée, parce que sa rivale pleurait toutes ses larmes.

Elle raillait tout le monde et se raillait elle-même « pour dispenser les autres de le faire ». Quand le roi était avec elle à la fenêtre de son cabinet de Versailles, les courtisans se détournaient de peur de la mousqueterie. Elle avait imaginé un jeu de cartes en action, composé des hommes et des femmes de la cour. Rien n'amusait Louis XIV comme sa manière de battre les cartes et de retourner le valet de cœur sur la dame de carreau. Il fallait avoir la clef du jeu pour le comprendre, et comme elle ne la donnait à personne, le soir, au jeu de la reine, elle osait tout haut brouiller les cartes et amener les batailles et les rencontres les plus curieuses.

La reine elle-même n'était pas sacrée pour elle. Un jour, on racontait que dans une promenade Marie-Thérèse avait vu tout à coup dans un gué son carrosse se remplir d'eau. « Ah! si nous avions été là, dit en riant madame de Montespan, nous aurions crié : La reine boit ! (1) »

Le roi, qui ne put s'empêcher de rire, rappela pourtant ce jour-là à l'ordre madame de Montespan. « C'est votre reine, madame! » La marquise aurait pu répliquer : « C'est la vôtre, monsieur! »

Madame de Montespan était contemporaine de mademoiselle de La Vallière (2), et elle arriva au cœur du roi en passant par le même chemin. Comme mademoiselle de La Vallière, elle débuta dans les filles d'honneur de Madame. C'était alors mademoiselle de Tonnay-Charente. A son mariage, elle

(1) Mot qui indigne beaucoup un historien de la marquise : « Cette parole rappelle les bouffonneries sanguinaires du proconsul Carrier. »

(2) Moins jeune de trois ans, mais plus femme et plus maîtresse femme.

Elle avait vingt-deux ans quand elle épousa, en 1663, le marquis de Montespan.

obtint le titre de dame du palais de la reine. Se maria-t-elle par amour ou par vanité? Le marquis de Montespan était beau, galant, comme elle hautain et dédaigneux. C'était son homme, avant qu'elle eût trouvé son homme dans le roi. Il jouait sans sourciller, perdait ou gagnait avec le même sourire vingt mille écus. Il faisait sonner haut toutes les cloches héraldiques de sa maison. Elle commença par l'adorer et par lui donner un fils, celui-là qui devint le duc d'Antin, qui fut joueur comme père et mère, et qui se moqua de tous les deux.

IV

LE ROMAN DE MADAME DE MONTESPAN

I

Le roi, au retour des campagnes de Flandre, disait à madame de La Vallière : « Voyez-vous comme madame de Montespan m'attaque ! Elle voudrait bien que je l'aimasse, mais je n'en ferai rien (1). » L'aveugle maîtresse croyait que l'amour des rois, comme l'amour de Dieu, ne finit jamais.

Louis XIV ne voulait pas prendre madame de Montespan au sérieux. Il aimait l'amour qui ne rit pas, l'amour profond, l'amour romanesque. Il y avait en lui du héros de roman plus que du héros. Aux jours de passion, c'était plutôt un personnage

(1) « Le roi ne pouvoit d'abord souffrir madame de Montespan ; il reprochoit à Monsieur et à la reine de la garder dans leur société, et il en devint ensuite éperdument amoureux. Il s'est ensuite aussi peu tracassé d'elle que de la Fontange. Elle étoit encore plus ambitieuse que débauchée, mais méchante comme le diable. » LA PALATINE.

de mademoiselle de Scudéri qu'un grand homme de Plutarque.

Madame de Montespan aimait son mari avant d'aimer le roi ; l'amour du roi lui fit peur, elle eut le vertige et montra l'abîme au marquis de Montespan : « C'est trop vivre à la cour, lui dit-elle ; allons vivre en notre château. » Le marquis ne comprit pas. Quelques jours après, la jeune femme, toute rougissante et tout émue, se cache le front sur le cœur du mari pour lui dire qu'il est encore temps de partir. « Expliquez-vous, madame. — Que je m'explique ? Sachez donc que cette fête dont tout le monde parle, le roi la donne pour moi. » Le marquis domina sa jalousie : Eh bien, n'êtes-vous donc pas assez belle pour qu'on vous donne des fêtes ? ou plutôt êtes-vous assez folle pour vous figurer que cette fête est en votre honneur ? — Puisqu'il faut vous le dire, le roi est amoureux de moi. — Eh bien ! l'amour du roi n'est pas une injure ; vous savez votre devoir. — Oui, je sais mon devoir, mais j'ai peur. » Le marquis de Montespan, qui jouait un peu les capitaines Fracasse, dit qu'il n'avait pas peur, et que si sa femme n'était pas digne de son nom et du sien, il mettrait le roi à la raison.

Madame de Montespan fut d'abord très recherchée par la reine, qui tous les soirs l'appelait chez elle, toute ravie de son esprit, pour lui faire prendre en patience les conversations du roi avec mademoiselle de La Vallière. Madame de Montespan fut comme la reine, mais sans le savoir, jalouse de la maîtresse du roi : ce fut par la jalousie que commença son amour. Quand le roi rentrait une heure plus tard, elle avait, elle aussi, ses impatiences et ses colères. Louis XIV, qui n'était jamais pressé de se coucher, car c'était l'heure de la reine, se jetait en rentrant dans un fauteuil, et, pour perdre ou pour gagner du temps, il priait madame de Montespan de lui conter une de ces histoires qu'elle contait si bien. Ce fut ainsi qu'elle commença le conte de Mille et une Nuits.

II

Cependant il arriva qu'un soir Marie-Thérèse attendit le roi plus longtemps que de coutume, — et madame de Montespan n'était pas là. — *Monsieur*, frère du roi, donnait une fête au Palais-Royal. Marie-Thérèse demanda si mademoiselle de La Vallière était allée à la fête.

C'était au moment même où mademoiselle de La Vallière en revenait. La reine l'appela, elle ne demandait qu'à entrer : « Le roi m'avoit dit qu'il ne feroit que paroître à cette fête. — Il n'a fait que disparoître, dit mademoiselle de La Vallière ; je le croyois revenu depuis longtemps ; je ne vous croyois pas seule, madame. — La marquise de Montespan vouloit rester avec moi, c'est moi qui l'ai forcée d'aller danser. »

On voit qu'il était dans la destinée de madame de Montespan de devenir la maîtresse du roi. Elle demanda à quitter la cour (1), son mari ne le voulut

(1) Selon Saint-Simon, « quand elle s'aperçut des dispositions du roi en sa faveur, elle en avertit son mari ; elle lui assura qu'une fête que le roi donnoit étoit pour elle ; elle le pressa et le conjura avec les plus fortes instances de l'emmener dans ses terres de Guyenne, et de l'y laisser jusqu'à ce que le roi l'eût oubliée. » Selon madame de Caylus, « il n'auroit tenu qu'au

pas ; elle voulait veiller avec la reine, ce fut la reine qui l'envoya veiller avec le roi.

Le lendemain, ce fut un grand éclat ; la cour partit pour Versailles, madame de Montespan dit à son mari qu'elle y accompagnait Madame et qu'elle allait dans le carrosse de la reine : « Vous voulez dire dans le carrosse du roi, madame ; je vous défends de partir. »

Cette fois, madame de Montespan releva la tête et dit qu'il était trop tard pour vivre en son château. Il y eut une scène terrible ; le mari frappa la femme, disant qu'il gardait la moitié de sa colère pour le roi. Madame de Montespan ne partit pas dans le carrosse de la reine, mais elle courut à Versailles, tout épouvantée, supplier le roi de se mettre en garde. Elle croyait à toute heure voir arriver son mari. Le roi lui dit qu'il ne se mettrait en garde que pour la protéger, comme s'il était lui-même invulnérable dans sa majesté.

Tout Versailles prit naturellement la cause de la femme battue. La reine était indignée.

Le lendemain, on ne songeait peut-être plus guère au mari, quand un homme tout vêtu de noir, comme dans les légendes, se présenta fièrement à la porte du palais de Versailles.

Comme il avait ses grandes entrées, on le laissa passer. Il arriva sans obstacle jusque dans le salon

---

marquis d'emmener sa femme, et que le roi, quelque amoureux qu'il fût, auroit été incapable, dans les commencements, d'employer son autorité pour la retenir ; mais que le mari, bien loin d'user de la sienne, ne songea d'abord qu'à profiter de l'occasion pour son intérêt et sa fortune, et il ne marqua ensuite du mécontentement et du dépit que parce que le roi ne lui accordoit pas ce qu'il vouloit. »

des Glaces, où il trouva un grand nombre de courtisans qui attendaient le roi au sortir du conseil.

Tous le connaissaient, tous vinrent à lui, très surpris de le voir en grand deuil. On eut beau l'interroger, il demeura silencieux ; mais le roi passant bientôt, il se jeta sur la haie. « Pourquoi ce grand deuil ? demande le roi surpris. — Sire, je porte le deuil de ma femme ! »

Le roi ne voulut pas entendre, mais tout le monde entendit. « Le deuil de votre femme ! — Oui, Sire, je ne la verrai plus ! »

Et il s'en alla sans ajouter un mot. Il revint à Paris dans une voiture de deuil, disant partout que sa femme était morte.

On ne prit pas au sérieux cette grande douleur et cette grande leçon.

Le bruit se répandit que le marquis de Montespan était devenu fou (1) ; le roi donna l'ordre à Colbert de veiller sur lui. Il y a toute une correspondance entre le roi et le ministre à ce sujet. Le roi veut qu'on exile le marquis de Montespan, exil cruel, puisque c'est pour qu'il vive seul dans le château où il n'a pas voulu vivre à deux, lui qui aimait sa femme. Colbert demande un délai pour que le futur exilé puisse mettre un peu d'ordre dans sa fortune ; le roi veut qu'on lui donne vingt mille écus tous les ans,

---

(1) Il chantait lui-même l'air de cette chanson bien connue :

> On dit que La Vallière
> S'en va sur son déclin ;
> Ce n'est que par manière
> Que le roi va son train.
> Montespan prend sa place :
> Il faut que tout y passe
> Ainsi de main en main.

mais qu'il s'éloigne à toute bride. Henri-Louis de Pardaillan de Gondren, marquis de Montespan, s'indigne et se révolte; il veut courir à Versailles pour cravacher du même coup S. M. Louis XIV et celle dont il porte le deuil. Mais il est gardé à vue, il ne trouvera pas un seul carrosse pour le conduire à Versailles : ce n'est plus de ce côté-là qu'est son chemin.

Ne sait-on pas toute son histoire : il partit pour l'exil. Il se réfugia à ce fier château de Montespan, « ce géant de la montagne » dont les ruines ont conservé je ne sais quel air hautain (1). Il y vécut un demi-siècle avec une plaie au cœur; « il y vécut toute sa vie et mourut amoureux de sa femme, dit Saint-Simon. Il ne pardonna jamais. »

Au jour des humiliations, la marquise de Montespan lui demandera la grâce de rentrer chez lui comme la dernière de ses servantes; il ne daignera pas lui répondre. Est-ce qu'il reconnaîtrait la maîtresse de Louis XIV ? Il avait aimé dans sa jeunesse la fille du duc de Mortemart, il lui avait donné son cœur et son nom ; mais celle-là était morte un soir, à une fête du Palais-Royal. S'il pleure encore, c'est la mort de celle-là. Qui lui importe celle qui a survécu ?

Quand il mourut, il dit à son fils : « Monsieur, quand tout à l'heure je serai couché dans la tombe, vous pourrez sans honte faire graver ces mots sur le

---

(1) Ce beau château bâti à l'avant-garde des Pyrénées a été abandonné à la Révolution. Le parc n'est plus qu'une forêt. Mais les hyvers et la bande noire n'ont pu ruiner tout à fait cette demeure féodale, dont tous les murs sont encore debout.

marbre : *Ci-gît Henri-Louis de Pardaillan de Gondren, marquis de Montespan.* »

III

Quand mourut le marquis de Montespan, le roi n'était pas mort, et madame de Maintenon lui lisait la Bible. Un soir elle pâlit, effrayée de la pâleur de Louis XIV. Elle venait de lui lire l'histoire de David et Bethsabée : « Rouvrez votre Bible, lui dit le roi, et recommencez ce que vous m'avez lu. » Madame de Maintenon obéit :

Il arriva que David, s'étant levé de dessus son lit après midi, se promenait sur la terrasse de son palais. Alors il vit une femme, vis-à-vis de lui, qui se baignait sur la terrasse de sa maison ; et cette femme était fort belle.

Le roi envoya donc savoir qui elle était. On lui vint dire que c'était Bethsabée, fille d'Éliam, femme d'Urie Héthéen.

David ayant envoyé des gens, la fit venir ; et, quand elle fut venue vers lui, il dormit avec elle.

Elle retourna chez elle ayant conçu. Dans la suite, elle envoya dire à David : « J'ai conçu. »

Urie Héthéen passa la nuit suivante devant la porte du palais du roi avec les autres officiers, et il n'alla point en sa maison.

David le fit venir pour manger et pour boire à sa table, et il l'enivra. Mais s'en étant retourné au soir, il dormit avec les officiers du roi, et il n'alla point chez lui.

Le lendemain au matin, David envoya à Joab, par Urie même, une lettre

Écrite en ces termes : « Mettez Urie à la tête bataillon où le combat sera le plus rude, et faites en sorte qu'il soit abandonné et qu'il y périsse. »

Louis XIV demeura longtemps silencieux : « C'est, dit-il, mon histoire avec le marquis de Montespan que j'ai enterré vif dans son château. »

V

GRANDEUR ET DÉCADENCE
DE
MADAME DE MONTESPAN

I

Pendant que la duchesse de La Vallière pleure ses péchés dans les solitudes « peuplées de prières », que devient sa rivale d'hier? Sans doute son règne est toujours de ce monde; mais elle aussi verra se lever le jour des pénitences. La première s'appellera mademoiselle de Fontanges, la seconde madame de Maintenon.

Tant que mademoiselle de La Vallière fut à la cour, madame de Montespan craignit pour sa souveraineté. Elle avait beau railler le roi sur ses romanesques amours au clair de la lune, elle s'avouait tout bas que Louis XIV aimait beaucoup à parler de ses premières aventures; elle avait peur qu'un jour il ne retombât sous le joug de celle qui l'enchaînait

avec ses bras. Quand mademoiselle de La Vallière
eut franchi le seuil des Carmélites, elle respira en
toute liberté, comme si le monde était désormais à
elle (1). Elle s'habilla tout d'or et d'argent : robes
battantes, tout battant d'or; robes lamées d'argent,
brodées aux Indes. C'était un éblouissement à éblouir
jusqu'à madame de Sévigné : « Madame de Montespan portoit une robe d'or sur or rebrodé d'or, et par-
dessus un or frisé rebroché d'un or mêlé avec un
certain or qui fait la plus divine étoffe qui ait jamais
été imaginée. Ce sont les fées qui ont fait cet ouvrage
en secret : âme vivante n'en avoit connoissance. On
voulut la donner aussi mystérieusement qu'elle avoit
été fabriquée. Le tailleur de madame de Montespan
lui apporta l'habit qu'elle lui avoit ordonné. Il en
avoit fait le corps sur des mesures ridicules. Voilà
des cris et des gronderies, comme vous pouvez penser. Le tailleur dit en tremblant : « Madame, comme
le temps presse, voyez si cet autre habit que voilà ne
pourroit point vous accommoder, faute d'autre. »
On découvre l'habit : « Ah! la belle chose! ah!
quelle étoffe! Vient-elle du ciel? Il n'y en a point de
pareille sur la terre. » On essaye le corps, il est à
peindre. Le roi arrive, le tailleur dit : « Madame, il

---

(1) « Les questions de moralité écartées, rien n'est comparable à la destinée d'une maîtresse de Louis XIV, le plus galant
des hommes, quand il n'en était pas le plus indifférent, le plus
égoïste. Tout cédait le pas à ses maîtresses. Avant ses fils, avant
ses bâtards, avant lui-même, il mettait madame de Montespan
comme il avait mis auparavant mademoiselle de La Vallière,
comme il devait mettre plus tard madame de Maintenon. Madame de Montespan assistait au conseil des ministres, suivait
le roi à la chasse, ou plutôt était suivie du roi, qui ne lui parlait jamais que chapeau bas à la portière, la glace à demi soulevée. » LÉON GOZLAN.

est fait pour vous. » On comprend que c'est une galanterie, mais qui peut l'avoir faite? »

Madame de Montespan avait inventé les robes flottantes pour cacher ses grossesses, écrivait la Palatine (1). Mademoiselle de La Vallière disait à ce propos : « Je ne porte pas de robes flottantes, j'ai revêtu la robe de Nessus. »

Après l'avoir peinte à Versailles et à Paris, madame de Sévigné l'a peinte en province : « Madame de Montespan partit jeudi de Moulins dans un bateau peint et doré, meublé de damas rouge, que lui avoit fait préparer M. l'intendant, avec mille chiffres, mille banderoles de France et de Navarre : jamais il n'y eut rien de plus galant. Cette dépense va à plus de mille écus, mais il en fut payé tout comptant par la lettre que la belle écrivit au roi. Elle n'y parloit, à ce qu'elle lui dit, que de cette magnificence. Elle ne voulut point se montrer aux femmes, mais les hommes la virent à l'ombre de M. l'intendant. Elle s'est embarquée sur l'Allier pour trouver la Loire à Nevers, qui doit la mener à Tours, et puis à Fontevrault, où elle attendra le retour du roi, qui est différé par le plaisir qu'il prend au métier de la guerre. Je ne sais si on aime cette préférence. »

Et, peu de temps après, la divine gazetière suit la favorite à Bourbon : « Madame de Montespan est à Bourbon, où M. de La Vallière avoit donné ordre

---

(1) « Ces robes-là ne laissent pas voir la taille, mais lorsqu'elle les prenoit, c'étoit comme si elle eût écrit sur son front ce qu'elle vouloit cacher; tout le monde disoit à la cour : « Madame de » Montespan a pris sa robe battante, donc elle est grosse. » Je crois qu'elle le faisoit à dessein et dans l'idée que cela lui donneroit plus de considération à la cour; c'étoit ce qui arrivoit en effet. » LA PALATINE.

qu'on vînt la haranguer de toutes les villes de son gouvernement. Elle ne l'a point voulu. Elle a fait douze lits à l'hôpital; elle a donné beaucoup d'argent; elle a enrichi les Capucins; elle souffre les visites avec civilité. Madame Fouquet a été la voir; madame de Montespan l'écouta avec douceur et avec une apparence de compassion admirable. Dieu fit dire à madame Fouquet tout ce qui peut s'imaginer de mieux au monde, et sur l'instante prière de s'enfermer avec son mari, et sur l'espérance qu'elle avoit que la Providence donneroit à madame de Montespan, dans les occasions, quelque souvenir et quelque pitié de ses malheurs. Enfin, sans rien demander de positif, elle lui fit voir les horreurs de son état et la confiance qu'elle avoit en sa bonté, et mit à tout cela un air qui ne peut venir que de Dieu. Ses paroles m'ont paru toutes choisies pour toucher un cœur sans bassesse et sans importunité; je vous assure que le récit vous en auroit touchée. » Madame de Montespan, touchée elle-même, ne désarma pas Louis XIV contre Fouquet. Le roi gardait mieux ses haines que ses amours : aussi la royauté absolue de l'altière marquise ne dura pas.

II

Cependant que pensait la reine Marie-Thérèse, cette bonne et sainte femme dont Louis XIV a dit : « Elle ne m'a donné qu'un seul chagrin dans sa vie, c'est le jour de sa mort? » Elle avait abdiqué, et se consolait du trône au pied de l'autel. Quand on lui venait apprendre que le roi était en galanterie avec quelque dame de la cour, elle répondait d'un air détaché pour cacher les épines de son cœur : « Cela regarde madame de Montespan. »

Dans son voyage triomphal à travers les Flandres, le roi emmena madame de Montespan. La marquise monta dans le carrosse royal à côté de Madame, en face de la reine, qui ne s'indigna pas d'entendre les paysans crier au passage : *Voilà les trois reines !* Oui, les trois reines : celle qui était, celle qui avait été celle qui n'avait pas osé être.

Ce fut en ce voyage que le roi donna des gardes (1) à sa maîtresse, décidant qu'il aurait chez elle un cabinet de travail. Le grand dominateur était subjugué; il trouvait doux de s'enchaîner dans les fantaisies impérieuses de la marquise. Mademoiselle de La Vallière ne l'avait retenu qu'avec des roses, il aimait à sentir les épines de madame de Montespan. Il aimait jusqu'aux orages qu'elle suscitait. Ce fut dans le même temps que Louis XIV permit à Louvois de parler aussi haut que lui et de lui insuffler ses colères. C'était l'heure des tempêtes.

Madame de Montespan, dans une lettre à son frère le duc de Vivonne, a conté les prouesses de ce voyage royal. Pourquoi ne pas donner ici madame de Montespan peinte par elle-même ?

« Que j'aurois eu tort de suivre votre avis et de

---

(1) « On avoit placé des gardes du corps chez madame de Montespan, et c'étoit raisonnable, car le roi étoit nuit et jour dans ses appartements; il y travailloit avec ses ministres. Mais comme l'appartement étoit fort grand et se composoit de beaucoup de chambres, la dame pouvoit bien faire ce qu'elle vouloit. Quand elle sortoit en voiture, elle avoit des gardes, de peur que son mari ne lui fît quelque affront. » Le mari n'a été que le prétexte pour avoir des gardes.

21.

rester à Paris, où l'on doit s'ennuyer depuis le matin jusqu'au soir, la grande majorité des gens aimables ayant suivi la cour en Flandre!

» Vous croyez peut-être que nous éprouvons ici les terreurs attachées à l'état de guerre, que nous politiquons, que nous sommes entourés de morts et de blessés. Non, mon frère, non, rien de tout cela ne trouble la joie qui ne nous a pas quittés depuis notre départ. D'abord nous avons fait la route très commodément : il n'y avoit dans le carrosse du roi que la reine, *Madame* et moi. Les acclamations les plus flatteuses précédoient et suivoient Leurs Majestés. Madame, qui possède toutes les grâces du corps et de l'esprit, avoit sa part des acclamations. Je pourrois aussi vous confier, tout bas, que je crois qu'il y avoit quelques petites choses pour moi; car depuis, étant sortie seule, j'ai été accueillie je dirois presque avec enthousiasme. Le roi a poussé la bonté jusqu'à me donner des gardes; j'en ai toujours quatre aux portières de mon carrosse.

» Dans chaque ville, nous avons un bal paré et masqué. M. le Dauphin est arrivé avec toute sa cour. *Mademoiselle* l'a suivi de près; elle jouit en silence de la faveur de son amant, qui est à la tête de la compagnie des gardes, et, en cette qualité, ne quitte jamais le roi. Les belles Flamandes sont venues visiter cette cour, qui fait des conquêtes en chantant et en dansant. Rien n'étoit comparable au dernier banquet donné à Dunkerque. Madame étoit rayonnante de joie; la reine avoit aussi un air de fête. La belle, la superbe mademoiselle de Keroual étoit à côté de Madame, qu'elle accompagne en Angleterre. Je crois que toutes les plus belles femmes s'étoient réunies pour orner cette fête. Jamais je n'ai vu le roi aussi beau. L'on n'eût osé penser que d'aussi grands intérêts l'occupoient : galant avec toutes les femmes, respectueux au delà de ce qu'on peut dire avec la reine. Enfin, tout le monde a sujet d'être fort content de son voyage.

» La flotte du roi d'Angleterre étoit superbe. Madame s'est embarquée avec beaucoup de courage ; cependant nous avons cru, toute la cour et moi, que son dernier entretien avec le roi avoit été attendrissant, car ses beaux yeux étoient chargés de pleurs. La reine l'a tenue longtemps embrassée et ne l'a quittée que lorsque le roi lui a dit : « Ce n'est pas une séparation éternelle, nous la reverrons bientôt. « Alors Madame a repris sa sérénité et s'est embarquée avec un air tranquille, qui nous a imposé silence sur les dangers de la mer qui nous l'enlève.

» La cour est restée sur le port aussi longtemps qu'on a pu se faire des signes. Tout à coup, le roi a pris la reine par le bras d'un côté, et moi de l'autre. »

Il n'y avait plus que deux reines. Quand Madame revint d'Angleterre, elle n'eut pas le temps de ressaisir sa souveraineté. Elle franchit gaiement le seuil du palais de Saint-Cloud, jeune encore, belle toujours, rêvant aux fêtes de la vie ; mais ce fut la mort qui, le poison à la main, lui chanta la chanson de l'hospitalité.

III

La Palatine, qui va à tort et à travers avec sa plume tudesque, jette plus d'un trait lumineux sur la vérité. Selon elle, La Vallière a aimé le roi par amour, « la Montespan par ambition, la Soubise par intérêt, et la Maintenon par l'un et l'autre motif. La Fontanges l'a beaucoup aimé aussi, mais en héroïne de roman. » Donc la première ne cherchait que l'amour dans l'amour, la seconde l'ambition, la troisième l'argent, la quatrième l'ambition et l'argent, enfin la cinquième le romanesque. La Palatine revient sur madame de Montespan et mademoiselle de Fontanges : « La Montespan étoit un diable incarné, mais la Fontanges étoit bonne et simple. Toutes deux étoient fort belles. La dernière est morte, dit-on, parce que la première l'a empoisonnée dans du lait. Je ne sais si c'est vrai, mais ce que je sais bien, c'est que deux des gens de la Fontanges moururent, et on disoit publiquement qu'ils avoient été empoisonnés. »

Madame de Montespan était femme à battre mademoiselle de Fontanges, mais non pas à l'empoisonner. Elle avait des colères soudaines, mais point de sourdes rancunes; elle vivait à jour, ne prenant jamais de masque. « Montons dans le même carrosse, dit-elle un matin à madame de Maintenon; nous y causerons, et nous ne nous en aimerons pas mieux. »

Pendant cinq années l'altière marquise eut un si vif rayonnement, qu'elle éclipsa le roi lui-même. Toute la cour était tournée vers cette planète ardente, qui dérangeait les astres consacrés. Elle régnait impérieusement; le conseil des ministres était présidé par elle et chez elle. Jamais Cléopâtre ne s'était nourrie de si belles perles. Le roi, allant la voir à Clagny, compta des milliers de maçons, de jardiniers, d'artistes. « C'est mon Versailles, » lui dit-elle. Le roi eut peur et se jeta dans le sein de son confesseur, ce qui ne l'empêcha pas de se jeter le lendemain dans le poussière de ce char de feu. Il alla si loin dans cette folie royale, qu'il légitima les enfants qu'elle lui avait donnés, — enfants nés d'un double adultère !

IV

Cependant un jour Bossuet osa faire éclater la vérité au palais de Versailles : « Méditez, Sire, cette parole du Fils de Dieu ; elle semble être prononcée pour les grands rois et pour les conquérants : « Que sert à l'homme, dit-il, de gagner le monde, si cependant il perd son âme ? Et quel gain pourra le récompenser d'une perte si considérable ? » Que vous serviroit, Sire, d'être redouté et victorieux au dehors, si vous êtes au dedans vaincu et captif ? Priez donc Dieu qu'il vous affranchisse ; je l'en prie sans cesse de tout mon cœur. Mes inquiétudes pour votre salut redoublent de jour en jour, parce que je vois tous les jours de plus en plus quels sont vos périls. »

C'était Dieu lui-même qui frappait à mort madame de Montespan. Le roi eut honte d'avoir été si longtemps « vaincu et captif ». Toutefois il retomba plus d'un jour encore sous le joug haï et adoré.

L'année 1676 fut marquée par un jubilé. Louis XIV, qui n'avait pas tout à fait perdu de vue le royaume du ciel, représenta à sa maîtresse qu'il leur fallait apaiser la colère de Dieu par un grand acte de contrition. Il lui conseilla de faire son jubilé à Paris, pendant qu'il ferait le sien à Versailles, pour ne pas retomber à toute heure dans le péché. Madame de Montespan obéit; elle-même avait ses moments de repentir et d'effroi. Elle alla à Paris, elle s'enferma dans un couvent, elle mit un cilice, elle pria avec délire; mais dès que le temps marqué pour gagner le ciel fut expiré, elle mit quatre chevaux à son carrosse et courut à Versailles.

Cependant le roi avait prié de son côté. Bossuet, comme un tonnerre d'éloquence, n'avait pas craint de lui dire en chaire que la France tout entière serait châtiée pour les égarements du roi; il peignit avec son fier et lumineux pinceau les flammes entrevues par la porte de l'enfer, cette porte qui s'ouvrait pour tout le monde, même pour les majestés. Je ne sais pas si Louis XIV eut peur de Dieu, mais il eut peur du diable; il se confessa et promit de ne plus revoir madame de Montespan. Ce fut alors qu'elle se présenta à Versailles. Elle eut beau vouloir passer, hautaine comme toujours, elle ne passa pas ; ce fut toute une affaire d'État. La cour rigide, le e la reine, les confesseurs, les amis de la d   le La Vallière, tout le monde se groupa autou   i; mais le roi eut peur de s'ennuyer: il demanda que la marquise fût reçue à la cour comme dame d'honneur, puisque c'était son droit. Il promit de ne plus lui parler en public; il proposa même au plus docte de la cour de l'assister pour la première entrevue. Ce fut solennel. Elle vint comme une jeune vierge timide et rougissante. Il l'attendait gravement, entouré de son conseil extraordinaire. Le roi commence à parler dans le style de Bossuet, sans bien savoir ce qu'il disait ; la marquise dit que ce n'est pas la peine de faire un sermon, puisqu'elle a compris que son temps avait passé. Elle qui ne pleurait jamais, elle trouva ce jour-là l'éloquence des larmes. Bossuet fut vaincu. « Madame, dit le roi en prenant la main de celle qu'il ne devait plus voir qu'en public, j'ai un mot à vous dire. » Il la conduisit dans l'embrasure d'une fenêtre. « Vous êtes fou, lui dit-elle quand il fut seul pour l'entendre. — Oui, lui répondit-il en la dévorant des yeux, oui, je suis fou, puisque je t'aime toujours. » L'altière marquise releva la tête et regarda victorieusement la pieuse assemblée, comme pour se venger tout de suite de son quart d'heure d'humiliation. Le roi lui dit mille choses tendres, sans penser à ceux qui faisaient galerie ; et tout d'un coup, reprenant la main de sa maîtresse, il fit un profond salut et disparut avec elle, laissant dans la confusion tous les sermonneurs.

S'il en faut croire madame de Caylus, une fille naquit de cette aventure, celle qui épousa le régent. Aussi dit-elle que cette princesse avait dans sa figure et dans son caractère je ne sais quelles traces de ce combat de l'amour et du jubilé.

Cependant le premier coup était porté : la passion survécut, mais frappée mortellement. Madame de Maintenon, qui avait joué son rôle dans le jubilé, savait maintenant que c'était par la porte de l'enfer qu'elle aurait raison de Louis XIV. A chaque rencontre, elle lui représentait que Dieu réservait à sa grande âme un royaume céleste, plus beau encore que le royaume de France; elle n'oubliait pas non plus de jeter la terreur religieuse dans le cœur de madame de Montespan : aussi vit-on peu à peu la maîtresse du roi se réfugier à l'église, jeûner et envier sœur Louise de la Miséricorde. La duchesse d'Uzès lui dit un jour : « Est-ce bien vous ? — Parce qu'on fait un péché, répondit-elle, croyez-vous qu'on les fasse tous ? » Madame de Maintenon l'accompagnait à la messe. Un matin, après avoir communié, elle cria gaiement à son cocher : « A Versailles ! — Non, madame, s'écria avec indignation celle qui la donnait à Dieu pour ne plus la rencontrer sur le chemin du roi, vous ne ferez pas cela ! — J'en ferai bien d'autres, » reprit madame de Montespan en se jetant dans son carrosse.

Elle ne communiait pas tous les jours si facilement. Le curé de Bourbon, où elle allait tous les ans, ne voulut pas lui donner l'absolution, sous prétexte qu'elle scandalisait toute la France. Elle se plaignit à Louis XIV, qui porta ses griefs au tribunal de Bossuet. Bossuet dit que le prêtre méritait un évêché. Montausier, qui était présent, osa dire que la marquise devait remercier un prêtre qui lui avait épargné un sacrilège.

L'amour du roi déclina vite (1) : la servante devint

---

(1) « Tout le monde croit que l'étoile de *Quanto* pâlit. Il y a des larmes, des chagrins, des gaietés affectés, des bouderies; enfin, ma chère, tout finit. On regarde, on juge, on devine, on croit voir des rayons de lumière sur des visages que l'on trouvoit indignes, il y a un mois, d'être comparés aux autres. On joue fort gaiement, quoique la belle garde sa chambre. Les

la maîtresse ; la maîtresse ne voulut pas devenir la servante, comme la douce, silencieuse et résignée La Vallière. Aux fêtes d'automne 1679, le nom de madame de Montespan n'était pas sur les listes dictées par le roi. « Sire, lui dit-elle avec sa raillerie plus amère que jamais, j'ai une grâce à vous demander... Permettez-moi d'amuser les gens du dernier carrosse et de présider dans l'antichambre. — Non, lui dit le roi, car avec vous le dernier carrosse serait le premier, et l'antichambre serait le salon. »

Cependant elle fut du premier carrosse ; elle eut la joie de tourmenter cette bonne madame de Maintenon qui avait autant d'esprit qu'elle, mais qui, par humilité chrétienne, éteignait ses mots dans l'eau bénite. C'était désormais une lutte mortelle entre ces deux femmes. On a accusé madame de Montespan d'avoir empoisonné mademoiselle de Fontanges : si elle avait voulu verser la mort, c'eût été dans la coupe de madame de Maintenon.

Le roi n'eût donc pas sitôt raison d'elle. Il lui permit quelque temps après d'acheter de la comtesse de Soissons la charge de surintendante de la maison de la reine. Çà et là il se laissait reprendre à toutes les séductions de ce vif et cruel esprit, à tout le charme fantasque de cette beauté qui défiait les hyvers. Madame de Maintenon devait arriver jusque sur le trône, mais elle faisait son trou sous terre et perdait beaucoup de temps dans les ténèbres.

---

uns tremblent, les autres rient ; les uns souhaitent l'immutabilité, les autres un changement de théâtre ; enfin, voici le temps d'une crise digne d'attention, s'il faut en croire les plus fins. » MADAME DE SÉVIGNÉ.

V

Madame de Montespan jouait à jeu découvert comme son ami Lauzun, deux ambitieux de la même force, qui s'imaginèrent s'aimer au début, tant ils avaient les mêmes aspirations. Ils s'aimaient parce qu'ils retrouvaient l'un dans l'autre toute la folie de leur orgueil. La grande Mademoiselle avait tort d'être jalouse de madame de Montespan, et Louis XIV, quand il surprenait Lauzun sous le lit de la marquise, avait tort de l'envoyer à Pignerol : l'ambition n'a jamais enfanté l'amour.

Madame de Montespan, avec toute sa beauté et tout son esprit, ne pouvait lutter longtemps devant le roi contre cette femme, moitié dieu et moitié démon, qui lui prenait ses enfants (1) et montrait le

(1) Ç'a été une des vives douleurs de madame de Montespan, quoiqu'elle n'eût pas au cœur l'amour maternel bien chaud, de voir ses enfants boire le lait spirituel de cette méchante nourrice qui s'appelait madame de Maintenon. La gouvernante rivale prit à ses maléfices tous les bâtards du roi et les détacha de la vraie mère. Plus d'une fois madame de Montespan se plaignit au roi : « Sire, on me prend mes enfants. » Mais Louis XIV lui disait, impatienté : « Eh, qu'en feriez-vous, madame ? » Le roi avait raison : elle eut beau se faire peindre en Charité, ses puissantes mamelles versaient du lait, mais point d'amour. Si Michelet n'a pas bien peint La Vallière, il a largement réussi Montespan : « C'était une fort belle Poitevine, enjouée, grande et grasse. Son portrait (à Fontainebleau), la représente assise, nourrissant de jolis enfants, dont l'un tette avidement ses beaux seins pleins de lait. Eh bien ! ces attributs touchants, cette plénitude charmante de la seconde jeunesse qui éclipse la première, ici ne charment pas du tout. On ne la sent pas vraiment mère. Pas un enfant n'irait à elle. Elle n'aimait point les enfants, ni les siens mêmes, ni per-

ciel à Louis XIV à travers le ciel de son lit ; cette donneuse d'eau bénite qui disait à sa confidente madame de Fontenay : « Je le renvoie toujours affligé et jamais désespéré. »

L'abbé de Choisy a écrit une page de l'histoire de cette décadence : « Madame de Maintenon n'étoit plus dans une fort grande jeunesse, mais elle avoit les yeux si vifs, il paroissoit tant d'esprit sur son visage quand elle parloit d'action, qu'il étoit difficile de la voir souvent sans prendre de l'inclination pour elle. Le roi, accoutumé dès son enfance au commerce des femmes, avoit été ravi d'en trouver une qui ne lui parloit que de vertu. Il ne craignoit point qu'on dît qu'elle le gouvernoit : il l'avoit reconnue modeste et incapable d'abuser de la familiarité du maître. D'ailleurs, il étoit temps pour la santé de son corps et pour celle de son âme qu'il songeât à l'autre vie, et cette dame étoit assez heureuse pour y avoir songé de bonne heure. La retraite austère à laquelle les personnes en faveur sont presque toujours condamnées ne lui faisoit aucune peine. Ce fut une grande distinction pour elle d'être nommée

---

sonne. Avec ce grand luxe de chair, cette richesse de vie et de sang qui souvent donne au moins certaine bonté physique, une nature ingrate perce pourtant. Le peintre, en appelant ce portrait-là la Charité, a l'air de se moquer de nous. »

Le même historien dit encore : « Le roi jusque-là aimait trois femmes très bonnes : la reine, Madame et La Vallière. Il craignait les méchantes. » La Montespan était plus railleuse que méchante ; elle riait tout haut et ne frappait pas dans l'ombre. C'est encors une erreur de Michelet de dire que la Montespan « était venue à la cour dans le ferme propos de se faire maîtresse du roi ». La marquise était de la cour sans y être venue. Elle avait aimé son mari ; le roi l'a prise, et elle a pris le roi, sans préméditation.

pour faire le voyage de Baréges avec le roi, et d'autant plus grande qu'il fit dire en même temps à madame de Montespan qu'elle n'iroit pas, ce qui lui donna de furieuse vapeurs, la préférence d'une personne qu'elle estimoit beaucoup au-dessous d'elle la mettant hors des gonds.

Mais le roi décida de ne point faire le voyage. « Il eut la bonté ou la foiblesse de le mander à madame de Montespan, qui étoit encore à Rambouillet, et qui partoit le lendemain pour Fontevrault. Elle fut transportée de joie, et revint toute courante à Versailles. Là elle espéroit encore de rengager un prince qui avoit pour elle tant d'égards, et, se flattant d'être encore aimable, elle attribuoit à un reste de passion ce qui ne venoit que de politesse. Le roi l'avoit quittée de pure lassitude. Dès qu'elle fut revenue à Versailles, le roi alla chez elle, et continua à y passer tous les jours en allant à la messe; mais il n'y étoit qu'un moment et toujours avec les courtisans, de peur qu'on ne le soupçonnât de reprendre ses chaînes rompues depuis longtemps ». De peur surtout de madame de Montespan.

Louis XIV, d'ailleurs, ne se croyait plus aimé de madame de Montespan. « Madame, lui disait-il, les femmes qui aiment le jeu n'aiment que le jeu. » Ce fut alors que La Bruyère, qui étudiait les femmes à l'œuvre, écrivit cette pensée : « Il est étonnant de voir dans le cœur de certaines femmes quelque chose de plus vif et de plus fort que l'amour pour les hommes : je veux dire l'ambition et le jeu. De telles femmes rendent les hommes chastes : elles n'ont de leur sexe que les habits. »

Le moraliste se trompait : madame de Montespan

était trop femme pour ne pas l'être toujours, même à travers le jeu et l'ambition.

Madame de Sévigné ne se trompait pas : « On me mande qu'on est à Fontainebleau au milieu des plaisirs sans avoir un moment de joie. La faveur de madame de Maintenon croît toujours ; celle de *Quanto* va diminuant à vue d'œil ; celle de Fontanges est au plus haut degré. *Quanto* dansa au dernier bal toutes sortes de danses, comme il y a vingt ans, et dans un ajustement extrême. Tout le monde croit... Enfin, adieu, je me porte bien. »

Je ne redirai pas toutes les péripéties de cet amour qui avait commencé par un éclat de rire et qui dedevait finir dans un océan de larmes.

VI

Une des pages du dénoûment fut un acte de comédie. Bossuet avait dit au roi, qui se plaignait des hommes et des choses : « Sire, tant que les ministres de vos passions seront plus puissants que vos ministres d'Etat, vos passions troubleront l'Etat. » Le roi s'écria : « Eh bien, je vous abandonne mes passions ! »

Bossuet exigea une lettre d'adieu à madame de Montespan. Le roi prit une plume et écrivit la lettre la plus tendre. Bossuet « la remit à madame de Montespan, et en rapporta une réponse encore plus tendre. Ce commerce dura quelques jours : on se faisoit des promesses de s'aimer chastement ; on se donnoit des rendez-vous pour les violer. Racine mettoit en vers les billets du roi, et M. de Condom, le courrier, sans le savoir, des deux amants, couvert d'un manteau gris, alloit tous les soirs de Clagny à Versailles. »

Madame de Sévigné n'osait rire tout haut des choses de la cour. La Bruyère mettait des masques à ses vérités. Boileau riait en prose, mais s'enthousiasmait en vers. Racine versait à tous le mensonge ambroisiaque de sa poésie. Bossuet lisait timidement quelques prophéties d'Isaïe. Molière, Molière lui-même, répandait sa gaieté sur toutes ces fêtes. Il n'y avait qu'un sage en France qui osât jeter un rire moqueur sur ce long carnaval.

Ce sage, c'était une courtisane ; mais c'était la courtisane Aspasie, — je veux dire Ninon de Lenclos.

Le roi avait peur de cet esprit qui frappait juste et qui courait le monde comme une monnaie sans alliage. Il avait l'habitude de demander à chaque événement du sérail : « Qu'a dit Ninon ? »

Singulier temps ! Ninon était la conscience du roi et l'opinion publique !

VII

Cependant, un jour, Bossuet vint apporter l'extrême-onction à madame de Montespan, à ce cœur qui voulait persister dans son agonie. « Ne parlez pas, dit-elle au grand prédicateur, je sais bien que vous venez prononcer mon oraison funèbre. — Oui, madame la marquise, le roi ne vous aime plus. »

Bossuet fut doux et terrible : il échoua.

Madame de Maintenon vint la seconde. « Je sais bien ce qui vous amène, dit la marquise de Montespan, qui avait été instruite la veille. L'amour du roi est mort, et vous m'apportez une lettre de faire part. Allez, madame, vous n'obtiendrez rien ; je meurs où je m'attache. »

Le croira-t-on ? le troisième, ce fut le duc du Maine, le fils du roi et de madame de Montespan : « Cher enfant, lui dit-elle en l'embrassant, quelle bonne nouvelle m'apportes-tu ? » On lui avait dit toute cette odieuse comédie, préparée par madame de Maintenon ; on lui avait dit que le fils viendrait lui-même dire à la mère qu'il fallait qu'elle se résignât à quitter le monde, que le grand roi était tourmenté par ses remords, que Dieu voulait une expiation.

Le duc du Maine n'eut pas le courage d'ouvrir son cœur. Il avait été à bonne école pour suivre les sentiers tortueux : madame de Maintenon avait appris à son élève le grand art de parler pour déguiser sa pensée. Aussi, après avoir embrassé sa mère, le duc du Maine lui dit, avec l'accent de M. Tartuffe, qu'elle n'avait plus qu'une seule branche de salut pour se rattraper à l'amour du roi : c'était de lui faire croire qu'elle ne voulait plus le voir jamais. « Il sera offensé de cet adieu silencieux, il sera irrité de cet exil prémédité, il sera désolé de cette absence imprévue, il rappellera pour son triomphe celle qu'il a le plus aimée. » Ainsi parlait le fils à la mère. La mère aurait voulu étouffer le fils sur son cœur dans sa colère, mais elle aussi elle dissimula. Elle promit au duc du Maine de quitter Versailles. Peut-être croyait-elle que son fils lui donnait un bon conseil sans le vouloir. Elle ne désespérait pas encore de voir le roi revenir si elle fuyait. Elle monta dans son carrosse, — madame de Maintenon elle-même avait veillé à ce que les chevaux fussent attelés, — elle regarda une dernière fois le château de Versailles, — et elle s'éloigna pour jamais de ce paradis perdu (1).

Dès qu'elle fut partie, le duc du Maine donna l'ordre que tous les meubles, toutes les robes, toutes les parures de sa mère la suivissent le même jour à Paris, « pour lui ôter tout prétexte de revenir à la cour, dans la crainte que, si le roi la revoyoit, il lui rendît ses bonnes grâces ».

Digne fils d'une telle mère.

Une fois seule à Paris, madame de Montespan chercha ses amis. Elle s'aperçut ce jour-là qu'elle n'en avait pas. « J'oubliais, dit-elle, il m'en reste une! »

---

(1) « Elle s'habille ; elle gronde les femmes déjà du ton aigre d'une dévote ; elle projette d'embellir Fontevrault ; elle trouve qu'il est bien dur de ne pas voir achever le château de Versailles. Elle interrompt des actes de contrition par des plaintes secrètes contre cette grâce qui choisit si mal son temps ; elle n'a jamais été si aimable, elle n'a jamais été si aimée, et peut-être n'a-t-elle jamais tant aimé. Encore si elle pouvoit se flatter que le roi sera fidèle à sa première douleur ! Elle le voit voler à de nouvelles amours, chercher une femme qui lui accorde les premières faveurs sans scrupule et les suivantes sans remords, la combler de ces grâces, de ces honneurs qu'on regrette encore plus que l'amant qui les dispense. En vain madame de Maintenon dit : « Hé, que vous importe que cette place soit » remplie, pourvu qu'elle ne le soit pas par vous ? » — « On » voit bien, lui répond-elle, que vous n'avez jamais aimé un » roi, pas même un homme. » Et selon le même historien, madame de Montespan jeta un triste regard d'adieu au lit qui avait endormi l'orgueil de Louis XIV. « Il faut donc quitter ce pays-ci pour jamais ! — Vous lui faites bien de l'honneur de le regretter, » reprit madame de Maintenon.

Elle courut aux Carmélites se jeter dans les bras de mademoiselle de La Vallière. « Vous pleurez, lui dit sœur Louise de la Miséricorde ; moi, je ne pleure plus. — Vous ne pleurez plus ; ah ! moi, je pleurerai toujours. »

VIII

Maintenant la marquise de Montespan est sur le chemin de sa croix ; elle souffrira mille morts à chaque station, elle arrivera au calvaire les pieds en sang, toute déchirée et toute maudite, ayant répandu sur la route toutes les larmes de la pénitence.

Dans la pieuse solitude des Carmélites, mademoiselle de La Vallière a pu souvent se reposer en Dieu, sans être agitée encore par les orages du cœur ; mais madame de Montespan s'est épuisée à chercher le rivage : elle a trouvé tous les vents contraires. Elle a essayé de fuir le monde, et elle a eu peur d'elle-même dans sa solitude ; elle a demandé la mort, et elle a eu peur de la mort ; elle a appelé Dieu, et Dieu n'est pas venu à elle, parce qu'elle n'a eu ni la foi ni la douceur, parce qu'elle est restée toujours sur le volcan des colères, parce que son cœur altier ne s'est pas humilié jusque dans la poussière.

La pauvre femme ! quand elle est tombée de son règne, elle n'a trouvé que le néant ; elle a cherché un cœur pour y appuyer son front, un cœur, ce divin oreiller de ceux qui souffrent ; elle n'a trouvé, je l'ai dit, que celui de mademoiselle de La Vallière : c'est donc en Dieu qu'il faut se réfugier. Elle s'est jetée avec fureur, non pas aux Carmélites, car elle avait peur d'être raillée à son tour, mais à la communauté des dames de Saint-Joseph, qu'elle avait rétablie naguère, un jour de repentir, comme si toutes les prières de la communauté dussent s'élever pour elle à Dieu.

Mais cette âme inquiète était en proie aux aspirations les plus opposées. Quand elle s'était longtemps tournée vers Dieu, elle se tournait vers le monde. Comme elle n'était pas touchée du don de la grâce, elle reprenait sa volée vers les régions profanes. Ce fut un va-et-vient perpétuel, hier au couvent, aujourd'hui dans le monde, demain en voyage. Elle cherchait toujours, elle ne trouvait pas. Il aurait fallu que Versailles se rouvrît pour elle, que Louis XIV la rappelât, qu'elle vécût plus que jamais en souveraine. Dans ses douleurs, dans ses colères, elle écrivit au roi une lettre d'injures, ce qui fit dire à Louis XIV : « Est-ce que la marquise de Montespan m'aimerait encore (1) ? » Qui sait ? elle ne l'aimait peut-être que depuis le jour de l'exil.

Elle avait peur de tout, peur de Dieu, peur d'elle-

---

(1) M. de Chateaubriand, parlant des cris de madame de Montespan quand elle fut exilée de la cour, lui oppose cette noble et touchante figure qui, abandonnée de François Ier, ne s'emporta pas en vaines colères quand le roi lui fit redemander les joyaux chargés de devises qui avaient consacré les beaux jours de leur passion ; elle les renvoya, selon Brantôme, « fondus et convertis en lingots ». — « Portez cela au roi, dit-elle à l'ambassadeur ; puisqu'il lui a plu de me révoquer ce qu'il m'avait donné si libéralement, je les lui rends et lui renvoie en lingots d'or. Quant aux devises, je les ai si bien empreintes dans ma pensée, et les y tiens si chères, que je n'ai pu permettre que personne en dispensât et jouît, et en eût de plaisir que moi-même. »

même. Les ténèbres la souffletaient de leurs ailes de chauves-souris, les orages la terrifiaient de leur voix de tonnerre. Pendant la nuit, deux jeunes filles veillaient à son lit, — vestales profanes, — et entretenaient autour d'elle la lumière de vingt bougies ; pendant l'orage, deux jeunes vierges se couchaient sur elle pour la préserver des colères du ciel.

Elle croyait que son plus grand crime était d'avoir outragé le sacrement du mariage : aussi elle cherchait à marier les gens ; elle dotait les pauvres filles, mais comme elle avait toujours la main ouverte aux aumônes, elle les dotait mal, ce qui fait dire à Saint-Simon qu'elle mariait souvent la faim à la soif (1).

---

(1) Dans ses *Châteaux de France*, M. Léon Gozlan a peint avec beaucoup de couleur et de sentiment les premières pénitences de madame de Montespan : « Un jour cependant il lui fallut quitter les Tuileries, Versailles, Marly, les brillants carrousels où elle était toujours remarquée ; il fallut faire ses adieux à la grandeur et à la puissance sous toutes ses formes, éprouver tout ce qu'il y a d'affreux et d'amer dans le triomphe de ses ennemis, et tout ce qu'il y a d'amer et d'affreux dans l'indifférence de ses amis. Chassée de la cour, des carrosses du roi, de sa pensée et de son cœur, madame de Montespan alla où allaient alors toutes les courtisanes en disgrâce, tous les favoris usés, toutes les maîtresses flétries, épées rouillées, fleurs de la veille ; elle se retira au couvent. Cette reine dépossédée avait prévu de si loin sa chute sans y croire, qu'elle avait fait bâtir de ses épargnes la communauté où elle se retira le voile au front, le dépit aux lèvres et une colère pleine d'espérance dans le cœur. Pendant de longues années elle invoqua en vain dans ses courses inquiètes le baume de la religion. On n'oublie pas si vite qu'on a été la maîtresse d'un roi de France, surtout qu'on est encore belle ? Quel amour console de cet amour perdu ? Des hauteurs de Petit-Bourg, à travers ces bois qu'elle parcourait sans cesse, elle cherchait Paris, la ville où elle avait régné. Ceux qui, par une douce soirée d'été, passent en chantant sur le bateau à vapeur aux flancs de cette admirable propriété, ne savent pas toutes les larmes qui ont été répandues dans cet espace par une femme blessée du mépris d'un roi. On

IX

Elle subit l'oubli du roi et le mépris de son mari. Un jour de jeûne et de cilice, elle écrivit au marquis de Montespan qu'elle le suppliait de lui rouvrir sa porte; qu'elle irait, humble et repentante, vivre sous son toit comme la dernière de ses servantes (1). C'était le dernier mot du renoncement à soi-même.

Elle tenta pourtant de se refaire une souveraineté; elle ouvrit ses salons, pour que tout le Paris bruyant lui vînt prouver qu'elle n'avait pas abdiqué; elle eut le beau monde comme à la cour, comme à l'hôtel Rambouillet; on joua la comédie chez elle : « Toute la France y alloit. Je ne sais par quelle fantaisie cela s'étoit tourné de temps en temps en devoir. Elle parloit à chacun comme une reine qui tient sa cour et qui honore en adressant la parole : c'étoit toujours avec un air de grand respect, qui que ce fût qui entrât chez elle, et de visites elle n'en faisoit jamais, non pas même à Monsieur, ni à Madame, ni à la grande Mademoiselle, ni à l'hôtel de Condé. Elle la voyait fuir comme une ombre désolée le soir derrière les arbres de son parc, ou descendre à pas rapides jusqu'aux bords de la Seine, dont les ondes chargées de ses regrets et de ses murmures devaient les porter jusqu'aux pieds du palais de son infidèle amant. »

(1) « Elle lui écrivit elle-même dans les termes les plus soumis, et lui offrit de retourner avec lui s'il daignoit la recevoir, ou de se rendre en quelque lieu qu'il voulût lui ordonner. A qui a connu madame de Montespan, c'étoit le sacrifice le plus héroïque. Elle en eut le mérite sans en essayer l'épreuve; M. de Montespan répondit qu'il ne vouloit ni la recevoir, ni lui prescrire rien, ni ouïr parler d'elle de sa vie. A sa mort, elle en prit le deuil. » Saint-Simon.

envoyoit aux occasions aux gens qu'elle vouloit favoriser, et point à tout ce qui la voyoit. Un air de grandeur répandu partout chez elle et de nombreux équipages toujours en désarroi, belle comme le jour jusqu'au dernier moment de sa vie, sans être malade et croyant toujours l'être et aller mourir. »

C'est toujours Saint-Simon qui parle.

La Fontaine (1), Boileau, Lulli, Mignard, Coysevox, Girardon, furent de sa cour. Il ne lui manqua guère que Racine, — Racine qui était tout à madame de Maintenon, Racine qui devait mourir de sa servitude. — Mais au milieu de ces fêtes elle cherchait toujours, comme si Louis XIV dût venir lui-même. Le lendemain, elle avait honte de se rattacher ainsi au passé ; elle se rejetait au couvent, où elle inventait un nouveau supplice pour son corps. Ses colliers, ses jarretières, ses bracelets, ses ceintures, avaient

---

(1) La Fontaine, l'ami des sacrifiés, lui dédia le septième livre de ses Fables :

      Olympe, si ma muse
A quelquefois pris place à la table des dieux,
C'est de vous que mes vers attendent tout leur prix.
    Il n'est beauté dans nos écrits
Dont vous ne connoissiez jusques aux moindres traces ;
Et qui connoît sans vous les beautés et les grâces ?
Paroles et regards, tout est charme dans vous.
    Ma muse, en un sujet si doux,
    Voudroit s'étendre davantage ;
Mais il faut réserver à d'autres cet emploi,
    Et d'un plus grand maître que moi
    Votre louange est le partage.

Il la supplie de protéger ses nouvelles fables :

Je ne mérite pas une faveur si grande :
    La Fable en son nom le demande.
Vous savez quel crédit ce mensonge a sur nous.
S'il procure à mes vers le bonheur de vous plaire,
Je croirai lui devoir un temple pour salaire,
Mais je ne veux bâtir de temples que pour vous.

des pointes de fer, des épines imperceptibles, qui lui rappelaient la couronne de Jésus-Christ (1); elle avait des chemises de toile rude qui déchiraient le satin de son beau corps; elle couchait sur un lit de paille d'avoine comme les dernières paysannes de ses terres. Mais sa beauté luttait et triomphait. Elle qui jamais n'avait fait œuvre de ses dix doigts, elle filait de l'étoupe, mouillant ce fil grossier sur ses lèvres toutes de pourpre. Même en ses retours au monde, elle avait toujours son étoupe dans sa corbeille. C'était tout ce qui lui restait de ses moissons de roses !

(1) « Peu à peu elle en vint à donner presque tout ce qu'elle avoit aux pauvres. Elle travailloit pour eux plusieurs heures par jour à des ouvrages bas et grossiers, comme des chemises et d'autres besoins semblables, et y faisoit travailler ce qui l'environnoit. Sa table, qu'elle avoit aimée avec excès, devint la plus frugale; ses jeûnes fort multipliés; sa prière interrompoit sa compagnie et le plus petit jeu auquel elle s'amusoit; et à toutes les heures du jour, elle quittoit tout pour aller prier dans son cabinet. Ses macérations étoient continuelles ; ses chemises et ses draps étaient de toile jaune la plus dure et la plus grossière, mais cachée sous des draps et une chemise ordinaire. Elle portoit sans cesse des bracelets, des jarretières et une ceinture à pointes de fer, qui lui faisoit souvent des plaies ; et sa langue, autrefois si à craindre, avoit aussi sa pénitence. Elle étoit, de plus, tellement tourmentée des affres de la mort, qu'elle payoit plusieurs femmes dont l'emploi unique étoit de la veiller. Elle couchoit tous ses rideaux ouverts avec beaucoup de bougies dans sa chambre, ses veilleuses autour d'elle, qu'à toutes les fois qu'elle se réveilloit elle vouloit trouver causant, joüant ou mangeant, pour se rassurer contre leur assoupissement. » SAINT-SIMON.

X

Je vais dire une des plus douloureuses pénitences de madame de Montespan.

Quand le souvenir de ses triomphes aiguillonnait son cœur, quand les couleurs de son éventail miroitaient sous ses yeux comme la queue du paon, quand le démon saisissait son âme et lui chantait les heures des conquêtes évanouies, elle s'humiliait jusqu'à prier ses enfants, jusqu'à prier le duc du Maine, jusqu'à prier madame de Maintenon de lui avoir une invitation pour Versailles ou pour Fontainebleau. On daignait lui laisser ses entrées à la cour, mais seulement les jours solennels où tout le monde était reçu. Où elle voulait revenir, c'était à la cour intime, c'était aux fêtes familières, c'était aux chasses de Fontainebleau, c'était aux soupers de Versailles ; mais pour y être admise désormais, il faudra trente-six quartiers de noblesse et trente-six quartiers de vertu. Madame de Maintenon, qui veille sur les destinées de la France, ne permettra plus que des figures scandaleuses comme celle de madame de Montespan viennent contraster dans la pieuse galerie qui amortit les dernières aspirations du grand roi.

Cependant voilà le cor qui retentit dans la forêt de Fontainebleau, les chevaux hennissent et piaffent, les chiens s'élancent comme un torrent, avec ce terrible aboiement qui est le glas funèbre du cerf et du sanglier. Tout le château est en fête ; le roi part gaiement comme en ses jeunes années. Va-t-il donc rencontrer *Madame* et ses filles d'honneur sous le chêne royal ? Mademoiselle de La Vallière fuira-t-elle tout à l'heure, comme la jeune fille de Virgile, sous les ténébreuses ramées ? Le beau temps est-il revenu du ballet des *Saisons*, où le roi dansait si bien sous la figure du printemps, où le duc de Guiche dansait si mal, — le courtisan ! — lui dont on disait qu'il dansait comme un dieu, quand on avait dit de Louis XIV qu'il dansait comme un roi !

Non, Louis XIV ne veut pas refaire le passé : Racine lui a lu le matin une page d'histoire qui lui rappelle qu'il est le plus grand roi du monde ; Boileau le lui dira ce soir en vers. Madame de Maintenon, si discrète et si voilée, viendra la nuit oublier ses scrupules. Que sais-je ? son horizon est déjà si sombre, à ce grand roi, qu'il ne lui faut peut-être pour le mettre en belle humeur qu'une lumineuse matinée d'automne. Donc il s'en va gaiement, emporté par un cheval familier, dans le cortège accoutumé.

Non loin de lui, dans le château du Petit-Bourg, au bout du parc, sur la forêt même, une femme est là qui attend et qui pleure : c'est la marquise de Montespan. Tous les bruits de la chasse ont retenti dans son cœur, car elle se souvient, elle ! Qui lui eût dit, quand elle régnait avec despotisme dans tous les palais du roi, qu'un jour elle viendrait jouer ce rôle d'élégie en deuil (1) ?

Elle a appris que la cour partait pour Fontainebleau, et elle est partie pour son château de Petit-

---

(1) « Quand le roi alloit chasser à Fontainebleau, elle couroit à Petit-Bourg pour voir de loin son cher infidèle, heureuse même quand elle voyoit sa meute. Elle a toujours espéré que le roi viendroit un jour au château. Mais le roi n'avoit pas la religion du passé. » Madame de Caylus.

Bourg. Elle vivra quelques jours sous le même
rayon de soleil ; elle respirera comme le roi l'air de
la forêt ; elle verra de loin le spectacle cher à sa
grandeur déchue ; si le roi vient de son côté, elle
pourra saluer de la main le plumet de son chapeau.
Qui sait ? n'a-t-elle pas lu dans les contes de fées
l'histoire des rois égarés à la chasse, qui vont frapper à la porte du château bâti sur leur chemin ? Qui
sait si le roi n'aura pas une heure de curiosité, s'il
ne viendra pas avec toute sa cour demander un verre
d'eau à celle qui a été pour lui la fontaine des délices, car il doit bien penser qu'elle est là ? Ce château,
n'est-ce pas lui qui l'a payé ? Ne sera-t-il pas chez lui
à tous les titres ? Ne peut-il pas pour une heure
oublier l'étiquette ? Madame de Maintenon, qui est
allée à la messe, ne l'empêchera pas d'entrer. Ah !
s'il venait, comme il serait accueilli ! comme on
courrait à sa rencontre ! comme on se jetterait dans
ses bras pour y mourir ! Mais aura-t-on la force
d'aller jusque-là ? Ah ! s'il venait, comme il com-
prendrait que la blessure de ce pauvre cœur est toujours vive, en voyant ces bustes et ces portraits du
roi ! Ce jardin, c'est une illusion, car c'est tout à la
fois Versailles et Fontainebleau ; ce salon, c'est le
petit salon de Louis XIV ! Qui a donc si bien imité
les peintures du plafond ? C'est le même sculpteur
qui a travaillé la cheminée. Le roi ne manquerait
pas de s'écrier : « Marquise, vous avez ma pendule, »
et madame de Montespan ne manquerait pas de dire :
« Sire, c'est la même pendule, mais ce n'est plus la
même heure (1). »

(1) Cette belle heure qui chantait encore un si doux carillon

Mais le roi n'ira pas plus à Petit-Bourg qu'il n'est allé aux Carmélites. Quand il n'aime plus, ci-gît la femme qu'il a aimée ; — six pieds de terre la séparent de lui, — et il ne remue jamais la terre où il a passé.

Non, Louis XIV n'ira pas à Petit-Bourg, même s'il s'égare à la chasse; madame de Montespan pleurera toutes ses larmes et tendra les bras avec désespoir : elle verra les chiens du roi dans les clairières, elle verra le roi lui-même ; mais Louis XIV ne s'arrêtera pas une seule fois pour regarder, lui qui aime l'architecture, la façade de Petit-Bourg !

Je me trompe, le roi alla une fois à Petit-Bourg ; mais madame de Montespan n'y était plus (1).

Que ceux qui seraient tentés de crier au romanesque en lisant cette page, où je n'ai réussi qu'à moitié à peindre les regrets de la marquise de Montespan, retournent à ses historiens ou ses historiographes, depuis Saint-Simon jusqu'à Léon Gozlan : tous ont fait résonner cette note mélancolique.

---

dans le cœur de madame de Montespan, Racine l'avait marquée dans une de ses tragédies. Quand Roxane s'écrie :
    Moi la première esclave, hélas ! de ma rivale !
c'est mademoiselle de La Vallière qui annonce le règne de l'impérieuse marquise.

(1) « On sait le trait de courtisan que fit le duc d'Antin, lorsque le roi vint coucher à Petit-Bourg, et qu'ayant trouvé qu'une grande allée de vieux arbres faisait un mauvais effet, M. d'Antin la fit abattre et enlever la même nuit ; et le roi, à son réveil, n'ayant plus trouvé son allée, il lui dit : « Sire, comment vouliez-vous qu'elle osât paraître devant vous ? elle vous avait déplu. » VOLTAIRE.

VI

LA MORT DE MADAME DE MONTESPAN

La mort de madame de Montespan fut un coup de tonnerre. Il n'y a pas dans toute la Bible de page plus effrayante ; jamais la main de Dieu ne se montra plus terrible et plus vengeresse.

Cette reine d'aventure qui avait raillé la France à ses pieds, cette amoureuse du roi qui d'un seul coup de ses dents aiguës avait dévoré tous les soupers de Lazare, cette marquise insolente qui avait mis huit chevaux à la roue d'or de sa fortune, elle mourut assassinée par une saignée et pillée par son fils, sans avoir le temps de se recommander au ciel. — Elle mourut un jour d'orage, et ses entrailles furent jetées aux chiens. — Elle mourut sans oser regarder son Dieu et sans oser se regarder elle-même, tant elle était horrible à voir. J'en prends à témoin madame de Sévigné : « Madame de Montespan est partie de ce monde avec une contrition fort équivoque, et fort confondue avec la douleur d'une cruelle maladie. Elle a été défigurée avant que de mourir. Son desséchement a été jusqu'à outrager la nature par le dérangement de tous les traits de son visage. » Et plus loin : « Madame de Montespan, en mourant, n'avoit aucun trait ni aucun reste qui pût faire souvenir d'elle : c'étoit une tête de mort gâtée par une peau noire et sèche; c'étoit enfin une humiliation si grande pour elle, que, si Dieu a voulu qu'elle en ait fait son profit, il ne lui faut point d'autre pénitence. Elle a eu beaucoup de fermeté. » La fine gazetière ne put s'empêcher de finir par un trait : « Le père Bourdaloue dit qu'il y avoit beaucoup de christianisme. »

Saint-Simon, qui ne conte cette mort que par ouï-dire, affirme que madame de Montespan est partie en état de grâce après une confession publique de ses péchés devant tous ses domestiques, « jusqu'au plus bas », après avoir remercié Dieu de la rappeler pendant ce voyage où elle était loin « des enfants de son péché »; mais, selon la maréchale de Cœuvres et selon sa tradition, cette mort ne fut rien moins qu'édifiante. Madame de Montespan ne voulait pas mourir, et son horreur des ténèbres la prenait à la gorge (1). Madame de Montespan allait tous les ans prendre les eaux de Bourbon, contre le conseil des médecins, s'imaginant qu'elle revenait plus jeune de la fontaine de Jouvence. Elle n'a jamais désespéré de reprendre sa place devant madame de Maintenon, disant que les yeux du roi se rouvriraient à la lumière. C'était elle qui ne voyait plus. En 1707, les eaux de Bourbon furent la fontaine de la mort. Elle

(1) « Elle ne pouvait rester seule un moment sans frissonner. Elle ne dormait jamais qu'entre deux femmes. Elle ne pouvait entendre parler de la mort sans jeter des cris horribles. » HIPPOLYTE FORTOUL. *Les Fastes de Versailles.*

y alla avec quelques pressentiments funèbres ; elle doubla ses aumônes le jour du départ ; elle recommanda à ses veilleuses de ne pas l'abandonner aux heures nocturnes ; elle relut son testament et l'emporta dans sa cassette, dont elle portait toujours la clef dans son sein.

Dès son arrivée, elle dit à la maréchale de Cœuvres, qui était de sa compagnie : « Comme je suis mal où je suis ! comme je suis bien où je ne suis pas ! » A quoi la maréchale répondit : « Vous êtes mal même où vous n'êtes pas. »

Pour se distraire, elle appelle un médecin de campagne, et lui demande pourquoi elle est toute couperosée. « C'est le sang, » dit le médecin. Elle lui ordonna de la saigner, ce qu'il fit jusqu'à ce qu'elle s'évanouît. Elle ne revint à elle qu'avec un transport au cerveau. « Vous m'avez assassinée ! » dit-elle en chassant l'assassin.

Elle dépêcha un courrier à son fils. Le duc d'Antin, sachant déjà qu'elle avait emporté son testament, partit sans perdre une heure. Quand il arriva, il courut à la cassette ; mais la clef... « Madame se meurt ! madame est morte ! » lui dit-on. Il va au lit de sa mère. Madame de Montespan, voyant son air de surprise, lui dit : « Tu ne me reconnais plus ? C'est le sang, comme a dit le médecin. » La mère croit que son fils la regarde, mais le fils ne regarde que la clef de la cassette qu'elle a mise à son cou, à côté d'une croix d'or de Notre-Dame de Bon-Secours. D'Antin n'a qu'une idée au cœur, c'est de lire le testament et de le déchirer. Arrachera-t-il la clef pendant qu'il est seul avec sa mère ? attendra-t-il qu'elle soit morte ? Il pourrait bien se passer de la clef en emportant la cassette; mais on dira qu'il a emporté la cassette, et le roi lui fera des remontrances; il aime mieux l'ouvrir, prendre le testament et la refermer pour que d'autres viennent y chercher le dernier mot de sa mère.

Que fit-il? prit-il la clef? déchira-t-il le testament? on ne sait. La Beaumelle ne met pas en doute que le duc d'Antin n'ait pris la clef « dans le sein de sa mère agonisante », qu'il n'ait vidé la cassette, qu'il ne l'ait refermée et qu'il ne soit parti sans dire les prières des agonisants. Saint-Simon est plus éloquent et moins explicite : « Le deuil épouvantable dont il affecta de s'envelopper pour plaire aux enfants de sa mère et pour dissimuler l'aise qu'il ressentoit, ne les put cacher à eux ni au monde. Il ne vouloit pas, d'autre part, avoir le démérite de l'affliction devant l'insensibilité du roi, ni devant l'ennemie de sa mère. La difficulté d'ajuster deux choses si peu alliables le trahit ; et le monde, follement accoutumé à la vénération de madame de Montespan, ne pardonna pas à son fils, qui en tiroit si gros, de s'être remis sitôt au jeu, sous prétexte de la partie de Monseigneur, de laquelle il étoit. L'indécence des obsèques, et le peu qui fut distribué à ce nombreux domestique qui perdoit tout, fit beaucoup crier contre lui. Il crut l'apaiser par quelques largesses de Gascon à quelques-uns des plus attachés. Il porta même à M. du Maine un diamant de grand prix, lui dit qu'il savoit qu'il avoit toujours aimé ce diamant, et qu'il ne pouvoit ignorer qu'il ne lui eût été destiné. M. du Maine le prit, mais vingt-quatre heures après le lui renvoya par un ordre supérieur. Tout cela ne fut rien en comparaison de l'affaire du testament. On savoit que madame de Montespan en avoit fait un, il y avoit longtemps; elle ne s'en étoit pas cachée; elle le dit même en mourant, mais sans ajouter où on le trouveroit, parce qu'il étoit apparemment dans ses cassettes avec elle; il y en avoit un, et il étoit enlevé et supprimé pour toujours. Le vacarme fut épouvantable, les domestiques firent de grands cris, et les personnes subalternes attachées à madame de Montespan, qui y perdirent tout, jusqu'à cette ressource. Ses enfants s'indignèrent de tant d'étranges procédés et s'en expliquèrent durement à d'Antin lui-même. Il ne fit que glisser et secouer les oreilles sur ce à quoi il s'étoit bien attendu; il avoit été au solide, et il se promettoit bien que la colère passeroit avec la douleur et ne lui nuiroit pas en choses considérables. La perte commune réunit pour un temps madame la duchesse d'Orléans et madame la duchesse. D'Antin n'en fut pas quitte sitôt ni à si bon marché qu'il s'en étoit flatté avec les enfants de sa mère; mais à la fin tout sécha, passa et disparut. Ainsi va le cours du monde. »

Ainsi va le cours du monde! Qu'y a-t-il à dire de plus?

Si nous retournons au lit de mort de madame de Montespan, nous la retrouverons expirante dans l'horreur des ténèbres, appelant Dieu et ses enfants, et ne trouvant ni Dieu ni ses enfants, pas même le duc d'Antin, qui n'est venu que pour fouler aux pieds ses dernières volontés. J'oubliais: dans son testament elle voulait que ses entrailles fussent portées à la communauté de Saint-Joseph. D'Antin donna l'ordre d'exécuter le vœu de la marquise; mais l'estafier chargé de ces dépouilles empoisonnées par la maladie et l'orage, revint après une demi-lieue, disant qu'il va mourir s'il fait un pas de plus avec une telle peste. On porte les entrailles aux capucins de Bourbon, avec prière de les enterrer dans leur chapelle. On annonce une messe, mais avant la messe le gardien des entrailles les jette aux chiens dans un fossé aux orties.

Quand vint la nouvelle à la cour de Louis XIV, un ancien courtisan de la marquise, selon madame de Caylus, dit à demi-voix : » Ses entrailles ! est-ce qu'elle en avait (1)? »

Si les entrailles furent jetées aux chiens, le corps ne fut guère plus respecté. Dès que madame de Montespan eut rendu le dernier soupir, tout son monde s'envola, de peur de la peste. D'Antin ne fut pas le dernier. « Les obsèques, dit Saint-Simon, le duc des préséances, furent à la discrétion des moindres valets. Le corps demeura longtemps sur la porte de la maison, tandis que les chanoines de la Sainte-Chapelle et les prêtres de la paroisse disputaient de leur rang jusqu'à plus que de l'indécence. » Après la messe, où l'église était déserte, on mit le corps dans le caveau commun, — presque la fosse commune, — où il demeura jusqu'au jour où d'Antin se rappela que le tombeau de la famille de sa mère était à Poitiers. Il écrivit qu'on l'y conduisît, mais sans pompe, ce qui cachait « une parcimonie indigne ».

Qui le croirait ! ce ne fut pas le roi, ce fut madame de Maintenon qui pleura en apprenant la mort de madame de Montespan. « Madame de Maintenon,

---

(1) Ce mot fut aussi attribué à Fontenelle et à madame de Tencin.

délivrée d'une ancienne maîtresse dont elle avoit pris la place, qu'elle avoit chassée de la cour, et sur laquelle elle n'avoit pu se défaire de jalousies et d'inquiétudes, sembloit devoir se trouver affranchie. Il en fut autrement; les remords de tout ce qu'elle lui avoit dû et de la façon dont elle l'en avoit payée l'accablèrent tout à coup à cette nouvelle. Les larmes la gagnèrent, que, faute de meilleur asile, elle fut cacher à sa chaise percée; madame la duchesse de Bourgogne, qui l'y poursuivit, en demeura sans parole d'étonnement. » C'est Saint-Simon qui peint à vif ce petit tableau de cour.

Le roi dit pour madame de Montespan ce qu'il avait dit naguère pour mademoiselle de La Vallière. « Il y a trop longtemps qu'elle est morte pour moi, pour que je la pleure aujourd'hui. »

Les femmes qui font de l'amour l'histoire de leur vie doivent écrire leur épitaphe le jour où elles ne sont plus aimées.

VII

MADEMOISELLE DE FONTANGES

I

Le roman du roi avec mademoiselle de Fontanges fut en quelques jours l'histoire de Versailles et de Paris. On le conta jusque dans les solitudes des Carmélites. Le dirai-je ? sœur Louise de la Miséricorde, qui se croyait si loin dans le chemin du ciel et qui ne voulait plus se retourner vers le *campo santo* de sa jeunesse, ressentit à cette nouvelle une dernière épine au cœur, — ce cœur déjà sanctifié par des siècles de pénitence. — Elle voulait bien ne plus régner, elle subissait le règne de madame de Montespan, mais elle fut jalouse de cette jeune fille qui peut-être allait effacer par sa beauté et par sa grâce le souvenir de la grâce et de la beauté qu'elle avait sacrifiées à l'amour du roi. Comme ce jour-là elle n'avait plus peur de ses entraînements, elle se retourna vers le passé et y vécut toute une heure, pécheresse encore par les aspirations coupables d'un amour mille fois étouffé et toujours renaissant. Le lendemain, le cilice fut plus aigu, la prière plus expansive, le jeûne plus absolu. Mais la figure de mademoiselle de Fontanges ne s'évanouit pas encore. Son oncle, évêque de Nantes, étant allé aux Carmélites, elle lui dit que pour le salut du roi il lui fallait faire des remontrances à Sa Majesté ; l'évêque, sous prétexte d'œuvres de charité, parla au roi des œuvres de salut, et lui représenta le danger de plus en plus terrible de traverser l'enfer des passions. Le roi interrompit brusquement l'évêque : « Vous me ferez plaisir, monsieur, de renfermer votre zèle dans votre diocèse. »

La cour de Louis XIV resplendit sous le règne des blondes. Le roi-soleil aimait la moisson dorée. Mademoiselle de Fontanges était blonde comme la Violente du Titien, — presque rousse, — ce beau blond de Venise qui ruisselle dans les Décamérons du Giorgione, et qui est la fête des yeux pour les coloristes. On n'a pas de portraits authentiques de mademoiselle de Fontanges. Mais a-t-elle eu le temps de poser (1) » ? Tous les contemporains, même les femmes, même madame de Sévigné, la représentent comme la plus belle femme de son temps, — son temps qui ne dura qu'un matin ! Madame de Sévigné la trouve si belle qu'elle la surnomme *la belle Beauté*. Quel était le caractère de cette beauté ?

---

(1) On me communique une grande miniature représentant mademoiselle de Fontanges dans le parc de Versailles. Elle se croit seule et elle regarde le portrait du roi. Des Amours armés et désarmés veillent sur elle et protègent sa solitude. Dans ce portrait, elle est tout à fait rousse, ce qui donne à sa beauté un accent étrange.

« Belle comme un ange et sotte comme un panier »,
dit l'abbé de Choisy. Voilà tout un portrait qui se
détache du cadre ; mais ce n'est pas là un portrait
ressemblant. Je dirai plus loin que mademoiselle de
Fontanges n'était pas sotte. Si j'en crois d'autres
portraitistes à la plume du même temps, elle était
en effet belle comme un ange, « toute parée de sa
candeur et de sa virginité », blanche avec des tons
roses, pâlissant et rougissant tour à tour, n'étant
maîtresse ni de son cœur, ni des mouvements de
son cœur. Grande comme mademoiselle de La Vallière, elle n'avait pas sa grâce de roseau penché,
mais elle avait cette charmante maladresse des filles
qui entrent à peine à l'école de l'amour. Elle fut dépaysée à Versailles jusqu'au jour où elle y fut la
reine. On riait d'abord de la voir si timide au milieu
de toutes ces belles familières. Elle n'osait ni aller
ni venir ; elle craignait les moqueries ; il semblait
qu'elle marchait sur les flots tant elle avait peur
d'avancer, mais enfin elle fit le pas des dieux.

Le roi aimait toutes les filles d'honneur de la cour.
On ne disait plus filles d'honneur de la reine, mais
filles d'honneur du roi, par antiphrase.

II

Marie-Angélique de Scoraille de Roussille, duchesse de Fontanges dans le grand livre héraldique
des *Nuits* de Versailles, débuta comme mademoiselle de La Vallière dans la troupe empanachée des
filles d'honneur de *Madame*. Mais ce n'était plus
la belle *Madame* : la Palatine avait succédé à Hen-

riette d'Angleterre. Selon la chronique, mademoiselle de Fontanges avait été destinée par sa mère à devenir maîtresse du roi, mais l'histoire repousse cette opinion, faute de preuves. Et d'ailleurs l'histoire ne s'amuse pas à ces détails. La même chronique affirme que, devenue fille d'honneur de la reine, elle fut jetée dans les bras du roi par madame de Montespan, un jour que Sa Majesté s'ennuyait. Je ne crois pas non plus à cette version. Louis XIV n'avait pas besoin de collaboratrice pour ses œuvres de séduction, et madame de Montespan se fût bien gardée d'allumer une passion qui la rejeta toute une saison sur la dernière marche du trône.

Dès que madame de Montespan vit venir cette belle fille, elle la voulut peindre par un mot railleur, selon sa coutume. Elle dit au roi que *Madame* avait pris pour nouvelle fille d'honneur une provinciale qui était une vraie idole de marbre, avec des cheveux dorés comme les antiques. « Quel sera le Pygmalion? » demanda le roi, qui ne savait qu'une histoire, l'histoire des dieux. Dès qu'il vit mademoiselle de Fontanges, il jura qu'il la ferait bientôt descendre de son piédestal. Madame de Montespan la lui amena au jeu de la reine comme une curiosité. « Voyez donc, Sire, quelle majesté! quelle fraîcheur! quelle merveilleuse sculpture! » La marquise jouait sur le mot pour exprimer que la jeune fille était de marbre mais bien sculptée. « Mais voyez donc, Sire. » Et la marquise soulevait la dentelle qui voilait le sein de vingt ans. Le roi, voyant rougir mademoiselle de Fontanges, dispensa madame de Montespan du reste de sa description. « Je sais mieux que vous, madame, voir les œuvres parfaites. » Dès ce soir-là le duc de

Saint-Aignan dit à la duchesse d'Arpajon en lui montrant le ciel : « Regardez, duchesse, nous avons là-haut une nouvelle étoile ! »

Madame de Sévigné a vu les premiers scintillements de cette étoile : « Sa Majesté partit lundi pour nous aller querir la Dauphine. Il se trouva le matin, dans la cour de Saint-Germain, un très beau carrosse tout neuf, à huit chevaux, avec des chiffres, plusieurs chariots et fourgons, quatorze mulets, beaucoup de gens autour, habillés de gris ; et dans le fond de ce carrosse monta la plus belle personne de la cour, avec des Adrets seulement, et des carrosses de suite pour leurs femmes. Il y a apparence que les soirs on ira voir cette personne ; et voilà un changement de théâtre : l'eussiez-vous cru le soir que nous étions chez madame de Flamarens ? »

Et plus loin : « Mademoiselle de Fontanges est d'une beauté *singulière :* elle paroît à la tribune comme une divinité ; madame de Montespan de l'autre côté, autre divinité. La *singulière* a donné pour six mille pistoles d'étrennes. »

Madame de Sévigné n'est pas au bout de ses admirations : « Le *char gris* (1) est d'une beauté étonnante ; elle vint l'autre jour au travers d'un bal, par le beau milieu de la salle, droit au roi, et sans regarder ni à droite ni à gauche ; on dit qu'elle ne voyoit pas la reine, il est vrai : on lui donne une place ; et quoique cela fît un peu d'embarras, on dit que cette action d'une *imbevedica* fut extrêmement agréable : il y auroit mille bagatelles à conter sur tout cela. »

---

(1) Mademoiselle de Fontanges avait choisi le gris-perle pour sa livrée.

III

Le comte de Bussy-Rabutin, — par la plume de Sandras, — raconte les premières aurores de ce renouveau du roi.

Ce fut de Paris à Versailles, dans un tête-à-tête amoureux, que nos amants se jurèrent une affection éternelle ; et l'entretien de mademoiselle de Fontanges eut des charmes si doux pour le roi, que, pendant qu'il dura, il fut entièrement attaché à renouveler à cette aimable personne toutes les protestations du plus tendre amour. Ils se séparèrent, et cette belle disant à son amant un adieu tendre des yeux, elle le laissa le plus amoureux de tous les hommes. Il envoya à mademoiselle de Fontanges un habit dont la richesse ne se peut priser, non plus que l'éclat de la garniture qui l'accompagnoit ne se peut trop admirer. Ce fut un jeudi, après-midi, que cette place d'importance, après avoir été reconnue, fut attaquée dans les formes. On peut dire que jamais conquête ne lui donna tant de peine. Quoi qu'il en soit, cette grande journée se passa au contentement de nos deux amants; il y eut bien des pleurs et des larmes versés. Cette fête fut suivie pendant huit jours de toutes sortes de jeux et de divertissements ; la danse n'y fut pas oubliée, et mademoiselle de Fontanges y parut merveilleusement et se distingua parmi les autres. Le duc de Saint-Aignan s'étant trouvé au lever du roi le lendemain de la noce, d'abord que le roi l'aperçut il sourit ; et, le faisant approcher de lui, l'assura que jamais il n'avoit plus aimé, et lui dit que, selon les apparences, il ne changeroit jamais d'inclination. Le duc suivit le roi chez sa nouvelle maîtresse ; ils la trouvèrent qui considéroit attentivement les tapisseries faites d'après M. Le Brun, qui représentoient les victoires de Sa Majesté ; elles faisoient la tenture de son appartement ; le roi lui-même lui en expliqua plusieurs circonstances, et voyant qu'elle y prenoit plaisir, il dit au duc de faire un impromptu sur ce sujet. La vivacité de l'esprit de M. le duc de Saint-Aignan parut et se fit admirer ; car dans un moment, il écrivit sur ses tablettes les vers suivants :

Le héros des héros a part dans cette histoire.
Mais quoi ! je n'y vois point sa dernière victoire !
De tous les coups qu'a faits ce généreux vainqueur,
Soit pour prendre une ville ou pour gagner un cœur,
Le plus beau, le plus grand et le plus difficile,
Fut la prise d'un cœur qui sans doute en vaut mille,
Du cœur d'Iris enfin, qui mille et mille fois
Avoit bravé l'amour et méprisé ses lois.

Le duc de Saint-Aignan fut le Benserade de mademoiselle de Fontanges. Il fit tout un poème sur le *Triomphe de l'Amour dans le cœur d'Iris*. C'est un long poème à la mode du temps, où toutes les galanteries et toutes les vertus sont symbolisées :

L'Amour, cet Aimable vainqueur,
A qui tout cède et que rien ne surmonte,
Étoit près de jouir d'un extrême bonheur,
Lorsqu'il se souvint à sa honte
Que, bien que tout lui fût soumis,

Il n'avoit pas le cœur d'Iris.
Il voyoit mille cœurs qui s'empressoient sans cesse
    De venir en foule à sa cour,
    Car les cœurs ont cette foiblesse,
  Depuis que l'univers est soumis à l'Amour.

  Le cœur d'Iris ne pouvoit se contraindre,
Il les regardoit tous avec quelque mépris ;
    Il n'appartient qu'au cœur d'Iris
De connoître l'Amour et de ne le pas craindre.
  Ce conquérant avoit droit de s'en plaindre ;
    Que l'on ne soit donc pas surpris,
    Si, rempli d'une noble audace,
Il voulut attaquer cette invincible place :
    Il le voulut, en effet,
    Et ce que l'Amour veut est fait.

Avant que d'entreprendre une si juste guerre,
    Il fit assembler son conseil ;
    Ce conseil n'a point de pareil,
    Ni dans les cieux, ni sur la terre.

Ici la description des vertus cardinales de l'Amour : la Flatterie, la Tendresse, la Magnificence, la Hardiesse.

    Or ces guerrières se rendirent
Dans le lieu du conseil, le jour qu'on avoit pris.
    On y parla du cœur d'Iris,
    Et quelques-unes d'abord disent
    Qu'il étoit honteux à l'Amour
    De laisser encor plus d'un jour
Cette place en état de pouvoir se défendre ;
Qu'il falloit désormais ou périr ou la prendre,
  Qu'en vain l'Amour avoit fait tant d'exploits
Si ce cœur refusoit d'obéir à ses lois.

Quelques autres, plus retenues,
Leur répondirent hautement
Que, bien que ces raisons fussent assez connues,
On devoit agir prudemment ;
Qu'on ne prenoit pas de la sorte
Une place si forte :
Et que le cœur d'Iris pouvoit bien plus d'un jour
Opposer ses remparts aux forces de l'Amour ;
Que la place étoit bien gardée ;
Que par la Vertu même elle étoit commandée,
Et que l'Amour avoit été battu
Plus d'une fois par la Vertu.

Mais comment douter de ce vaillant Amour qui emporta d'assaut le cœur de Mancini, — qui prit plus doucement celui de La Vallière, — qui prit sans sourciller celui de Montespan, — qui accepta les clefs de celui de mademoiselle de Ludre?

Enfin les troupes se rendirent
Auprès du cœur d'Iris, qui ne les craignoit pas,
Et dans les formes l'investirent,
Après avoir donné quelques légers combats.
Le cœur d'Iris est fait sur un parfait modèle,
C'est une place forte, aimable, noble et belle,
Qui va même de pair avec les plus grands cœurs.
Elle n'est en état que depuis quatre lustres :
Mais le sang de ses fondateurs
Tient rang, depuis longtemps, parmi tous les illustres.

Cette place a de beaux dehors,
Et cinq portes très régulières ;
La porte de la vue est une des premières,
Et ne sauroit céder qu'à de puissants efforts.
C'est là que sans cesse se montrent

Une troupe de doux regards,
Qui, sans avoir nuls égards,
Volent innocemment tous ceux qui s'y rencontrent.

Cent fois l'Amour, ce conquérant rusé,
Après s'être bien déguisé,
Voulut entrer par cette porte ;
Mais la Vertu, qu'on trompe rarement,
Le reconnut toujours déguisé de la sorte,
Et le chassa honteusement.

La porte de l'ouïe est étroite et petite,
Il faut passer par cent jolis détours,
Et c'est en vain qu'on sollicite
D'y pouvoir entrer tous les jours.
On n'entre pas dès qu'on ose y paroître,
Il faut parler et se faire connoître.

Celle du goût a ses beautés
Et mille régularités ;
La nature la fit avec un soin extrême :
C'est un ouvrage sans égal,
Et cette porte enfin d'ivoire et de corail
S'ouvre à propos et se ferme de même.

Celle de l'odorat exhale des odeurs
Plus douces que celles des fleurs.
La porte du toucher est extrêmement forte,
Mais tout le monde sait, sans en être surpris,
Que ce n'est point par cette porte
Qu'on entre dans le cœur d'Iris.

Je ne suivrai pas plus loin le poète dans cette autre carte du Tendre. On se croirait plutôt chez un marchand de bonbons qu'à la cour de Louis XIV. On regrette Benserade, qui était assez poète pour l'être encore en rimant des madrigaux à Versailles.

IV

Durant tout un mois, ce ne furent que fêtes, chasses, soupers et bals. Elle était souveraine et donnait la mode. Un jour de chasse, une bouffée de vent dénoua sa coiffure ; elle la fit rajuster avec un ruban dont les nœuds lui voltigèrent sur le front. C'était poétique comme l'ombrage mystérieux de l'amour royal. Les fronts voilés donnent plus d'éclat aux regards et de volupté à l'expression. Voici comment Bussy conte cette page d'histoire des modes : « Elle étoit vêtue, ce jour-là, d'un justaucorps en broderie d'un prix considérable, et la coiffure étoit faite des plus belles plumes qu'on eût pu trouver. Il sembloit, tant elle avoit bon air avec cet habillement, qu'elle ne pouvoit pas en porter un qui lui fût plus avantageux. Il s'éleva un petit vent qui obligea mademoiselle de Fontanges de quitter sa capeline. Elle fit attacher sa coiffure avec un ruban dont les nœuds tomboient sur le front, et cet ajustement de tête plut si fort au roi, qu'il la pria de ne se coiffer point autrement de tout ce soir. Le lendemain, toutes les dames de la cour parurent coiffées de la même manière. Voilà l'origine de ces grandes coiffures qu'on porte encore, et qui, de la cour de France, ont passé dans presque toutes les cours de l'Europe. »

Bussy, cette mauvaise langue, en dit bien d'autres sur cette chasse : « La crainte qu'avoit son amant qu'il n'arrivât quelque accident à cette nouvelle chasseresse, l'obligea à rester toujours à ses côtés ; il ne l'abandonna point ; et, après lui avoir donné le plaisir de faire passer devant elle le cerf que l'on couroit, il s'écarta avec elle dans le lieu le plus couvert du bois pour lui faire prendre quelque rafraîchissement. Nous avons sujet de croire que le fruit qui naîtra de ce passe-temps n'en sera pas plus sauvage pour avoir pris son origine dans les bois. »

Quand mademoiselle de Fontanges vit le roi à ses pieds, elle leva la tête beaucoup plus haut. Elle prit devant sa rivale les grands airs dont celle-ci abusait si impunément ; elle dépensa cent mille écus par mois, et fit porter par des duchesses la queue de sa robe. Elle se fit nommer duchesse elle-même. Ce fut une surprise et un éblouissement à la cour. Mademoiselle de La Vallière n'avait eu que deux chevaux à son carrosse ; madame de Montespan allait à quatre chevaux ; mademoiselle de Fontanges arriva un jour dans la cour de Versailles dans un carrosse doré à huit chevaux !

Mademoiselle de La Vallière avait noué des rubans et des roses à la jupe de madame de Montespan ; la voilà vengée, car c'est aujourd'hui madame de Montespan qui noue des roses et des rubans aux jupes de mademoiselle de Fontanges. Lisez plutôt madame de Sévigné : « On m'a dit de bon lieu qu'il y avoit eu un bal à Villers-Cotterets : il y eut des masques. Mademoiselle de Fontanges y parut brillante et parée des mains de madame de Montespan. »

A ce bal masqué de Villers-Cotterets, mademoiselle de Fontanges fut vaincue par madame de Montespan sur le champ de bataille de la danse. « La belle marquise dansa très bien : Fontanges voulut danser un menuet; il y avoit longtemps qu'elle n'avoit dansé, il y parut; ses jambes n'arrivèrent pas comme vous savez qu'il faut arriver; la courante n'alla pas mieux, et enfin, elle ne fit qu'une révérence. »

Madame de Sévigné n'a pas compté toutes les révérences qui furent faites ce soir-là à mademoiselle de Fontanges.

Madame de Montespan entreprit une campagne sérieuse contre sa rivale de vingt ans. Elle eut pour auxiliaire le duc de Mazarin, mais pour ennemi le P. de La Chaise. Le duc de Mazarin demanda audience à Versailles, et dit au roi, avec tout le beau sérieux d'un esprit convaincu, que Dieu l'avait averti en songe que si le roi son maître ne renonçait pas à mademoiselle de Fontanges, une révolution éclaterait sur la France. « Et moi, dit Louis XIV, je vous avertis, tout éveillé, qu'il est temps de mettre de l'ordre dans votre cerveau. « Le P. de La Chaise n'eut donc pas de peine à battre la marquise, si mal servie. Il représenta au roi que l'amour à trois était moins criminel encore que l'amour à quatre, puisque dans ce dernier amour il y avait un double adultère. Le roi voulut faire ses Pâques en cette année de grâce 1861, il ne les fit qu'à la Pentecôte. On cria au sacrilège; madame de Montespan dit un mot cynique sur le P. de La Chaise ; madame de Sévigné écrivit : « Le roi communia : le crédit de mademoiselle de Fontanges est solide et brillant. »

V

Madame de Maintenon, qui voulait être aimée, qui savait déjà que l'heure sonnerait pour elle, jouait encore les confidentes. Le roi venait tous les jours la voir pour lui parler de ses deux maîtresses, pour la prier de les réconcilier, afin qu'il pût vivre en paix avec leurs jalousies. Madame de Maintenon écrivait à madame de Coulanges : « Le roi vient tous les jours chez moi, malgré moi. » Elle ne disait pas qu'elle fût morte de chagrin, comme plus tard son ami Racine, si le roi n'y fût pas retourné. Sa politique était qu'il vécût avec elle seule et qu'il éloignât de lui les autres. En attendant qu'il se décidât à s'ensevelir dans « la feuille morte », elle travaillait à débarrasser la place. « Vous aimez ou vous n'aimez pas le roi, disait-elle à mademoiselle de Fontanges. Si vous l'aimez, vous devez le sauver et nous sauver avec lui; si vous ne l'aimez pas, à quoi bon jouer ce jeu périlleux? Ah! ce serait une belle action que de quitter le roi! » Mademoiselle de Fontanges, impatientée du sermon, s'écria : « Ne dirait-on pas qu'il est aussi aisé de quitter un roi que de quitter sa chemise! »

« Belle et bête comme une statue », disait madame de Montespan de mademoiselle de Fontanges. Selon la Palatine, « elle était belle depuis les pieds jusqu'à la tête. On ne pouvait rien voir de plus merveilleux, mais elle était sotte comme un petit chat. » — « La belle sotte », disait l'abbé de Choisy. Il disait aussi : « Belle comme un ange et sotte comme un panier. »

C'est encore une réputation usurpée : mademoiselle de Fontanges n'était pas sotte, c'est tout au plus si elle était bête.

A l'heure de sa mort, quand le roi vint la voir à Port-Royal, et qu'il lui montra ses larmes : « Je meurs contente, dit-elle, puisque mes derniers regards ont vû pleurer le roi. » Beaucoup de mots qui ne sont pas des *concetti*, mais qui marquent juste, pourraient être pris dans ses vingt ans, pour donner un démenti à l'abbé de Choisy et à madame de Montespan. Quand on sacra sa sœur abbesse de Chelles, toute la cour était présente avec la musique du roi. Une femme de province, tout enivrée par les parfums, tout éblouie par les diamants des dames, s'écria : « C'est donc ici le paradis ! » Mademoiselle de Fontanges se retourna : « Eh non ! madame, dit-elle étourdiment : il n'y aurait pas tant d'évêques. » Madame de Montespan n'eût pas mieux dit.

Dans son portrait de mademoiselle de Fontanges, La Fontaine, qui l'avait vue chez madame de Montespan, infirme par avance le jugement de l'abbé de Choisy :

A MADAME DE FONTANGES

Charmant objet, digne présent des cieux,
Et ce n'est point langage de Parnasse,
Votre beauté vient de la main des dieux,
Vous l'allez voir au récit que je trace.
Puissent mes vers mériter tant de grâce,
Que d'être offerts aux dompteurs des humains
Accompagnés d'un mot de votre bouche,
Et présentés par vos divines mains,
De qui l'ivoire embellit ce qu'il touche.

Je me trouvai chez les dieux l'autre jour,
Par quel moyen, j'en perdis la mémoire ;
Il me suffit que de l'humain séjour
Je fus porté dans ce lieu plein de gloire.
Un dieu s'en vint, et m'ayant abordé :
« Mortel, dit-il, Jupin m'a commandé
De te montrer par grâce singulière
L'Olympe entier, et tout le firmament. »
Ce dieu, c'étoit Mercure, assurément ;
Il en avoit tout l'air et la manière.

Je vis encore une jeune merveille ;
Si ce n'est vous, c'en est une pareille ;
Mais c'est vous-même, et Mercure me dit
Comment le ciel un tel œuvre entreprit.
« Mortel, dit-il, il est bon de t'apprendre
Par quel motif ce chef-d'œuvre fut fait.
Un jour Jupin se trouvant satisfait
Des vœux qu'en terre on venoit de lui rendre,
Nous dit à tous : Je veux récompenser
De quelque don la terrestre demeure.
Le don fut beau, comme tu peux penser :
Minerve en fit un patron tout à l'heure.
L'éclat fut pris des feux du firmament ;
Chaque déesse et chaque objet charmant,
Qui brille au ciel avec plus d'avantage,
Contribua du sien à cet ouvrage ;
Pallas y mit son esprit si vanté,
Junon son port, et Vénus sa beauté,
Flore son teint, et les Grâces leurs grâces. »

Et pourtant, aujourd'hui, le jugement injuste de l'abbé de Choisy est confirmé par la tradition.

Toutes les maîtresses de Louis XIV avaient eu leur songe, comme dans la tragédie. « Moi, disait mademoiselle de Fontanges à son confesseur, j'ai eu un songe inexplicable. J'étais emportée sur une haute montagne, où je fus prise d'un terrible éblouissement. C'était à perdre la vue; mais tout à coup me voilà dans la nuit, ce qui me fit peur et me réveilla. » Son confesseur lui dit qu'il ne fallait pas un devin pour expliquer un tel songe. « La montagne, c'est la cour; le soleil, c'est le roi; les ténèbres, c'est le péché. »

On crut au règne de mademoiselle de Fontanges, parce que c'était une aurore; mais les nuages de la mort l'ensevelirent à son premier éclat. Ce ne fut qu'une apparition.

VI

Mademoiselle de Fontanges devint duchesse à son tour; elle eut la France à ses pieds, elle fut la dispensatrice des grâces, elle nomma les généraux et les évêques; mais un jour le roi lui dit qu'il ne l'aimait plus. Frappée mortellement, elle se tourna vers Dieu, comme hier mademoiselle de La Vallière, comme demain madame de Montespan. Si elle ne prit pas le chemin de la rue Saint-Jacques, elle fit une halte à Port-Royal dans son voyage vers le ciel.

Madame de Sévigné a écrit à vol d'oiseau l'histoire de cette autre décadence : « Vous apprendrez une nouvelle qui n'est pas un secret, et vous aurez le plaisir de la savoir des premières. Madame de Fontanges est duchesse avec mille écus de pension; elle en recevoit aujourd'hui les compliments dans son lit. Le roi y a été publiquement; elle prend demain son tabouret, et s'en va passer le temps de Pâques à une abbaye que le roi a donnée à une de ses sœurs. Voilà une manière de séparation qui fera bien de l'honneur à la sévérité de son confesseur. Il y a des gens qui disent que cet établissement sent le congé; en vérité, je n'en crois rien. Le temps nous l'apprendra. » Le temps le lui apprit bien vite. Après une si belle ascension, quel rapide déclin ! « Le *médecin forcé* traite madame de Fontanges, continue madame de Sévigné. Cependant madame de Coulanges me mande qu'*en faisant ses fagots,* il a guéri madame de Fontanges, qui est revenue à la cour, où elle a reçu d'abord publiquement une fort belle visite. »

Mais c'est le mensonge de la santé et de la faveur : « Madame de Fontanges est partie pour Chelles ; elle a quatre carrosses à six chevaux, le sien à huit ; toutes ses sœurs y étoient avec elle : mais tout cela si triste qu'on en avoit pitié ; la belle perdant tout son sang, pâle, changée, accablée de tristesse ; méprisant quarante mille écus de rente, et un tabouret qu'elle a, et voulant la santé et le cœur du roi, qu'elle n'a pas : votre *médecin forcé* a fait là une belle cure. »

Et madame de Grignan rit en lisant ce numéro de son journal : « Vous avez ri de cette personne blessée dans le service ; elle l'est au point qu'on la croit invalide. » Pauvre Fontanges, si tu avais lu ce bulletin de ta santé ! « Blessée dans le service ! » C'est que le service des filles d'honneur était rude en l'an de grâce 1680. Un peu plus tard, la spirituelle gazétière ajoute : « Nous aurions entendu de notre abbaye les triomphes, les fanfares et la musique de Chelles, au sacre de l'abbesse. On dit que *la belle Beauté* a pensé être empoisonnée, et que cela va droit à demander des gardes; elle est toujours languissante, mais si touchée de la grandeur, qu'il faut l'imaginer précisément le contraire de cette petite *violette* qui se cachoit sous l'herbe. » Enfin, pour dernier mot : « On me mande que madame de Fontanges est toujours dans une extrême tristesse : la place me paroît vacante, et avec elle une espèce de rouée, comme la Ludre; elles ne feront peur à personne, ni l'une ni l'autre. »

Cette extrême tristesse, c'était l'extrême-onction de l'amour.

VII

Quand le roi apprit qu'on désespérait de sauver sa maîtresse, il lui envoya trois fois la semaine le duc de Lafeuillade lui porter les plus tendres paroles. La dernière fois que vint l'ambassadeur, elle lui prit la main et y mit un billet où elle priait le roi de venir lui dire adieu. Sans doute le billet était éloquent, car le roi dit à son ambassadeur qu'il voulait revoir la duchesse de Fontanges, qu'il voulait l'aimer encore, qu'il voulait qu'elle vécût. Paroles d'amant qui espère, paroles de roi qui commande. Le duc de La Feuillade avertit par une dépêche la mourante que le lendemain le roi irait au couvent. « Demain, dit-elle, il sera trop tard ! » En effet, le médecin avait prédit qu'elle ne passerait pas la nuit : elle passa la nuit comme par miracle, un pied dans le paradis, un pied dans l'enfer. Le matin elle se fit coiffer et habiller dans son lit presque funéraire. On lui mit ses nœuds de ruban sur le front, des belles de nuit à ses oreilles, un collier de perles qui devait rappeler au roi les premiers jours de sa passion. Quand elle fut habillée et parée, elle se mira et dit : « Voilà une belle morte sur un lit de parade. » A chaque minute elle regardait l'heure. La mort était là qui attendait, mais l'âme demandait grâce et se retenait au rivage !

Enfin le bruit des carrosses dans la cour du couvent l'avertit que sa dernière heure avait sonné. Le roi entra. Il ne croyait pas que ce fût elle. Tant de beauté sitôt flétrie ! tant de jeunesse sitôt fauchée ! tant de grâce sitôt évanouie ! Il alla s'asseoir dans un fauteuil tout préparé. « Plus près », dit-elle en essayant un dernier sourire. C'était la voix de la tombe, sourde, lente, funèbre. « Je vous attendais pour partir, vous êtes venu, j'oublie toutes mes douleurs. » Le roi ne trouvait pas une parole : il était effrayé de voir la mort de si près. Mademoiselle de Fontanges lui tendit sa main, il la porta à ses lèvres, mais il l'effleura à peine, comme s'il eût craint de n'être pas assez détaché de sa passion.

Dans les yeux déjà voilés de la mourante, il reconnaissait un accent trop humain. Elle le dévorait. Le repentir n'avait pas entamé ce cœur tout à l'amour profane. Elle mourait pour lui, rien que pour lui. Dieu n'avait pas sa part du sacrifice. Elle sacrifiait jusqu'au salut de son âme ! Le roi, d'abord plus surpris que touché, s'attendrit peu à peu jusqu'aux larmes. « Ah ! je meurs contente, dit-elle, puisque mes derniers regards ont vu pleurer mon roi ! » Ce furent là ses dernières paroles.

Madame de Thianges, qui l'a comparée à un cygne,

aurait pu parler du chant du cygne. Madame de Montespan écrivit : « Si elle a bien parlé, c'est qu'elle alloit mourir, car de toute sa vie elle n'a pu dire un mot ! »

Mademoiselle de Fontanges était née aux premiers jours de la passion du roi et de mademoiselle de La Vallière. Elle fut la dernière maîtresse de Louis XIV, car madame de Maintenon ne fut que la femme occulte.

Quand il revint de Port-Royal après avoir posé ses lèvres sur le front de la morte, le grand roi, qui ne voulait plus aimer, repassa sans doute par tous les méandres du passé, ce passé de vingt ans qui était toute sa vie. Durant ces vingt ans, n'avait-il pas vécu vingt siècles de gloire et d'amour ? Toute la grandeur et tout l'enchantement de son règne sont dans cette belle période. Le soleil va décliner, lentement il est vrai, mais il a dépassé le zénith. On remarqua à la cour que du jour où le roi s'encapuchonna avec madame de Maintenon, il mit de côté le vin de Champagne pour le vin de Bordeaux, le vin tapageur des belles folies, des vaillantes batailles, des jeunes ivresses, pour le vin des esprits timides et des estomacs inquiets.

Pour oraison funèbre de tant de jeunesse, de tant de beauté, mises si vite au tombeau, Saint-Simon se contente de dire : « Mademoiselle de Fontanges ne fut pas si heureuse que madame de Montespan, ni pour le vice ni pour la pénitence. »

On se passa alors cette épitaphe de main en main :

Vous qui ne pensez qu'à l'amour,
Belles ! qu'un autre soin en ce lieu vous appelle.

Approchez, et voyez dans ce miroir fidèle
    Ce que vous devez être un jour.

Jalouses autrefois du bonheur de ma vie,
Ayez pitié d'un sort dont vous eûtes envie.
Le bonheur m'enivroit, le sort me détrompa.
    Ce Dieu dont la main me frappa
    Veut qu'à lui seul on sacrifie.

Si l'Amour m'éleva dans un illustre rang,
    J'en devins bientôt la victime :
Et si l'ambition me conseilla le crime,
    Il m'en a coûté tout mon rang.

    A la cour je n'eus point d'égale ;
Maîtresse de mon roi, je défis ma rivale.
Jamais un temps si court ne vit un sort si beau :
Jamais fortune aussi ne fut sitôt détruite.

    Ah ! que la distance est petite
Du faîte des grandeurs à l'horreur du tombeau !

Mademoiselle de Fontanges mourut à vingt ans. Si on n'avait peur d'ennuyer Malherbe, on lui ferait encore une fois redire ces quatre vers, qui sont toute sa poésie :

Elle était de ce monde où les plus belles choses
    Ont le pire destin,
Et rose, elle a vécu ce que vivent les roses,
    L'espace d'un matin.

De tant de beauté et de jeunesse mises au tombeau, de ce coup de soleil qui illumina Versailles toute une matinée, de ce règne « si vite dévoré », de ces trois millions jetés si gaiement du haut de son balcon, que resta-t-il ? Une coiffure.

« Je ne pense pas, écrivait madame de Sévigné, qu'il y ait d'exemple d'une si heureuse et si malheureuse personne. »

C'est en deux mots l'histoire de mademoiselle de Fontanges.

VIII

LA COUR DU VIEUX ROI — LE SOLEIL COUCHANT
A VERSAILLES

I

Ce beau ciel où le roi-soleil montait dans l'or et l'azur comme l'Apollon antique s'obscurcit un jour dans les orages, et, une fois envahi par les nuées, il ne retrouva jamais sa sérénité radieuse.

Mademoiselle de La Vallière apparaît sous le ciel bleu du matin, madame de Montespan dans le zénith orageux, madame de Maintenon dans le gris désolé du soir d'automne.

Quand Louis XIV a voulu être le maître du monde, pourquoi n'a-t-il pas relu cette belle pensée de Cicéron sur Rome victorieuse des peuples voisins et de ses propres passions : « Nous étions les protecteurs plutôt que les maîtres du monde, » cette belle pensée qui semble être l'épigraphe de l'œuvre politique de Napoléon III ?

Louis XIV, qui avait escaladé le ciel de sa gloire,

en descendit à pas de géant. La révocation de l'édit de Nantes le précipita tout ensanglanté, mais il ne vit pas que c'était du sang et se crut dans la pourpre. Bossuet n'avait-il pas dit : « Roi du ciel, conservez le roi de la terre, car il a exterminé les hérétiques ? » O souveraine et odieuse impiété d'un orthodoxe qui n'était pas chrétien ce jour-là !

Le Dieu des batailles abandonna aussi Louis XIV : la journée d'Hochstedt sonna l'heure des funérailles. Les drapeaux étaient tombés aux mains de l'ennemi : signal de la victoire hier, aujourd'hui haillons de la défaite. L'Allemagne secoua en un moment la domination des Français ; cent lieues de pays s'enfuirent en quelque sorte sous les pieds de nos armées. Un jour avait défait l'ouvrage de tant de travaux, de tant de sacrifices, de tant de batailles, et du Danube nous jeta sur le Rhin !

Versailles était en fête ; on y célébrait par des réjouissances la naissance d'un arrière-petit-fils de Louis XIV. La terrible nouvelle arriva, secouant sur tous les fronts la pâleur, l'étonnement, la consternation. La joie s'éteignit au milieu des lumières. Le roi ne savait rien encore : qui osera lui dire la vérité ? Il fallut que madame de Maintenon « se chargeât de lui apprendre qu'il n'était plus invincible ». Le roi baissa silencieusement la tête. La fortune de la France s'inclinait avec cette tête puissante qui avait porté si longtemps le poids de la monarchie absolue.

Au milieu de tous ces désastres et de tous ces abaissements, il conserva pourtant sa grandeur d'âme. On peut même se demander si Louis XIV n'était pas plus auguste sous le manteau de l'adversité que sous les pompes de la jeunesse. Sacré par l'infortune, il avait maintenant revêtu la seule gloire qui manquât encore à ses prospérités incroyables : celle des hautes montagnes qui se couronnent au sommet de glaces, de neiges et de tempêtes.

Le grand roi ressemble maintenant à la voix de Bossuet, cette grande *voix qui tombe*, mais qui n'en est que plus majestueuse dans sa chute.

Louis XIV cherchait à s'oublier dans les solitudes du jardin de Versailles avec quelque contemporain de sa jeunesse, même un serviteur, même un ouvrier. Ce que j'aime en lui, c'est son amitié, j'ai failli dire sa fraternité, pour tous ceux qui ont travaillé avec lui au monument de sa gloire. Le dieu se faisait homme à toute heure, quand le parterre des courtisans n'était plus là pour le rappeler à sa majesté officielle. Je ne sais rien de plus touchant que ses dernières promenades avec Mansart et Le Nostre, quand ces deux grands artistes ne pouvaient plus rien faire pour lui. On l'a souvent vu à pied entre les deux chaises qui promenaient ses vieux amis. « Ah ! Sire, s'écria un jour Le Nostre, mon bonhomme de père doit ouvrir de grands yeux dans sa tombe en me voyant dans un char, quand mon roi daigne marcher à pied. Il faut avouer que Votre Majesté traite bien son maçon et son jardinier. — C'est qu'ils sont chez eux tous les deux, » répondit Louis XIV.

L'humiliation de Louis XIV était un doux spectacle pour l'Europe. On se réjouissait de voir ce lendemain de la puissance et de la gloire : c'était une revanche pour les affronts que nos armes avaient imposés, durant la première moitié du règne, aux nations étrangères.

La main écrivant les sinistres et mystérieux caractères sur les murs du palais de Balthazar, la trompette de l'ange annonçant la chute de Babylone, les étoiles, ces puissances du ciel, tombant une à une sur la terre, toutes les images de la désolation biblique, étaient impuissantes à égaler la profondeur et la mélancolie de cette décadence du règne de Louis XIV.

Louis — Louis le Grand — s'écria avec des larmes de désespoir : « Je ne puis donc faire ni la paix ni la guerre ? »

La nation, qui s'était habituée, dès les premières années du règne, à confondre son bonheur dans la gloire du monarque, considérait en silence l'ancienne grandeur de la France éteinte maintenant dans une sombre misère.

Louis XIV supporta dignement les coups répétés de la fortune, ou, comme dit le langage chrétien, ces croix et ces épreuves. Entouré naguère d'une éblouissante postérité, il vit, grand chêne atteint lui-même par la foudre, il vit tomber une à une les branches de sa dynastie. Dans Versailles désolé, il ne restait plus qu'un vieillard et un maladif enfant au berceau, dont les jours étaient en danger.

Le peuple ne croyait plus au roi ; le roi ne croyait plus en lui-même. O l'expiation !

Une sainte femme, qui était sa femme, l'avait longtemps, aux jours mauvais, consolé en Dieu ; mais Marie-Thérèse était allée à Dieu. Il lui restait madame de Maintenon.

II

Je n'ai pas le courage de continuer le martyrologe des maîtresses de Louis XIV. Qui sait! ce que je cherche, c'est l'homme : ne le trouverai-je pas encore dans les femmes qu'il a aimées ?

Le roi aima tout un jour une fille d'honneur de la reine, madame du Ludre (1), que Mignard a peinte cheveux épars. Elle semble, par l'expression que lui a donnée le peintre, regretter non pas d'avoir péché, mais de ne plus pécher. Le portrait, gravé par Audran, était dans la chambre de Ninon de Lenclos, qui y avait écrit de sa main cette explication : « Elle souffre comme les damnés qui voient de la voûte des enfers les joies du paradis ».

A un bal donné par le duc de Vivonne, le roi la trouva fort belle. Il lui offrit son cœur « tout enchâssé de diamants ». Elle refusa les diamants. On lui représenta que c'était une sottise, parce que Louis XIV aimait ce qui lui coûtait cher. Le lendemain, le roi demeura si longtemps à lui parler à mi-voix devant toute la cour, qu'on dit à la reine : « En voilà une encore qui chasse sur vos terres. » La reine, qui ne pleurait plus, avertit madame de

(1) Était-ce la même que la chanoinesse de Lorraine?

> La Vallière étoit du commun;
> La Montespan est de noblesse,
> Et la du Ludre est chanoinesse :
> Toutes trois ne sont que pour un.
> Mais savez-vous ce que veut faire
> Le plus puissant des potentats ?
> La chose paroît assez claire :
> Il veut unir les trois états.

Montespan. La marquise pria la jeune fille de la venir voir. Et quand mademoiselle du Ludre fut chez elle : « C'est pour y rencontrer le roi que vous êtes venue ici, mais je vous défends d'oser si haut. » Madame de Montespan était si jalouse, qu'elle n'avait plus d'esprit.

Cependant la jeune fille osa, mais, après quelques heures de victoire, elle tomba du haut de ses rêves dans un couvent, disant, comme mademoiselle de La Vallière, qu'il n'y avait que Dieu après le roi.

Elle ne prit pas l'habit des religieuses : elle alla tour à tour aux matines du couvent et aux soupers de Ninon de Lenclos.

La princesse de Soubise avait les cheveux couleur de feu : c'est par là qu'elle prit le roi-soleil, comme s'il eût retrouvé ses rayons. C'était la plus raffinée des coquettes; elle mettait tout à feu et à flammes, et s'échappait la première de l'incendie. De toutes les maîtresses du roi, madame de Soubise fut la plus odieuse. Ce n'était pour elle qu'un commerce d'argent. Elle vendit sa jeunesse, elle vendit sa beauté, elle vendit sa vertu, elle vendit ce qu'elle n'avait pas, elle vendit les ministres, elle vendit le roi, elle vendit la France, c'est-à-dire que par sa faveur elle obtenait tous les emplois, tous les titres, toutes les grâces, et tout cela sans jamais lever le masque. « Fine, dissimulée et méchante, » c'est ainsi que la peint en trois mots la duchesse d'Orléans. Excepté son mari, personne ne savait à la cour qu'elle était la maîtresse du roi. Ce fut la reine qui découvrit le mystère. Quel que fût le nombre de ses maîtresses, le roi couchait toujours avec sa femme : or, une nuit, après avoir trop longtemps attendu, la reine, toute bête qu'elle fût, fit cette réflexion judicieuse que, si le roi n'était allé que chez madame de Montespan, il n'y fût pas resté si tard, car les vieilles amours n'empêchent pas de se coucher de bonne heure. La reine pensa qu'il y avait là-dessous quelque nouvelle galanterie. Elle sonna ses femmes et voulut qu'on cherchât le roi dans tout le château. Ce fut un grand scandale à Versailles. On alla réveiller toutes les dames d'honneur pour leur demander si, en leur qualité de dames d'honneur, elles n'avaient pas le roi dans leur lit; on alla chez madame de Montespan, qui ne vit là qu'une épigramme; chez madame d'Hudicourt, qui ne vit là qu'un compliment; on alla partout, excepté là où le roi était. Mais qui eût osé faire cet affront à la vertu de madame de Soubise? Elle fut hypocrite jusqu'à devenir lâche : elle dit que si on eût frappé à une certaine porte on aurait vu sortir le roi. La dame que cette porte désignait se plaignit tout haut. Louis XIV, cette fois indigné, conta tout à la reine : « Quoi ! la princesse de Soubise, elle qui se tient à distance pour vous parler ? — Oui, dit le roi ; mais nous nous entendons sans nous parler. Quand elle me donne un rendez-vous, elle m'en avertit en mettant des pendants d'oreilles d'émeraude; et moi, de mon côté, pour obtenir un tête-à-tête, je mets un diamant à mon petit doigt (1). »

(1) « Elle avoit passé sa vie dans le régime le plus austère pour conserver l'éclat et la fraîcheur de son teint. Du veau et des poulets ou des poulardes rôties ou bouillies, des salades, des fruits, quelque laitage, furent sa nourriture constante, qu'elle n'abandonna jamais, sans aucun autre mélange, avec de l'eau, quelquefois rougie, et jamais elle ne fut troussée comme les autres femmes, de peur de s'échauffer les reins et de se

Quelles vaillantes femmes, d'ailleurs que toutes ces femmes de la cour ! Madame de Montespan eut huit enfants du roi ; je ne compte pas celui de son mari, je ne compte pas les fausses couches. Madame de Soubise eut onze enfants de son mari ; je ne parle pas de celui du roi, le cardinal de Rohan.

Madame de Montespan compta aussi parmi ses rivales mademoiselle Madeleine de Warignies, je veux dire la comtesse de Guiche, qui a eu le tort de se donner avant de se laisser prendre, comme madame de Monaco (1). Et mademoiselle de Guédagny,

rougir le nez. Elle avoit eu beaucoup d'enfants, dont quelques-uns étoient morts des écrouelles, malgré le miracle qu'on prétend attaché à l'attouchement de nos rois. La vérité est que quand ils touchent les malades, c'est au sortir de la communion. Madame de Soubise, qui ne demandoit pas la même préparation, s'en trouva enfin attaquée elle-même quand l'âge commença à ne se plus accommoder d'une nourriture si rafraîchissante. Elle s'en cacha et alla tant qu'elle put ; mais il fallut demeurer chez elle les deux dernières années de sa vie, à pourrir sur les meubles les plus précieux, au fond de ce vaste et superbe hôtel de Guise qui, d'achat ou d'embellissements, leur revient à plusieurs millions.

» Elle mourut laissant la maison de la cour la plus riche et la plus grandement établie, ouvrage dû tout entier à sa beauté et à l'usage qu'elle en avoit su tirer. Malgré de tels succès, elle fut peu regrettée dans sa famille. Son mari ne perdit pas le jugement. » SAINT-SIMON.

(1) « Pour madame de Monaco, je n'en voudrois pas mettre la main au feu, dit la Palatine. Pendant que le roi étoit amoureux d'elle, Lauzun tomba pour la première fois en disgrâce ; il avoit une affaire réglée avec sa cousine, mais en secret. Il lui avoit défendu de voir le roi, et une fois qu'elle étoit assise par terre et qu'elle entretenoit le roi, Lauzun, qui, en sa qualité de capitaine des gardes, se trouvoit dans la chambre, fut saisi d'une telle jalousie qu'il ne put se contenir, et que, faisant semblant de passer, il marcha si rudement sur la main que madame de Monaco avoit appuyée contre terre, qu'il faillit l'écraser ; le roi, qui par là remarqua la chose, le réprimanda ;

fille naturelle du duc d'Enghien? « Ce n'est qu'un enfant, disait Louis XIV à madame de Montespan, pour la modérer dans sa jalousie. — Oui, mais c'est un enfant de l'amour, et ce sont ceux-là que je crains. » Parlerai-je de cette douce Élisabeth Hamilton, que le comte de Grammont avait oublié d'épouser à Londres? de madame d'Harcourt, une Lucrèce? des nièces de madame de Montespan, la duchesse de Nevers et la duchesse de Sforce? Selon madame de Caylus, « Louis XIV les mettoit de toutes ses promenades; ses désirs erroient de l'une à l'autre; il aimoit celle qu'il voyoit, mais celle qu'il ne voyoit pas lui paraissoit la plus aimable ». Ces deux sœurs étaient fort belles; toutefois Saint-Simon trouve que la duchesse de Sforce était trop remarquable par son nez tombant dans une bouche vermeille, ce qui faisait dire au duc de Vendôme qu'elle ressemblait « à un perroquet mangeant une cerise ». Madame de Caylus ne doute pas que madame de Montespan n'ait cherché à jeter la duchesse de Nevers dans les bras de Louis XIV pour le détacher de madame de Maintenon.

III

Parisatis, reine de Perse, disait qu'il fallait envelopper les hommes dans des paroles de soie. Ce fut dans des paroles de soie que madame de Maintenon

Lauzun répondit avec arrogance; alors il fut envoyé pour la première fois à la Bastille. »

enveloppa Louis XIV. Il trouvait doux que, pour le ramener à la vertu, on le conduisît par un chemin tout aussi voluptueux que pour aller au vice.

Mignard, qui était un ami de la maison, fit le premier et le dernier portrait de madame de Maintenon en 1659 et en 1694. De ces deux portraits, c'est malheureusement le dernier qui est venu jusqu'à nous. « Nous ne la connaissons que vieille, dit M. le duc de Noailles; nous nous la figurons toujours dans sa robe feuille morte et sous sa coiffe, dévote et sévère, régente de la cour, devenue sérieuse comme elle. » Mignard l'a peinte en 1694 en sainte Françoise, noble et digne, mais sombre et chagrine, sans que le rayon de la jeunesse éclairât cette face rembrunie. Ceux que la gloire a touchés au front ne nous apparaissent que couronnés de lauriers et de cyprès. Il n'y a que les figures idéales, — ou celles que la mort a moissonnées dans la fleur, — qui nous apparaissent couronnées de roses et de violettes (1).

Madame de Maintenon eut l'art d'être femme, cet art dont les hommes n'ont pas le premier mot. Le savant qui épouse sa servante est amené à cette extrémité par un jeu qui confond sa science. L'amour perd les femmes et sauve les hommes.

---

(1) On m'apporte un portrait de madame de Maintenon qui la représente au temps de sa royauté. Cette expression de dignité tempérée par une gorge orgueilleuse, ces yeux fauves et ces lèvres charnues qui ont toutes les aspirations des voluptés royales, sa robe qui « se recourbe en replis tortueux » sur ses hanches abondantes, son simple bonnet qu'elle jettera la nuit par-dessus les moulins du roi; tout dans cette figure exprime que là où les autres ne trouvent qu'une ambitieuse, Louis trouve une femme.

Madame de Maintenon n'avait pas d'amour, si ce n'est l'amour de Dieu. Louis XIV fut tout à elle :

Il eut peur de l'enfer, le lâche, et je fus reine.

Mais ne se perdit-il pas pour mieux se retrouver? Si elle le fit passer sur les devoirs du roi, elle lui enseigna les devoirs du chrétien. « Sire, lui disait-elle, abandonnez un royaume périssable pour un royaume éternel. »

Madame de Maintenon commença par lui lire la Bible, mais d'une voix si caressante, qu'il décida que c'était le seul livre.

Madame de Maintenon s'efforçait d'amuser le roi chez elle par des dîners, des concerts et des jeux, voulant soutenir ainsi la vieillesse de cette majesté défaillante. Louis, qui depuis longues années n'allait plus à la comédie, parut quelquefois à Versailles dans une tribune de théâtre ; mais il ne restait que pendant un ou deux actes : il ne se préoccupait plus que du dénoûment de sa vie.

La veuve de Scarron avait été un prodige de la fortune ; mais, sous les roses dont se couronnait son ambition, on entrevoyait les épines (1). Maîtresse du roi (dans le sens légitime du mot), elle n'était encore que la première esclave du royaume. Ce qu'il avait fallu d'adresse, de possession de soi-même, de profondes intrigues pour conquérir cette

(1) Elle ne fut après tout ni la femme ni la maîtresse du roi. Elle n'osa pas jouir de sa puissance occulte ; aussi lui disait-elle : « J'ai été trop loin et trop près des grandeurs pour savoir ce que c'est. »

position ; ce qu'il fallait d'étude et de sacrifices pour la maintenir, est inimaginable. On peut voir dans les Mémoires de Saint-Simon à quoi obligeait un honneur envié sans doute par toutes les dames de la cour, détesté en secret par la femme équivoque du roi. Il fallait tout ployer dans son caractère à l'étiquette, conformer ses goûts au bon plaisir d'un maître exigeant, dissimuler jusqu'à ses maladies et sourire à travers la fièvre. Madame de Maintenon devait le suivre dans un carrosse à part, et, accablée des fatigues d'un long voyage, se trouver en quelque sorte sous les armes pour recevoir à des heures réglées les visites du roi, dont tous les actes étaient absolus comme l'horloge de Versailles. C'est à cette dépendance qu'elle devait de gouverner Louis XIV et l'Etat.

Avec les années, Louis XIV avait revêtu la majesté de l'âge, sans en subir l'outrage ni les infirmités. Sa perruque ne vieillissait pas : les courtisans et les femmes lui faisaient un rempart de leur jeunesse contre les injures du temps. Un moment on dut croire que la garde qui veille aux barrières du Louvre avait défendu le roi contre les lois de la nature humaine. Celui devant qui les arbres tombaient pour avoir osé lui déplaire n'était plus un mortel. Louis XIV partagea de bonne foi l'illusion commune. De la tyrannie sur les choses il passa, par une transition naturelle, à la tyrannie sur les personnes. C'est dans Saint-Simon qu'il faut lire le récit à peine croyable des exigences du vieux monarque. Voyez-vous rouler sur le chemin de Versailles à Paris cette pesante voiture, toute chargée de dorures, qui passe dans un nuage de poussière ?

C'est la voiture du roi, l'arche qui porte, comme on disait alors, les destinées de la France. Dans cette berline monumentale, dont les chevaux écument sous le mors, il est un homme, je me trompe, un dieu entouré de femmes dont tout l'orgueil est de lui plaire. L'étiquette veut que la glace de la portière soit baissée. Ainsi l'ordonne celui dont toutes les fantaisies sont des lois. Les femmes étouffent de chaleur et de poussière: il faut rire cependant, le roi n'aime point les figures chagrines. Malheur à la main assez téméraire, fût-elle jeune et charmante, qui oserait s'avancer sur cette glace abaissée par ordre! malheur à la délicate duchesse qui oserait pâlir ou s'évanouir! elle serait exclue à jamais de l'honneur d'accompagner le roi! Ce n'est pas tout : il fallait manger les gâteaux, les pâtisseries, boire les vins et les liqueurs, sans s'inquiéter des suites. Le voyage était long: la vapeur avait oublié de se soumettre à celui que toute la nature s'empressait à servir. Il ne fallait point songer à descendre, l'usage et les convenances s'y opposaient. La voiture était d'ailleurs entourée par des gardes à cheval. Calme, tranquille, souriant, le roi jouissait de la confusion des unes, de l'embarras des autres, de la dissimulation de toutes, qui fardaient la souffrance sous la gaieté. On croirait lire une page de la vie des empereurs romains.

Si majestueux que fût Louis XIV, il était humble devant Bossuet son maître, devant le P. Le Tellier, son confesseur, mais surtout devant la crainte de mourir. La dévotion qu'il avait imposée à son peuple comme un frein finit par le dominer. Tout à coup Versailles se change en une chapelle, en un cloître, dont madame de Maintenon est la directrice. Louis se fait ermite; tout le monde le suit: on plaît à Dieu pour plaire au roi. Les arts déclinent : les pompes profanes se transforment en pompes religieuses. Le chemin de la cour, naguère ce sentier couvert et perdu, devient le chemin du ciel. Louis XIV veut sanctifier la fin de son règne : il massacre les hérétiques. Mais le ciel se venge de la protection qu'on lui accorde : les désastres fondent sur le royaume, les calamités succèdent aux calamités. Louis XIV oppose au malheur un front soumis et grave. Il avait dominé les hommes, il domine le destin. C'est la grande page de son règne. Supérieur à l'adversité, lui qui n'avait pas supporté la fortune sans vertige, il étonne le monde par sa constance. Grand, il le fut, car le prestige de la grandeur l'avait abandonné, et il se courba sous la main du sort sans s'abaisser.

La coupe de la royauté s'était changée en un calice d'amertume. Dans ce calice, il fallut boire jusqu'à la lie.

A toutes les catastrophes de la guerre s'ajoutèrent les calamités domestiques. Cette cour de Versailles, autrefois le séjour de la splendeur et le théâtre de fêtes magnifiques, était depuis longtemps obscurcie par un nuage de tristesse qui allait bientôt se changer en deuil. La mort, ce chauve vautour qui suit d'un vol lourd et bas la défaite des armées, des calamités publiques et la vieillesse des monarchies, la mort s'abattit sur la famille du roi avant de prendre le roi.

Toutes les grandes voix du dernier siècle s'étaient éteintes; les appuis du trône étaient tombés l'un après l'autre; le dix-huitième siècle n'était plus son siècle; il n'était plus le roi de son royaume, il n'était plus qu'un exilé de Saint-Cyr. Louis XIV se coucha le dernier dans la tombe, après avoir promené sur les gloires de son règne un regard triste et profond, comme pour s'assurer qu'il n'y avait plus rien après lui. Il avait compris que de tout son rayonnant cortège il ne resterait que son confesseur pour aller à Saint-Denis.

Louis XIV avait fait la royauté : il devait la perdre. Elle lui survécut, je l'avoue, mais comme le jour survit au coucher du soleil.

Louis XIV couronne magnifiquement le dix-septième siècle : après lui commence le monde nouveau. Les grands rois historiques sont ceux qui terminent un ordre de choses, comme les grandes montagnes célèbres sont celles qui servent de limites aux États.

IV

Déjà malade, Louis XIV trouva sous son couvert, en se mettant à table, un billet conçu ainsi : « Le roi est debout à la place des Victoires, à cheval à la place Vendôme ; quand sera-t-il couché à Saint-Denis ? » Louis prit le billet, et, le jetant par-dessus sa tête, il dit à haute voix : « *Quand il plaira à Dieu.* »

Son dernier horizon fut éclairé d'une lumière inattendue. Celui qui ne savait plus vivre sut bien mourir ; il n'eut peur ni de la tombe ni du jugement de Dieu, ni du jugement des hommes. Une dernière fois, il prouva sa grandeur : il regarda la mort face à face et jeta un regard d'adieu, mais non de regret, sur toutes les pompes de son palais, cet autre Olympe qu'il avait créé pour loger ses passions. Il donnait des ordres comme un homme qui va partir, et non comme un roi qui va mourir. Il semblait qu'il fût revenu des grands airs solennels. « Il a montré, dit la duchesse d'Orléans, la plus vraie fermeté jusqu'au dernier moment ; il a dit en riant à madame de Maintenon : « J'avois entendu dire qu'il étoit difficile de mourir ; je vous assure que je trouve que c'est chose très aisée. » Il se tourna tout à fait vers la mort avant de mourir. En vain ceux qui lui étaient chers le sollicitaient de leur parler encore, il n'était plus de ce monde ; il ne voulait plus parler qu'à Dieu. Durant vingt-quatre heures il se frappa le cœur de grand pécheur repentant, répétant sans cesse : « Mon Dieu, ayez pitié de moi ! Je suis prêt à paraître devant vous, Seigneur ; à quoi tient-il que vous ne me preniez, mon Dieu ? » Mademoiselle de La Vallière n'était pas morte plus humiliée aux pieds du Christ.

Chaque jour, chaque heure, chaque minute enlevait un serviteur au roi mourant et donnait un courtisan au nouveau règne. Louis XIV fit un rapide examen de conscience, il avoua beaucoup de faiblesses ; mais dans cette confession plus ou moins publique on s'étonne, on s'indigne de ne point trouver un remords pour les véritables fautes de son règne. Il ne se reprocha ni l'incendie du Palatinat, ni la révocation de l'édit de Nantes, ni les persécutions contre les jansénistes. Il semble qu'il n'ait pas osé regarder en face la figure menaçante de l'Histoire.

Ce roi si heureux et si abandonné par la fortune, ce conquérant en présence duquel la terre s'était tue, comme dit la Bible ; ce tout-puissant qui était à lui seul l'État et une moitié de l'Église, connut enfin qu'il allait mourir.

Une longue agonie, qui finit le 1ᵉʳ septembre 1715, termina le plus long règne que l'Europe eût encore vu. Louis XIV mit dans les derniers moments qui précédèrent sa mort cette majesté qui lui était naturelle et qui avait accompagné toutes les actions de sa vie. Il était uniquement occupé de Dieu, de son salut, de son néant. Il lui échappa quelquefois de dire : *Du temps que j'étais roi,* comme si déjà pour lui toutes les grandeurs du monde n'étaient plus qu'un rêve devant les grandeurs de l'éternité.

Du temps que j'étais roi ! Et qu'eût-il dit s'il eût rouvert les yeux à la lumière pour reconnaître sur la route de Saint-Denis tout ce peuple en guenilles riant d'un rire de carnaval, chantant d'obscènes *De profundis*, « pillant des champs d'oignons pour pouvoir pleurer » celui qui n'avait pas dit, comme La Vallière : « Ce pauvre peuple ! comme on a tort de ne pas y penser plus souvent ! » Les funérailles de Louis XIV furent la première descente de la Courtille de la royauté.

Les funérailles des rois qui s'en vont devraient être la leçon des rois qui viennent. Les funérailles de Louis XIV ne firent pas peur à Louis XV : aussi reverrons-nous ces mêmes ébattements, sinon sur le chemin de la sépulture, du moins dans les cabarets, quand Louis le Bien-Aimé ira rejoindre Louis le Grand à Saint-Denis.

Devant ce cercueil qui contenait tant de leçons,

tant de gloire et tant de néant confondus dans un peu de poussière, — tant de bruit et tant de silence, — l'éloquence chrétienne ne trouva qu'un mot : « Dieu seul est grand, mes frères ! »

FIN

TABLE DES MATIÈRES

MADEMOISELLE DE LA VALLIÈRE

I. Les portraits de mademoiselle de La Vallière...	3
II. Le roman de mademoiselle de La Vallière....	16
III. Les premières larmes de la pénitence........	76
IV. L'entrée au tombeau................	115
V. L'oraison funèbre.................	131
VI. Mademoiselle de La Vallière aux Carmélites....	136
VII. La mort de mademoiselle de La Vallière.....	158
VIII. Les tombes violées................	170

MADAME DE MONTESPAN

I. La cour du jeune roi. — Le soleil levant à Fontainebleau................	175
II. Les fêtes de Versailles...............	204
III. Les portraits de madame de Montespan......	224
IV. Le roman de madame de Montespan........	233
V. Grandeur et décadence de madame de Montespan.	241
VI. La mort de madame de Montespan.........	271
VII. Mademoiselle de Fontanges............	278
VIII. La cour du vieux roi. — Le soleil couchant à Versailles................	301

ÉMILE COLIN — IMPRIMERIE DE LAGNY

www.ingramcontent.com/pod-product-compliance
Lightning Source LLC
Chambersburg PA
CBHW060411170426
43199CB00013B/2096